AF224013

L'ART

DU

COUTELIER

EXPERT EN INSTRUMENTS

DE CHIRURGIE.

SECONDE PARTIE DE L'ART DU COUTELIER.

PREMIERE SECTION.

*Par M. Jean-Jacques Perret, Maître Coutelier de Paris,
rue de la Tisseranderie.*

M. DCC. LXXII.

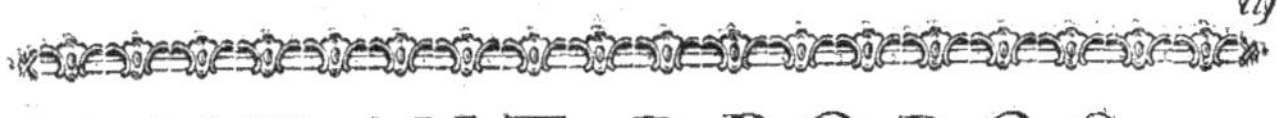

AVANT-PROPOS.

LE defir de fecourir les hommes dans toutes les maladies auxquelles ils font fujets, a engagé les Chirurgiens à exercer leur génie pour imaginer des Inftruments propres à faire différentes opérations; la plupart de ces Inftruments étoient fort imparfaits lors de leur invention: on les a changés avec le temps; on les a perfectionnés, & on eft parvenu à les rendre plus commodes à manier, de façon qu'on exécute par leur moyen, avec plus de précifion & moins de rifque, tout ce que l'on en defire; & par-là on a rendu les opérations plus praticables, moins douloureufes, & les plaies plus promptes à guérir.

Ce fiecle, principalement, a vu naître des Chirurgiens habiles, à qui l'on doit la découverte d'un grand nombre d'Inftruments; ils en ont imaginé de fi propres à chaque opération, que même les plus délicates & les plus difficiles, telles que la Cataracte, la Taille, &c. font aujourd'hui regardées comme beaucoup moins dangereufes; & l'on voit tous les jours fe multiplier d'heureux fuccès, qui ne font dûs en partie qu'à ces Inftruments.

Les Accouchements laborieux ont, pendant long-temps, enlevé des Citoyens à tous les Etats; parce que le plus fouvent on perdoit les Enfants pour délivrer les Meres. Ces temps font bien changés, depuis qu'une plus parfaite étude de l'Anatomie a éclairé l'Art des Accoucheurs fur les vices de conformation. On a imaginé des Inftruments fi commodes & fi convenables, que l'on peut dire, avec raifon, que la Chirurgie a confervé la vie à nombre d'Etres qui l'auroient perdue fans fon fecours.

Il femble, comme je l'ai déja dit, qu'il étoit réfervé à notre fiecle de porter des vues auffi étendues fur cette opération; que l'on fe repréfente combien de temps fe font écoulés fans qu'on ait eu d'autres Inftruments, pour les Accouchements, que les Crochets d'Hippocrate. Dans la fuite on s'eft vu en poffeffion d'un Inftrument qui accéléroit l'Accouchement, quand la tête de l'enfant fe trouvoit arrêtée au paffage des os pubis.

Roonhuifen eft parvenu, avec un fimple Levier qui reffemble à une Spatule, à remédier à cet accident; il eft fâcheux pour fa gloire qu'il ait fait un fecret de fon Inftrument & de fa méthode pendant fa vie, & que nous ne le devions qu'à la générosité de trois Médecins qui l'on acheté 6000 liv. de fa veuve.

A ce fameux Levier ont fuccédé plufieurs Inftruments qui ont acquis la plus grande réputation : il a été corrigé & perfectionné par M. Pean avec beaucoup de fuccès, ainfi que nous le ferons voir dans la fuite. Dans le nombre des meilleurs Inftruments, & des plus propres à faciliter les Accouchements, on eftime particuliérement celui appellé *les Mains de Palfin*, & fur-tout depuis que M. Levret y a fait des corrections qui lui ont donné le nom de *Forceps de M. Levret*. Avec cet Inftrument on accélere l'Accouchement fans bleffer ni la mere ni l'enfant ; & il feroit à fouhaiter pour le bien de toutes les Villes ou Bourgs & Villages confidérables, qu'il y eût au moins un Forceps dans chacun de ces endroits.

Les Chirurgiens ont fourni l'invention des Inftruments aux Couteliers ; ces derniers, de leur côté, fe font exercés à chercher dans les reffources de leur Art, les moyens néceffaires, tant pour feconder les vues des Chirurgiens, que pour parvenir à exécuter les Inftruments.

L'exécution de la part du Coutelier, exige de l'étude & des connoiffances ; car non-feulement il doit imaginer la forme de chaque piece qui compofe l'Inftrument, mais il convient encore qu'il en régle les proportions, les leviers ; qu'il dirige le jeu des bafcules, des refforts & des vis, &c. Il faut fouvent qu'il invente des outils propres à donner aifément ces formes nouvelles. J'ofe dire qu'un Coutelier qui ne feroit pas fertile en expédients pour fabriquer des outils convenables, ne répondroit jamais parfaitement aux vues du Chirurgien ; & peut-être eft-ce le défaut d'Ouvriers intelligents, qui a privé l'antiquité des Inftruments que nous devons à notre fiecle.

On doit attendre de moi la defcription de tous les Inftruments qui compofent l'arfenal actuel de Chirurgie ; auffi me le fuis-je propofé pour objet, & ai-je cherché à le remplir autant qu'il m'a été poffible. Mon projet eft d'établir les regles & d'enfeigner les moyens sûrs de les fabriquer dans les formes les plus convenables pour chacune des opérations.

L'intention du Chirurgien eft de guérir ; le Coutelier doit y concourir par fon Art, pour donner les fecours les plus efficaces aux humains. On fe perfuadera aifément qu'un mauvais Inftrument ne

fauroit

fauroit bien opérer, même entre les mains d'un Chirurgien auſſi habile & auſſi adroit qu'il puiſſe être ; en effet, avec toute l'adreſſe poſſible, un Chirurgien ne pourra jamais bien ſaigner avec une mauvaiſe Lancette : il lui ſera impoſſible de bien faire l'opération de la cataracte avec une mauvaiſe Aiguille & un mauvais Biſtouri. Généralement parlant, toutes les opérations ne pourront être faites parfaitement, que lorſqu'on ſera bien ſecondé par de bons Inſtruments.

J'avoue qu'un Chirurgien connoiſſeur examinera ſes Inſtruments pour s'aſſurer de leur bonté, & il verra aiſément les défauts extérieurs ; mais il y a d'autres imperfections conſidérables, dans leſquelles il ne peut pas pénétrer. Par exemple, il pourra juger, en eſſayant une Lancette ſur le cannepin, ſi la pointe eſt bien aiguë, & les tranchants bien doux ; mais cela ne lui apprendra pas ſi la Lancette a été bien trempée & bien recuite ; il lui eſt même impoſſible de s'aſſurer ſi l'acier eſt bon, médiocre ou mauvais. L'acier mal forgé, mal trempé, ou mal recuit, quoiqu'aſſez beau à la vue, produit cependant des effets funeſtes. Un tranchant qui ne coupe pas net & avec douceur, irrite les parties qu'il tranche, toutes les fibres & les rameaux voiſins de la plaie, ſe trouvent dans un état violent par cette eſpece de tiraillement, occaſionné par l'âpreté & la rudeſſe du tranchant ; alors toute la machine ſouffre : il s'enſuit des irritations terribles, des inflammations qui retardent la guériſon de la plaie, & quelquefois s'oppoſent au ſuccès qu'on attendoit d'une opération bien indiquée & bien exécutée.

Cet expoſé ſuccinct, n'eſt que pour faire ſentir l'importance de ſe procurer des Inſtruments de Chirurgie bien fabriqués ; il n'eſt pas poſſible de preſcrire ici des regles générales qui puiſſent s'étendre ſur toutes les eſpeces, dont le nombre eſt grand, puiſqu'il monte à plus de 700, ſouvent différents entiérement les uns des autres ; car ce qui eſt avantageux dans un Biſtouri, dans un Lithotome, eſt condamnable dans une Sonde, &c. Je me réſerve donc, pour ne rien confondre & ne rien omettre, d'établir les qualités propres à chacun en particulier, en enſeignant la maniere de les fabriquer.

Dans le choix de l'ordre que j'ai donné à cet Ouvrage, & la marche que j'ai ſuivie, j'ai cru devoir préférer la diviſion ſuivante : ſeize Chapitres en feront toute la diſtribution. J'ai deſtiné le premier Chapitre (*) à décrire des manieres générales de travailler, qui reviennent souvent dans l'exécution & la fabrique d'un grand nombre d'Inftruments ; ainfi je diviferai ce Chapitre en cinq Articles ; j'y décrirai le Tour en l'air & le Tour à pointe, avec la maniere de s'en fervir : on y verra les *Mandrins*, qui font d'un ufage particulier pour plufieurs Inftruments de Chirurgie, &c ; la Machine à percer, la Filiere double, la maniere de faire les Charnieres, &c.

Dans le fecond Chapitre, je ne me fuis occupé qu'à donner les moyens propres à faire de bonnes Lancettes ; j'ai cru devoir commencer par cet inftrument, parce qu'il paroît le plus néceffaire au Chirurgien. J'ai donné à ce Chapitre un peu d'étendue, parce que l'Inftrument le mérite par fa délicateffe & fon fréquent ufage ; & d'ailleurs ce que j'y décris, fervira de bafe à plufieurs autres Inftruments ; ainfi nous renverrons fouvent le Lecteur à ce que nous aurons dit fur la Lancette, pour y prendre des lumieres & y confulter des détails, quand il s'agira de parler des tranchants doux, & des pointes parfaitement aiguës.

Le troifieme Chapitre traitera des Inftruments fervant à la diffection des cadavres : on y trouvera la defcription & la maniere de faire ceux des Anatomiftes, ceux dont on fe fert pour l'ouverture des cadavres ; les Aiguilles droites, les courbes, les Epingles pour le bec-de-lievre. Nous avons raffemblé tous ces Inftruments dans un même Chapitre ; mais ils feront féparés par autant d'Articles qui nous ont paru néceffaires.

Le quatrieme Chapitre renferme les Inftruments qui compofent l'Etui portatif fervant aux panfements de toutes les plaies.

Le cinquieme Chapitre explique la maniere de faire les Inftruments du Chirurgien-Dentifte, ceux qui fervent pour nétoyer les dents, pour les arracher ; & nous donnerons ceux de toutes les formes connues jufqu'à ce jour.

Le fixieme Chapitre enfeigne la maniere de faire des Cauteres actuels de toutes les formes connues ; enfuite les Inftruments à féton y feront décrits.

(*) Je dis *Chapitre I*, parce qu'il l'eft de cette feconde Partie ; mais comme celle-ci eft inféparable de la premiere, par rapport à beaucoup d'opérations de forge, de lime & de meule, qu'il auroit fallu répéter, il m'a paru convenable de prendre la fuite des Chapitres, ainfi que celle des Planches, afin de lier les deux Parties enfemble ; alors le Chapitre premier de cette feconde Partie, fe trouve le 34e ; & la premiere Planche eft la 73e.

Le feptieme Chapitre contient les Inftruments pour extraire les corps étrangers, comme les Tire-balles fimples & les compofés ; nous y joignons les Inftruments fervant à repouffer les corps étrangers arrêtés dans l'œfophage.

Le huitieme Chapitre traite des Inftruments propres à l'opération de la hernie.

Le neuvieme Chapitre apprend la maniere de faire tous les Trois-quarts ; plufieurs Inftruments fervant à différentes maladies de la bouche, ce qui nous conduit à la defcription des Inftruments dilata-toires, & de ceux qui font appellés *Speculum* : ils feront fuivis des Inftruments pour la fiftule à l'anus, & ceux pour l'opération du cancer.

Le dixieme Chapitre donne le détail des Inftruments pour les opérations des polypes, tant par l'incifion, que par l'extirpation & par l'étranglement.

Le Chapitre onzieme renferme les Inftruments pour faire l'opéra-tion de la cataracte par abaiffement, par l'extraction du cryftallin, & par toutes les autres méthodes connues & reçues de l'Académie. Nous ajoutons à ce Chapitre les Inftruments pour la fiftule lacrymale, les Sondes du canal nafal, les Seringues & tous les Inftruments qui en dépendent. Ici finit la premiere Section de la feconde Partie.

Le douzieme Chapitre, qui eft le premier de la feconde Section, inftruit des Inftruments pour les amputations, & la Machine pour réduire les luxations.

Le treizieme Chapitre comprend les Trépans, les Elévatoires, & tous les Inftruments qui fervent dans l'opération du trépan.

Le quatorzieme Chapitre fait connoître tous les Inftruments fervant à faire l'opération de la taille. Le nombre en eft grand, attendu qu'il y a dix-neuf méthodes différentes pour faire cette opé-ration : méthodes imaginées par différents Auteurs, & reçues ou approuvées par les Académies.

Le quinzieme Chapitre donne le détail des Inftruments fervant aux accouchements laborieux & contre nature : on y verra amplement ceux qui ont été inventés pour délivrer la mere de la tête de l'enfant, laquelle, fi elle vient à fe féparer du corps, refte ou au paffage ou dans le baffin.

Enfin le feizieme Chapitre eft deftiné pour la defcription des Inftruments qui fervent à couper le filet aux enfants nouveaux nés ; enfuite nous donnons celle des Inftruments pour l'inoculation de la petite vérole ; c'eft une opération nouvelle chez nous, & des dernieres que la Chirurgie ait mife en pratique.

Autant qu'il m'a été poffible, j'ai rangé la defcription des Inftruments propres au même genre d'opération, felon le rang d'ancienneté de leur invention par leurs différents Auteurs ; & l'on verra combien la Chirurgie a été enrichie dans ce fiecle, combien les Modernes l'emportent fur les Anciens. Je terminerai cette feconde Section par un Vocabulaire des termes de l'Art du Coutelier, & par la Table des matieres.

Pour ne rien négliger de ce qui eft capable d'inftruire, & de rendre mon Ouvrage utile & intéreffant, j'ai cru préférable de repréfenter les Inftruments dans leurs grandeurs naturelles, fans les réduire à moitié ou au tiers de leur volume ; parce qu'en les diminuant, on auroit perdu certains petits détails, comme les vis, les refforts, les bafcules, les charnieres, les tenons, &c. J'aurois craint par-là de rendre la plupart des Inftruments d'une maniere obfcure & capable d'induire en erreur ceux qui s'appuient uniquement fur les figures pour leur inftruction. Il faut convenir que par-là j'ai un peu augmenté-le nombre des Planches ; mais auffi nous fommes difpenfés, en décrivant ces Inftruments, de nous étendre fur leurs dimenfions, fur les mefures exactes, en citant la quantité de pouces, de lignes, & cela non-feulement à chaque Inftrument, mais encore à chacune des parties qui le compofent, ce qui feroit devenu très-embarraffant.

Je dois répéter ici qu'en donnant dans cette feconde Partie la defcription des Inftruments de Chirurgie, mon intention n'eft point de les faire connoître fous les rapports qu'ils ont avec la ftructure des parties auxquelles les Auteurs fe font propofé de les appliquer, avec le vice que la maladie introduit quelquefois dans la ftructure de ces mêmes parties. Je ne me propofe point non plus d'indiquer comment il faut s'en fervir, de prefcrire l'ordre dans lequel il faut les employer ; quand il convient que celui-ci fuccede à celui-là, pour, de leur application fucceffive, amener ce réfultat commun, qui eft le but qu'on fe propofe dans certaines opérations. Il y a des cas où la nature du mal & la ftructure des parties, exigent que l'on préfere tel Inftrument à tel autre, que l'on en change les formes ou les difpofitions

connues,

connues, pour en introduire qui foient plus propres à faire réuffir. Je n'entre point dans l'examen de tous ces objets ; ils demanderoient un ample Traité que l'on ne doit point attendre de moi. Mon objet, après que tous ces Inftruments ont été portés à leur perfe`l`ion par ceux qui les ont imaginés, eft, ainfi que je l'ai déja dit, d'indiquer comment je les exécute, & c'eft fimplement l'Art de les faire que je donne ici.

Je déclare donc que fi j'entre quelquefois dans le manuel des opéra-tions de Chirurgie, ce n'eft pas que je prétende me mêler de l'Art du Chirurgien, encore moins l'inftruire ; mais j'ai feulement eu l'inten-tion de faire connoître au Coutelier les défauts qu'il doit éviter dans la fabrique des Inftruments, & faire mieux entendre les propriétés qui leur font effentielles ; d'ailleurs je ne le fais qu'en paffant, & fi légére-ment, que je ne crois pas qu'on puiffe me prêter d'autres intentions.

On pourroit encore me faire l'un ou l'autre de ces deux reproches tout différents. Des perfonnes curieufes d'être inftruites des progrès qu'a fait la Chirurgie, auroient pu, fans doute, défirer trouver dans ma defcription une hiftoire fuivie de chaque Inftrument ; elles auroient peut-être fouhaité que je l'euffe conduit depuis le moment de fon invention, jufqu'au point de perfe`l`ion où nous l'avons au-jourd'hui ; mais cette partie ne m'ayant paru que purement curieufe, je n'ai pas cru qu'elle fût de mon reffort au point d'en faire une étude principale. J'ofe même d'ailleurs affurer que les Inftruments de Chi-rurgie n'ayant été bien décrits & gravés que depuis peu de temps, les corre`l`ions fe font faites à la plupart d'une maniere infenfible, & les progrès dans leurs nouvelles perfe`l`ions nous font prefqu'in-connus ; du refte on verra que je fuis entré autant que je l'ai pu dans ces vues, en décrivant beaucoup d'Inftruments de Chirurgie, & ajou-tant à ma defcription ceux qui ne font pas d'un ufage très-fréquent, parce qu'on leur en a fubftitué d'autres d'une plus grande perfe`l`ion. J'ofe donc me flatter d'avoir confervé la partie utile dans la demande qu'on auroit pu me faire, en négligeant celle qui eft fimplement curieufe, & fur laquelle on n'auroit pu parler que d'une maniere très-vague & fort douteufe.

Le fecond reproche qu'on pourroit me faire, confifteroit en ce que ne m'attachant pas à fuivre cet objet, c'eft-à-diré, à décrire l'hiftoire & les progrès qu'ont pu acquérir, avec le temps, les Inftruments de

Chirurgie; on m'objecteroit, dis-je, que j'aurois pu abréger beaucoup mon Ouvrage, si je n'avois parlé que des Instruments qui sont
maintenant en usage à Paris: car la Chirurgie moderne s'étant beaucoup perfectionnée dans cette Capitale, il y a plusieurs Instruments
que l'on employoit il n'y a pas fort long-temps, dont on ne se sert
plus aujourd'hui. Mais outre que la plupart de ces Instruments, dont
on ne se sert point à Paris, sont encore en usage dans d'autres endroits,
puisque l'on m'en demande habituellement, soit de la Province, soit
de l'Etranger, j'ai eu de fortes raisons pour ne me point restreindre
aux seuls Instruments actuellement en usage dans cette Capitale. J'ai
cru que l'Art que j'offre au Public, ne seroit complet & véritablement
utile, qu'autant que j'exposerois aux yeux du Lecteur tous ceux que
j'ai pu me procurer: en me conduisant sur ce plan, j'ai eu en vue les
Chirurgiens qui n'ont point d'arcenaux où se trouvent réunis les Instruments de Chirurgie anciens & nouveaux; mon intention a été d'ex-
poser sous leurs yeux les figures de ces Instruments: j'ai voulu par ce
moyen (& sans me le proposer comme un principal objet) les mettre
en état de connoître quel a été le progrès de l'esprit humain dans l'invention & la perfection des Instruments de Chirurgie, de pouvoir
juger des raisons que l'on a eu d'admettre, de conserver ou de rejetter
ces Instruments; j'ai eu dessein de leur offrir un tableau de ce qui a
existé, pour que ceux qui viendront dans la suite, & qui donneront
des Instruments qu'ils croiront nouveaux, jugent si effectivement ils le
font. Je ne me suis point arrêté seulement à ces avantages; j'ai encore
eu pour objet, dans la composition de mon Ouvrage, d'aider les
Chirurgiens, ainsi que les Couteliers, dans leurs travaux; les premiers, au moyen des soins que j'ai pris, trouveront dans beaucoup
d'Instruments abandonnés pour certaines opérations, des ressources
pour la composition de plusieurs Instruments pour d'autres opérations, soit qu'ils appliquent ces Instruments tels qu'ils sont, soit qu'ils
y ajoutent ou qu'ils en retranchent: toujours, est-il vrai, qu'ils leur
offriront des modeles & des vues. Les habiles gens n'ont pas besoin
de ces avantages; mais c'est à la multitude qui se forme & qui a peu
de secours, que je destine mon travail. Quant aux Couteliers, je leur
offre des exemples de construction souvent ingénieuses & d'une exécution difficile, qui, lors même qu'elles ne seroient plus exécutées en
entier, reviendront sûrement dans d'autres Instruments où on les aura

fait paffer, du moins en partie. Il y a plus ; j'avoue qu'entraîné par cette confidération, (que je ne puis trop applanir de difficultés aux hommes de mon état,) j'aurois fouhaité que ceux qui poffedent d'autres Inftruments actuellement d'ufage ou négligés, mais que je ne connois point, euffent bien voulu me les procurer; que ceux qui ont été trouvés dans les ruines d'Herculanum, s'ils font d'une conftruction différente des nôtres, fuffent parvenus à ma connoiffance, & je n'euffe point manqué de faire ufage tant des uns que des autres. Ceux qui fréquentent les atteliers des Artiftes, & qui connoiffent les vues bornées de quelques Ouvriers, la difficulté qu'il y a de leur faire exécuter ce qu'ils n'ont point encore pratiqué, conviendront que l'attention que je prends ici n'eft point fuperflue, & que je prépare des facilités à ceux qui, déformais, inventeront des Inftruments de Chirurgie, pour fe faire entendre des Couteliers; & aux Couteliers, pour exécuter ce qu'on leur demandera.

Ici fe préfente un autre avantage encore bien confidérable ; car après avoir rempli ma tâche comme Coutelier, avoir configné dans cet Ouvrage les diverfes pratiques que j'ai acquifes pendant trente années dans l'exercice continuel de mon état, avoir procuré au Public la collection d'Inftruments de Chirurgie la plus ample qui ait jamais paru, j'ouvre un champ vafte préparé à grands frais, qui n'attend plus qu'une main confommée dans l'exercice de la Chirurgie opérative, pour en faire fortir les diverfes pratiques fous des points de vue relatifs à l'état actuel de la Chirurgie Françoife, & à celui de la Chirurgie du refte de l'Europe. Je crois pouvoir me flatter que par les foins que je me fuis donnés, j'aurai facilité les moyens d'exécuter cette entreprife fi néceffaire & fi defirée. C'eft-là qu'on indiquera quels font les Inftruments ufités, ceux qui ne le font point, les raifons qui ont fait recourir aux uns & négliger les autres; que l'on enfeignera la maniere de fe fervir de ceux qui font en ufage; ce qu'il conviendroit d'y ajouter pour les porter à une plus grande perfection ; les changements qu'ils demandent pour fatisfaire aux cas particuliers les plus connus; que l'on déterminera leur forme précife, leurs dimenfions, fur plufieurs defquels tout eft encore livré à l'arbitraire. Je defire cette réforme dès qu'elle fera utile ; & elle ne peut manquer de l'être.

Sur les avis qu'on m'a donnés, par lefquels il m'a paru que le Public fouhaiteroit connoître le prix de chaque Inftrument de

Chirurgie, j'ai cru devoir donner cette satisfaction à ceux qui y ont quelque intérêt. Je l'ai donc déterminé tel qu'il est en usage, non-seulement dans mon magasin, mais encore chez tous mes Confreres dans Paris, qui s'occupent de cette partie de la Coutellerie. Chaque description, de quelque Instrument que ce soit, sera terminée par la déterminaison de la valeur de l'Instrument, telle qu'elle est aujour-d'hui. Cette méthode m'a paru préférable à celle de faire une table particuliere où les prix seroient marqués.

Cette connoissance que je donne du prix de chaque Instrument, ne peut être qu'utile & commode pour ceux des Chirurgiens qui se trou-vent éloignés des Couteliers experts en Instruments de Chirurgie, lorsqu'ils desirent de se procurer quelques Instruments. Comme ils ignorent ce qu'ils peuvent coûter, ils sont obligés d'écrire plusieurs lettres pour s'en informer ; par conséquent cela retarde les envois, & même les opérations.

On m'a demandé encore d'indiquer aux Chirurgiens la maniere de conserver les Instruments, de les entretenir propres, & de les pré-server de la rouille. J'avoue que jusqu'ici je n'ai trouvé aucun expé-dient qui puisse en général arrêter les progrès de la rouille qui fait tant de tort à l'acier en rongeant la surface de ce métal ; mais j'ai des moyens d'en garantir l'acier & de le conserver long-temps, & même pendant le trajet des mers. J'indiquerai mes expédients, qui, d'ailleurs, ne sont ni difficiles ni dispendieux : c'est ce qu'on verra dans la derniere Section du dernier Chapitre de cette seconde Partie.

L'ART

L'ART
DU
COUTELIER
EXPERT EN INSTRUMENTS
DE CHIRURGIE.

SECONDE PARTIE DE L'ART DU COUTELIER.

Par M. Jean-Jacques Perret, Maître Coutelier de Paris.

PREMIERE SECTION.

CHAPITRE TRENTE-QUATRIEME.

Du Tour relativement à l'usage du Coutelier ; des Outils dépendants du Tour. Description d'une Machine à percer les plus durs Métaux ; celle de la Filiere double. Maniere de tarauder de grosses Vis ; & de la maniere de faire les Charnieres.

Le Tour est nécessaire au Coutelier, & nous avons déja cité plusieurs ouvrages qui ont dû être tournés. Mais comme dans cette Seconde Partie nous parlerons de plusieurs Instruments de Chirurgie que l'on doit tourner, la nécessité dont est le Tour pour le Coutelier qui s'occupe de ces sortes d'ouvrages, sera bien mieux établie ; car nous aurons souvent besoin de dire que telle & telle partie d'un instrument doit se faire au Tour. Nous avons donc réservé de décrire succinctement dans ce Chapitre les pieces qui composent le Tour, & les moyens de s'en servir, sans entrer dans des détails bien étendus ; ce que je laisse à celui qui traitera spécialement cet Art.

ARTICLE PREMIER.

Du Tour, & de la maniere de tourner.

PLANCHE
73.

LE Tour fert à donner une perfection néceffaire aux machines & inftruments qui exigent une parfaite rondeur & une grande régularité. Le Trépan eft l'inftrument qui a le plus grand befoin de ces qualités, par rapport aux couronnes, qui en font la principale partie.

J'ai déja prévenu que mon deffein n'eft point ici de donner la defcription du Tour dans tous fes détails; ils feront partie de l'Art du Tourneur, que le Public attend de M. Hulot. Je ne décrirai donc que ce qui fera néceffaire pour enfeigner au Coutelier la maniere de tourner, & fur-tout les moyens qu'il faut employer pour ajufter des mandrins (*), afin de tourner commodément des ouvrages qui ne font que du reffort du Coutelier, & qui font d'ailleurs affez difficiles à appliquer entre les deux pointes du Tour.

La Figure 1 repréfente un Tour à pointes; & la Figure 2 un Tour en l'air, tous deux montés fur le même établi *d d*, *A A A*.

On entend par Tour à pointes, deux poupées *a*, *a*, ayant chacune une pointe: c'eft entre ces deux pointes qu'on pofe la piece qu'on veut tourner, lorfqu'on peut y piquer un centre à chaque bout, & que d'ailleurs elle eft affez longue pour y entortiller la corde. Si la piece qu'on doit tourner eft courte, & qu'elle foit percée d'un bout à l'autre, on la met à force fur un mandrin ou forte broche de fer, fur laquelle on ajufte une bobine pour y entortiller la corde. On voit donc dans la Figure 1, ce mandrin *b b*, fur lequel eft ajuftée en *c*, une pomme de Trépan, avec la bobine *m*, fur laquelle eft entortillée la corde.

La Figure 2 repréfente un Tour en l'air, qui confifte d'abord en un arbre de fer monté fur deux poupées unies enfemble par leur bafe en *F*, *F*. Cet arbre porte une vis à fa tête *B*, fur laquelle on monte toutes les efpeces de mandrins dont on peut avoir befoin. La partie de l'arbre en *E*, eft faite en bobine pour recevoir & contenir la corde qu'on y entortille. La partie de l'arbre qui eft renfermée dans la poupée en *G*, eft divifée par cinq pas de vis différents, pour donner lieu à l'Ouvrier de fe fervir de celui qu'il juge à propos, felon qu'il prétend précipiter ou ralentir le mouvement, augmenter ou diminuer la force dans l'inftrument qu'il fabrique.

Les pas de vis dont nous venons de parler, font imprimés fur les regiftres, appellés auffi *Clavettes*, de bois qu'on voit au-deffus des numéros 2, 3, 4, 5, 6; de forte que pour faire des vis au Tour, on tire le coin *e*, qui fe trouve fous la clef de cuivre no. 1; on le met fous la clavette de la vis dont on a befoin,

---

(*) On appelle *Mandrins* en général, toutes les pieces dont on fe fert pour rpofer & appliquer les ouvrages fur le Tour: il y en a en maniere de boîte de cuivre, qu'on viffe fur la tête de l'arbre; d'autres en maniere de broche, &c.

c’eſt-à-dire, ſous l’un des numéros 2, 3, 4, 5, 6; alors il eſt clair que lorſqu’on
baiſſe la pédale *g* avec le pied, l’arbre fait un double mouvement, il tourne
en avançant; & lorſqu’on leve le pied, l’arbre tourne en rétrogradant.

Planche
73.

Il eſt eſſentiel de tenir toujours les deux collets de l’arbre humectés d’huile
d’olive, en en faiſant couler une goutte ſur les vis de preſſion *h h*, qui, à cet
effet, ſont percées à jour auſſi bien que les couſſinets ſupérieurs, pour donner
paſſage à l’huile, qui coule ſur l’arbre au travers des couſſinets d’étain. Cet arbre
ne doit jamais balloter dans ſes couſſinets. Les vis *h h* ſont deſtinées à preſſer les
couſſinets ſupérieurs au degré qu’il convient pour que l’arbre ne ballote point,
& que cependant il ſoit très-libre.

Le ſupport eſt repréſenté par les lettres *a i j*, *K L* : il eſt compoſé de trois
pieces, de trois vis & de trois écrous. Cette maniere eſt la plus commode, parce
que le ſupport ſe prête à tous les mouvements qu’on déſire, pour être placé au
point qu’il faut. Les parties *i j*, peuvent être de bois, ou de fer, ou de cuivre;
mais la partie *a* doit toujours être de bois; l’outil y gliſſe moins que ſur le fer ou
ſur le cuivre: il tient au ſupport par une forte vis, dont la tête eſt en figure de **T**,
& un écrou *K*; & comme le trou du bois eſt *fenêtré*, c’eſt-à-dire, quarré
long, on peut le hauſſer & le baiſſer ſelon que le cas l’exige. *L* eſt une vis
qu’on fait mouvoir avec une clef; par ce moyen on fait tourner le ſupport *i*,
dans le ſens dont on a beſoin.

Pour bien tourner, il faut tenir l’outil *H* d’une main, tandis que l’autre
appuie fermement ſur l’outil en *N*, pour le tenir fixe ſur le ſupport; ayant le
pied ſur la pédale, on donne le coup & l’on enleve un copeau ſur la matiere
qu’on tourne; cependant on peut donner un fort coup de pied, & tenir l’outil
bien ferme ſans enlever un copeau, & pour lors on gâte l’outil. Mais voici la
maniere de donner le coup avec avantage.

L’outil dans la main du Tourneur, eſt à conſidérer comme un levier du premier genre; lorſque le ſupport *N* eſt poſé près de la piece qu’on tourne, le
tranchant de l’outil eſt la réſiſtance du levier, *N* en eſt le point fixe, & le manche *H* en eſt la puiſſance; alors tenant l’outil bien horifontalement, & toujours
dirigé vers le centre de l’arbre du Tour, appuyant les doigs de la main gauche
ſur l’outil en *N*, pour aſſurer le point fixe, l’autre main empoigne le manche
H, on donne le coup de pied d’un mouvement modéré; on obſerve que ces
trois mouvements n’en faſſent qu’un ſeul, que chaque membre faſſe les trois
fonctions d’un ſeul coup, & dans le même inſtant; or, le pied baiſſant la pédale,
la main gauche redouble l’effort de preſſion ſur le point fixe, & la main droite
pouſſe l’outil avec un certain effort pour mordre ſur la matiere, obſervant que
le tranchant de l’outil tende plutôt à monter qu’à deſcendre, au moyen de
l’effort que fait la main droite, comme ſi on vouloit faire baiſſer le manche de
l’outil. Ce mouvement eſt inviſible aux yeux des ſpectateurs; ainſi il ne doit
dépendre que d’un roidiſſement des nerfs.

La piece qu'on veut tourner eſt repréſentée dans cette Figure ſur le Tour ; c'eſt une *couronne* de Trépan ; l'outil eſt placé de façon à pouvoir tourner le dedans de la couronne.

A R T I C L E   S E C O N D.

Des Mandrins & des Outils à l'uſage du Tour.

La Figure 3 repréſente un mandrin de bois pour mettre une piece ſur le Tour ; on voit en *p* une virole d'un Tire-tête, miſe dans le mandrin pour être tournée.

La Figure 4 fait voir une coupe longitudinale du même mandrin, pour en faire voir l'intérieur. 1°. La partie taraudée *q*, qui ſe viſſe ſur la tête de l'arbre du Tour. 2°. La virole *Q*, dont une partie eſt enchaſſée à force dans le mandrin.

La Figure 5 repréſente un mandrin à virole, ſur lequel on tourne des inſtruments ou des pieces de pluſieurs groſſeurs différentes, ſans augmenter ou diminuer le trou.

La Figure 6 fait voir la coupe tranſverſale de ce mandrin ; *R* eſt le trou percé à jour dans toute la longueur du mandrin ; les quatre traits en croix *y y y y*, ſont deux traits de ſcie, dont le feuillet eſt d'une ligne d'épaiſſeur : on refend le mandrin juſqu'à la ligne *S*, *Fig.* 5 ; cela étant ainſi, les quatre parties *o, o, o, o*, *Fig.* 6, ſont comme quatre reſſorts qui s'approchent du centre, pour ſerrer enſemble la piece qu'on met dans le trou *R*. Or, ce reſſerrement s'opere par une virole de cuivre ou de fer *T T*, taraudée en dedans pour ſe viſſer ſur le mandrin, qui étant de figure conique, & taraudé à l'extérieur, reçoit la virole ; & plus il approche du gros bout, plus il ſerre la piece *z* qui eſt dans le trou *R*. On fait trois trous ſur la virole pour recevoir une broche de fer, afin de la viſſer avec force. Ce mandrin peut être regardé comme un excellent outil pour ſerrer des parties creuſes & minces ; auſſi le propoſons-nous pour les Seringues, pour travailler le Porte-pierre infernale, pour le Pharingotome & autres inſtruments à peu-près ſemblables. Le meilleur bois pour faire des mandrins, c'eſt l'aliſier.

La Figure 7 repréſente la maniere de préparer une partie de l'arbre du Trépan ; c'eſt celle qui porte la tige pour recevoir la pomme. La partie qui n'a point de tige, & qui eſt parfaitement ſemblable à celle-ci, eſt comme coupée ſur la ligne *x* ; alors on a recours au mandrin *Fig.* 8, qui eſt taraudé au bout, afin de le viſſer ſur la partie de l'arbre *u u* : on y voit une bobine pour recevoir la corde ; de ſorte qu'en donnant un coup de *pointeau* en *Z*, bien en ligne directe avec le trou ou pointe *V* du mandrin, en ſorte qu'il ſoit bien centré, on tourne toute la poire, ainſi que nous le verrons en enſeignant la maniere d'ajuſter un Trépan.

Les Figures ſuivantes repréſentent les principaux outils à tourner. La Figure 9 eſt un peigne pour faire des filets de vis au Tour ſur l'extérieur d'une piece ; & la Figure 10 en fait voir un autre pour faire les filets dans l'intérieur. Il en

faut

faut deux femblables pour chaque efpece de pas de vis que porte l'arbre, & il faut qu'ils foient faits & ajuftés avec précifion fur les filets de l'arbre même.

La Figure 11 fait voir le Cifeau plat, dont le tranchant eft au bout & fur les deux côtés par un bifeau abattu fur les quarres.

La Figure 12 fait voir un outil rond & à tranchant, comme le précédent; car il n'en diffère que par la rondeur de l'extrémité fupérieure.

La Figure 13 eft un grain d'orge, & la Figure 14 eft un outil qui équivaut à plufieurs autres; c'eft une lime triangulaire réduite en burin, mais dont la facette *r* eft ronde, au lieu d'être affûtée droit, de forte que la pointe tient lieu d'un grain d'orge, & les deux côtés tiennent lieu d'un outil rond; je m'en fers pour évuider, par exemple, une Poire, telle qu'on la voit en *u u*, *Fig.* 7.

Ces fix formes d'Outils font les plus ufitées pour tourner; mais il faut encore en avoir plufieurs autres qui different par les grandeurs & les largeurs. D'ailleurs on verra ces Outils, avec tous les détails convenables, dans l'Art du Tourneur, qu'on pourra confulter.

Un Outil qui eft bon à tourner le fer, peut bien fervir à tourner du bois; mais celui qui eft bon pour tourner le bois, ne peut pas fervir le plus fouvent pour travailler les métaux. Cette différence, dans le fond, ne tient qu'à deux points effentiels. 1°. Pour le fer, il faut un tranchant affûté de court. 2°. C'eft le degré du recuit qui fixe la dureté. Or, fi l'Outil eft recuit à la couleur d'or, il ne réfiftera pas long-temps fur le fer, encore moins fi le recuit eft pouffé jufqu'au pourpre ou cuivre rouge; mais il réfiftera long-temps s'il eft d'une couleur de paille. Or, pour généralifer l'ufage d'un Outil de façon qu'il puiffe tourner & mordre le bois, l'ivoire, le cuivre, l'argent, l'or & le fer, il faut le tremper couleur de cerife d'un rouge un peu clair, & le recuire à la couleur de paille, qui eft un petit jaune.

Pour ne rien omettre de ce qui peut contribuer à faire un bon Outil, il faut le forger avec de bon acier, comme celui de Carme, celui de Styrie, celui de Dantzick & celui d'Angleterre; il faut battre l'Outil un peu à froid à la derniere chaude, & ne pas le faire recuire pour le limer; & nous obferverons que pour l'acier fondu il ne faut pas paffer la couleur de paille en le recuifant : il eft préférable de ne pas atteindre tout-à-fait cette couleur plutôt que de la paffer. Une indication jufte à cet effet, c'eft, lorfqu'on voit que le blanc pâlit un peu, de faire tomber un peu de falive fur l'Outil; fi la falive gliffe rapidement & tombe à terre, le recuit fera jufte & l'Outil très-bon.

ARTICLE TROISIEME.

Description d'une Machine propre à percer les plus durs Métaux avec une espece de Vilebrequin.

PLANCHE
73.

LA Figure 15 représente une Machine propre à faire des trous jusqu'à un diametre de 9 à 10 lignes avec beaucoup de vîtesse. Son origine vient des Tireurs-d'or, mais non pas telle qu'elle est ici représentée ; c'est M. Hulot qui l'a corrigée & perfectionnée : il lui a donné beaucoup plus de force & de solidité, de maniere qu'il ne manque plus à cette Machine que d'être connue de tous les Artistes qui travaillent le fer & l'acier, ou qui tournent, parce qu'elle accélere prodigieusement l'ouvrage. Sans doute que l'Auteur nous donnera tous les détails de cet instrument utile. En attendant nous pouvons l'esquisser.

l l, *L L*, *L L*, représentent un établi fait de bois de chêne de 30 pouces de large, sur autant de hauteur, & solidement assemblé. Les pieds *L L L L*, ne sont fixés ensemble que par une traverse *m*, afin de laisser la pédale *M* libre sur le devant. Il importe pour la solidité que les pieds soient fixés à l'établi par deux boulons de fer que l'on voit en *l*, *l*, arrêtés de l'autre côté par deux écrous. *Q*, *q*, sont deux montants de fer posés verticalement & fixés en dessous par deux forts écrous. Le montant *q* est percé de plusieurs trous, afin que la traverse compressive *R rs*, soit en ligne horisontale. Cette traverse est de bois, & est fixée seulement au montant dans l'un des trous par une cheville *S*.

N, *N*, *n*, *o*, est une lame de fer qu'on peut appeller *la branche de rappel*: elle est fixée en *N* sur la pédale *M*; elle monte perpendiculairement en traversant l'établi par un trou *n*, depuis l'extrémité supérieure jusqu'en *o* : elle est percée de trous pour être fixée par la cheville *p*, avec la traverse compressive.

La pédale est fixée au pied de l'établi. En *T*, est une piece de bois qui s'ajuste dans la fente de l'établi : elle sert de support pour poser les pieces qu'on perce ; pour cet effet il en faut avoir de plusieurs grandeurs, conformément aux configurations des pieces. *u u* Est une branche de Forceps que l'on veut percer, & qui est disposée pour cela, comme on la voit dans cette Figure ; on la tient seulement d'une main, de l'autre on empoigne le vilebrequin en *V*; & posant le pied sur la pédale, on appuie un peu. Il faut observer que pour un Foret d'une ligne & demie d'épaisseur, le seul poids de la pédale suffit même pour percer très-vîte. Quand on a de petites pieces à percer, on peut les contenir avec des tenailles ou avec un étau à main ; d'ailleurs, il ne faut pas beaucoup de force pour cela, parce que la piece posant sur du bois en *T*, elle s'imprime un peu, & cela suffit très-souvent.

Pour percer droit avec cette machine, il suffit de poser le vilebrequin bien verticalement, que la pointe *r* réponde vis-à-vis du trou contre-marqué avec le *pointeau*, fur l'endroit de la piece qu'on veut percer ; & quand le tout eft ainfi bien difpofé, l'Ouvrier n'a plus befoin d'être préfent à l'ouvrage ; le premier venu peut continuer, & affurément il percera droit.

La Figure 16 repréfente le vilebrequin : il eft tout en fer & très-fort. Du côté *Y*, il eft un peu profondément piqué d'un coup de *pointeau*, pour recevoir la pointe *r*, *Fig.* 15, de la traverfe ; & de l'autre côté *y*, *Fig.* 16, eft une douille quarrée pour recevoir les Forets qui y font ajuftés quarrément.

Les forets doivent être faits autrement que pour percer à l'archet. La Figure 17 repréfente la forme qu'ils doivent avoir ; il leur faut un feul bifeau en fens contraire de chaque côté, qui aille fe terminer en pointe au milieu : elle fert comme un guide pour conduire le Foret toujours au centre du trou ; mais il ne faut pas que le bifeau foit abattu des deux côtés, comme c'eft l'ordinaire pour les Forets à l'archet, & fur-tout les bifeaux doivent être affûtés de court.

La Figure 18 repréfente une fraife à pivot, pour faire une charniere fur la Machine ; &, comme l'on voit en *Z*, le bifeau n'eft abattu que d'un côté fur une face, & autant à l'autre face du côté oppofé. Pour faire fentir en deux mots la bonté de cette Machine, il fuffit de dire qu'il faut deux heures de travail à l'archet pour faire le charnon de la branche mâle d'un inftrument à charniere ; & avec cette Machine il faut moins d'un quart-d'heure, & cela eft fenfible ; la preffion de la pédale, augmentée par la force de deux leviers, eft incomparablement plus forte que celle d'une Poitrine, & que celle de la vis de l'Outil avec lequel les Serruriers percent. *Voyez les Figures 12 & 13, Pl. 3, de l'Art du Serrurier*, par M. Duhamel. L'archet a deux mouvements ; il va & vient, mais il ne peut couper qu'en allant ; le vilebrequin au contraire (qui, d'ailleurs, a par lui-même fon levier particulier,) tourne toujours du même fens, ne quitte point fon trait, & enleve des copeaux qui furprennent ceux qui le voient agir la premiere fois, fans cependant exiger d'autres précautions que celle de mettre de l'huile fouvent dans le trou.

Tous les Artiftes qui travaillent avec le marteau, avec la lime ou au Tour, auront une obligation finguliere à M. Hulot, en ce qu'ils auront profité des idées de l'auteur de cet inftrument, pour avoir tiré la Machine de l'obfcurité, & pour l'avoir corrigée & perfectionnée au point où elle eft aujourd'hui.

ARTICLE QUATRIEME.

De la Filiere double, & la maniere de tarauder de groffes Vis.

La Figure 1 repréfente la maniere de tarauder avec la Filiere double, moyennant que la piece *b* qu'on taraude, foit ferrée verticalement dans l'étau. On tient la Filiere des deux mains en *a A* & *B* ; on a foin de mettre de l'huile de temps en temps fur l'intérieur des couffinets ou fur la vis, & l'on tourne comme par petites fecouffes.

PLANCHE 73.

PLANCHE 75.

Ces Filieres font très-commodes & même indifpenfables pour faire de groffes vis, au *moins* pour les faire parfaitement, & cela parce qu'on peut ajuíter l'écrou avec la vis auffi gaiement qu'on le defire, fans fortir de la régularité des filets ; on n'a qu'à faire la vis à plufieurs reprifes, & à chaque fois faire tourner un demi-quart de tour la grande vis *A* ; fon bout appuyant fur le faux couffinet **1**, fait rapprocher les couffinets **2** & **3** qui taraudent ; **1** n'eft pas taraudé, il n'eft que pour recevoir immédiatement la preffion de la grande vis *A*, & tranfmette ce mouvement aux couffinets **2**, **3**.

Les Figures **2** & **3** repréfentent les couffinets ; **4** fait voir les filets de face, & une rainure *a*, pour loger les copeaux que la Filiere emporte ; **5** eft le même couffinet vu en deffous ; **6**, **7**, font les deux couffinets qui doivent aller enfemble vus géométralement ; & **8**, **9**, les font voir à plat. Ces couffinets tiennent dans la Filiere au moyen de deux ailes *i i*.

La Figure **4** repréfente la Filiere coupée tranfverfalement pour laiffer voir les rainures *e*, *H*, où fe logent les ailes *i i* des couffinets ; cependant il faut leur procurer une entrée dans la Filiere, & une fortie pour les changer, quand on veut faire un pas de vis différent ; pour cet effet on coupe une partie de la joue de la rainure d'un côté feulement : c'eft ce qu'on voit en *G*, *Fig. 4*, & en *o*, *Fig. 1*.

La Figure **5** repréfente la maniere de tarauder les écrous avec un *Tourne-à-gauche*, moyennant que la piece qui porte le trou à tarauder, foit ferrée dans l'étau par fes côtés, & l'on tient la tête du taraud dans un des trous du Tourne-à-gauche.

Nous avons vu une rainure aux couffinets pour loger les copeaux : on n'en voit ici qu'une ; on en fait ordinairement trois ou quatre fur le taraud en *f*, qui regne le long des filets. Il y en a qui, au lieu de rainures le long des filets du taraud, le liment à trois pans, comme l'on voit en la *Fig. 6*, en *D*, ce qui eft également bon.

Nous paffons légérement fur la defcription de ces Filieres, parce que cet inf-trument eft commun à plufieurs Arts, & nommément au Serrurier, dont l'Art eft déja donné par M. Duhamel du Monceau, & que l'on en parlera dans celui du Tourneur, que donnera M. Hulot : on y trouvera une ample explication de leurr conftruction.

A R T I C L E C I N Q U I E M E.

Maniere de faire les Charnons d'une Charniere.

 La Figure **7** repréfente la branche portant le charnon mâle, & la Figure **8**, la branche portant les deux charnons femelles. Le mâle eft ainfi appellé, parce qu'il n'a qu'un charnon réfervé fur la piece, au milieu de fon épaiffeur, comme le fait voir *j j*, *Fig. 9*.

Le

La femelle eſt ainſi appellée, parce qu'elle eſt compoſée de deux charnons pris auſſi ſur piece, ayant entr'eux un vuide ſuffiſant pour loger le charnon mâle. Commençons par expliquer comment on travaille la branche femelle. Prenez une barre de fer corroyé, de largeur & épaiſſeur qu'il faut, & donnez-lui la force convenable à l'inſtrument qu'on ſe propoſe de faire. Celui-ci eſt un *Valet à patin*, de 4 lignes d'épaiſſeur, ſur 8 ou 10 de large, ce qui eſt ſuffiſant. Donnez-lui une bonne chaude graſſe, & en même temps *entaillez* en K, enſuite en L, pour réſerver toute la largeur en m; étirez les branches de longueur & largeur convenables; enſuite vous vous munirez d'un poinçon plat, dont les angles ſoient arrondis: *voy.* PP. Faites chauffer la piece à blanc; poſez-la ſur l'enclume dans la ſituation de la *Fig. 9*; & la faiſant tenir par un Aide, preſentez le poinçon perpendiculairement ſur j j; & par cinq ou ſix coups de marteau vous ferez le trou promptement; enſuite tournant la piece à plat, donnez deux ou trois coups de marteau pour applatir un peu les charnons.

On doit obſerver que dans cette opération il faut être prompt à frapper, afin de ne pas donner le temps au poinçon de s'échauffer dans le trou, attendu qu'il s'y refouleroit, & l'on ne pourroit plus le faire ſortir qu'en défigurant la piece, & bien ſouvent on riſqueroit de la caſſer. Ainſi ſi quelque choſe interrompt la vivacité des coups de marteau, il faut tirer le poinçon & le tremper dans l'eau, le remettre dans le trou pour applatir les charnons: cette opération eſt toujours mieux faite quand on la fait dans une ſeule chaude.

Quand on eſt juſte de matiere pour la largeur de la charniere, on prend un ciſeau à tranchant pour fendre la charniere par le milieu, c'eſt-à-dire, qu'on fait par-là la place du poinçon plat; cela facilite de beaucoup l'opération, en conſervant la largeur de la charniere; alors il faut deux chaudes. Je fais toujours pratiquer cette méthode par les Apprentifs.

On fait auſſi une charniere femelle, en laiſſant les charnons maſſifs de forge, on vuide l'entrée avec des limes plates, & l'on creuſe le fond avec des ciſelets en bec-d'âne.

Le charnon mâle n'exige d'autre précaution à la forge, que de le laiſſer plein; ainſi on le forge comme la branche femelle, & l'on n'y perce pas de trous: voilà toute la différence.

Pour les ajuſter avec la lime, commencez par percer au foret les trous des deux branches r, r, obſervant de prendre bien le milieu, & de laiſſer plus de largeur qu'il n'en faut ſur les bords K, L, m; il faut être muni de deux *fraiſes* portant pivot. La Figure 10 repréſente celle qui eſt faite en foret, & le pivot q qui eſt de figure conique, pour qu'il ne s'engage pas dans le trou. Cet outil fait la charniere, & emporte la matiere diligemment; mais il fait des ondulations & des inégalités fort déſagréables; or, pour lui donner le degré de perfection qu'elle doit avoir, il faut une *fraiſe taillée en lime*, repréſentée par la *Fig. 11*. Q en fait voir le plan; le pivot eſt ſuſceptible de ſe caſſer & de s'uſer; en conséquence on le fait entrer à vis dans la fraise : on ne le trempe pas ; par ce moyen il n'est pas sujet à se casser, mais à s'user ; & lorsqu'on s'apperçoit qu'il est usé, on le dévisse & on en ajuste un autre ; par ce moyen la fraise sert long-temps, parce qu'on la trempe sans lui donner du recuit.

Pour ajuster la Charniere, il faut fraiser la femelle ; à cet effet on serre la piece dans l'étau. En commençant, il faut donner de légers coups d'archet, tant pour chercher l'à-plomb de l'outil, que pour emporter avec légéreté les inéga-lités, qui, pour l'ordinaire, font casser le pivot de la fraise, si l'on veut brus-quer l'opération ; mais lorsqu'on est une fois en train on va plus fort. On fraise un peu la femelle de chaque côté, pour imprimer un peu la rondeur de la fraise sur la Charniere ; en ce cas elle sert ici comme de trusquin, qui trace la ligne & indique l'excédent *K L m*, qu'il faut emporter bien juste à la lime.

Le mâle exige bien plus de temps ; il faut emporter les deux tiers de l'épais-seur de la matiere *NN*, pour réserver le charnon *j j* dans le milieu de l'épaisseur de la branche, & cela à grands coups d'archet & à force de poitrine. On juge bien que le perçoir à vilebrequin est d'un puissant secours dans cette opération. Enfin ayant emporté tout l'excédent avec la fraise à tranchant, on unit bien le charnon avec la fraise taillée, *Fig.* 11 : on examine souvent l'épaisseur du char-non ; on s'assure de sa perfection avec le compas d'épaisseur. Lorsqu'il est au point convenable, on emporte à la lime tout l'excédent de la matiere qu'on voit en *R R S* ; après cela on présente le mâle dans la femelle ; & si la largeur de cette derniere est conforme à l'épaisseur du charnon mâle, ils se trouveront ajustés ensemble sans autre travail ; mais s'ils sont inégaux, il faut examiner d'où vient l'irrégularité, qui vient ordinairement du vuide de la femelle : on la réparera avec des limes plates & des ciselets ; mais il faut toujours tenir les angles vifs au cise-let, afin que le fond de l'entre-deux de la Charniere se trouve travaillé nette-ment & vivement.

Enfin lorsque les charnons font bien ajustés ensemble, les deux trous se trou-vent bien vis-à-vis l'un de l'autre ; malgré cela on fait entrer à force un fort clou trempé ; mettant ensuite un peu d'huile dans la Charniere, on la fait jouer pour unir les inégalités des charnons, au moyen du frottement mutuel. On peut aussi mettre un peu d'émeri clair ; on ôte ensuite le faux clou, on en met un que l'on rive à demeure, &c : on finit l'instrument d'ailleurs, comme nous l'expliquerons dans la suite.

Voilà la maniere de faire une Charniere ordinaire. Quant à celles qui font un peu différentes, & qui exigent quelques indications de plus ou de moins, on en trouvera le détail d'exécution dans la description même de l'instrument.

CHAPITRE TRENTE-CINQUIEME.

Maniere de faire des Lancettes.

La Lancette eſt, de tous les Inſtruments de Chirurgie, celui qui exige la pointe & les tranchants les plus délicats, & qui demande auſſi les plus grandes attentions en la fabriquant. Commençons par celles que le Coutelier doit prendre pour commencer cet inſtrument.

Après avoir bien choiſi l'acier, il doit l'éprouver, examiner s'il n'eſt point pailleux, ni filandreux, ni cendreux, mais bien ſain, d'un grain ſerré, ce qui ſe trouve aſſez communément dans l'acier fondu d'Angleterre. Il faut qu'il étire cet acier en petites lames de la largeur de trois lignes, & d'une ligne d'épaiſſeur: il obſerve de le forger bien quarrément & adroitement, pour ne point le rendre pailleux.

L'acier étant étiré, donnez une chaude preſqu'à blanc : il ne faut pas le ſouder; commencez par faire la pointe; portez enſuite la partie *A, Fig.* 1, ſur la quarre de l'enclume de devant, pour entailler la queue avec la pane du marteau en frappant ſur le côté *a*. Il faut enſuite applatir la lame juſqu'à la pointe en l'aminciſſant ; former enſuite les deux tranchants, en réſervant une vive-arête dans le milieu, mais peu ſenſible : tout cela ſe fait dans une chaude. Pour faire la queue, on coupe cette lame à la ligne *b*, ſur la tranche ; on prend enſuite la lame dans les tenailles, & par une petite chaude on appointe la queue. Un Forgeron adroit la fait plus diligemment qu'un autre ; il porte la ligne *b* ſur la quarre de l'enclume devers ſoi ; & baiſſant la main pour ne faire porter l'acier que ſur la quarre, en huit ou dix coups de marteau il fait la pointe, & la queue ſe ſépare d'elle-même de l'acier en l'appointant, par ce moyen l'Ouvrier gagne une chaude. La Figure 2 repréſente une Lancette forgée.

Quand on a forgé une certaine quantité de Lancettes, ce qu'on appelle *voiture*, on en fait un paquet, on le lie avec du fil d'archal; on l'expoſe enſuite à un feu de charbon de bois, pour les y laiſſer recuire & refroidir d'elles-mêmes.

Les Lancettes pourroient, plus que tout autre inſtrument, ſe paſſer du recuit ; mais ſi elles ne l'étoient pas, on ne pourroit jamais les marquer, c'eſt-à-dire, imprimer les marques, ſans riſquer de caſſer toutes les Lancettes, parce qu'alors l'acier eſt mince & fort fin, il n'a pas aſſez de conſiſtance pour ſouffrir cette opération. En terme de l'Art on ne dit point la lame d'une Lancette, mais on l'appelle *le fer* ; ainſi nous nous ſervirons du terme.

La premiere opération après le recuit dont nous venons de parler, eſt d'ôter les écailles qu'a produit le feu ſur l'acier : on donne pour cet effet de petits coups de marteau ſur les fers ; après cela on les blanchit avec la lime, en plaçant

Planche 76.

chaque fer l'un après l'autre sur un outil appellé *support*, & la queue étant retenue par un étau à main. *Voyez la Fig. 3*. Après cette opération on perce les trous avec un poinçon; (Voyez *Chap. XXI, Maniere de marquer à la pointe.*) Ensuite on les marque. (Voyez le même Chapitre, *Maniere de marquer sur le tas.*) Pour marquer un fer de Lancette, il faut le poser à plat sur le tas; 1°. présenter & imprimer par un coup de marteau, la marque *L*, *Fig. 4*, qui est le nom de la ville; 2°. celle du Maître, *M*; 3°. le nom du Maître *N*. On observe dans ce travail que chaque marque soit présentée bien perpendiculairement sur l'ouvrage, & que les lettres soient sur la même ligne; sur-tout on doit faire attention que le fer étant mince & d'acier pur, il faut ménager les coups de marteau; car malgré le recuit on casseroit beaucoup de fers en donnant des coups de marteau trop forts. Un marteau du poids de 5 ou 6 onces suffit pour marquer les fers de Lancettes. La Figure 4 en représente une marquée, & fait voir la maniere de placer les noms quand on en met deux. Le poinçon est toujours au milieu des noms.

Pour rendre à l'acier le corps que le recuit lui a ôté, il faut, après avoir marqué tous les fers, les bien écrouir; cette opération se fait en battant chaque piece à froid à petits coups de marteau, sur un tas ou sur l'enclume; après cela on lime plusieurs fers ensemble de cette maniere: on prend le modele tel que nous l'avons représenté au Chapitre XV; on le met au milieu entre 4 ou 6 ou 8 fers. Tout étant ainsi préparé & serré ensemble avec un faux clou, on lime les huit fers à la fois, & cela en retournant seulement une fois les pieces dans l'étau pour les limer sur l'autre sens. On lime ainsi la voiture de Lancettes, en en limant un tiers sur le modele à grain d'orge, l'autre tiers sur le grain d'avoine, & l'autre tiers sur le grain pyramidal, pour se procurer des Lancettes faites sur les trois formes.

Après avoir limé les Lancettes, on emporte les bavures qu'a fait la lime, & on les dresse bien avant de les tremper.

Il y a trois manieres de tremper les Lancettes, que nous allons donner. La premiere, c'est d'en lier 7 ou 8 ensemble avec du fil de fer, de faire rougir ce paquet, & le plonger dans l'eau. Ce procédé est mauvais, parce que jamais les fers du milieu ne sont parfaitement durs. La raison en est simple; il n'y a que les deux, qui enveloppent les autres, qui puissent être refroidis immédiatement par le contact de l'eau, tandis que leurs voisins ne le sont que par la fraîcheur des premiers, & les troisiemes ne le sont que par les seconds, &c. Il est clair que ceux du milieu ne peuvent pas être aussi parfaits que les premiers, parce qu'ils ne reçoivent pas l'impression immédiate de l'eau.

La seconde méthode de les tremper, c'est de faire une petite boîte de tôle, mais une boîte sans fond, faite seulement d'une bande de tôle de 4 à 5 pouces de long, & d'un pouce & demi de large, ployée en deux, dans laquelle on met 14 ou 15 Lancettes bien à l'aise. On place ce paquet sur un feu de charbons

de

de bois dans une poële, on le couvre avec la braife allumée ; on agite un peu l'air avec un écran, & point de foufflet ; on le laiffe chauffer à feu modéré ; & lorfque la boîte eft au degré de chaleur, qui eft la couleur de cerife claire, ou la couleur de rofe, on pince le bout de la boîte avec les tenailles ; on préfente fur l'eau l'ouverture de la boîte du côté des pointes, & l'on fecoue un peu pour faire tomber les fers dans l'eau tous à la fois çà & là. Il ne faut point tremper la boîte & les fers tout enfemble ; car on tomberoit dans le défaut de la premiere méthode, & que nous blâmons.

Cette méthode paroît n'avoir rien de condamnable : elle a pourtant fes défauts. Premiérement, douze fers ne peuvent pas s'échauffer avec égalité tous à la fois ; donc les premiers chauffés doivent être regardés comme recuits, parce qu'ils demeurent plus long-temps chauds que ceux qui s'échauffent en partie par la chaleur de leurs voifins. Or, c'eft un recuit réel que les premiers reçoivent, alors l'écrouiffement donné après les avoir marqués fe détruit ; conféquemment la Lancette doit être moins parfaite. De plus, par cette méthode on trempe également le talon & la queue comme le refte du fer, & la Lancette étant finie, on court rifque de la caffer, ce qui arrive fouvent en coupant la queue, quoique pour prévenir cet accident, l'on faffe rougir une forte paire de tenailles dans le deffein de détremper les queues des fers.

La troifieme méthode, qui eft la plus fimple & la meilleure, c'eft de prendre deux fers par les queues avec de petites tenailles, de les mettre au feu de charbons de bois allumés à la forge, mais expofés à un très-petit feu, & dont les charbons ne foient pas plus gros que de petites noifettes : on donne de très-petits coups de foufflet, laiffant chauffer les fers à petit feu ; cependant on peut accélérer le degré de chaleur tant qu'on le voudra, pourvu qu'on ne paffe point ce dégré, c'eft-à-dire, que les fers n'en feront que meilleurs étant chauffés promptement, pourvu qu'on les trempe à la couleur qui leur convient, & qu'on les plonge fubitement dans l'eau ; pour cet effet on doit avoir toujours l'eau placée près de foi ; on a foin auffi de ne pas tremper les queues : on tient les fers dans l'eau jufqu'aux trous, & on les laiffe bien refroidir.

Le recuit doit être différent dans chaque partie du fer d'une Lancette ; il doit être bleu au trou, violet aux marques, pourpre deux lignes au-deffus, & tout le refte vers la pointe couleur d'or. On peut confulter le Chapitre XIV, où nous avons parlé de la Trempe & du Recuit.

La trempe & le recuit doivent être fcrupuleufement obfervés pour la Lancette, par les raifons que voici : Si le recuit n'étoit qu'à la couleur de paille, il feroit trop foible, on auroit de la peine à faire une bonne pointe à l'inftrument ; à mefure qu'on voudroit la rendre aiguë, elle s'*émouchetteroit* ; & je fuppofe qu'on parvînt à la faire bien pointue, à la premiere opération qu'elle fera, fi elle rencontre une peau dure, comme pourroit être celle d'un Manœuvrier, d'un Vigneron, &c, la pointe s'*émouchettera*, c'eft-à-dire, que la fuperficie de la pointe fe caſſera. Si au contraire on lui fait paſſer la couleur d'or, qu'elle approche du violet, alors on a non-ſeulement de la peine à faire la pointe ſur le tour, parce que le morfil eſt trop mou, mais encore quand on vient à l'affilage ſur la pierre, on a une peine infinie à lui faire couper parfaitement le canepin, parce qu'à meſure que le gros morfil tombe, il en vient un peu de fin ſur le bord du tranchant, de ſorte qu'on ne peut pas parvenir à l'ôter tout-à-fait, parce que la matiere n'eſt pas aſſez dure pour conſerver un tranchant franchement aigu, ſans qu'il y ait un petit morfil; on ſent dans le canepin une dureté à couper, & un écorchement au lieu d'une coupe nette. Il faut donc être précis, & s'arrêter au recuit couleur d'or; & s'il arrive qu'on en manque quelqu'une, il faut la faire rougir pour la détremper en totalité, enſuite l'écrouir à froid, & la retremper de nouveau.

Quand la trempe a fait voiler les fers, il faut les blanchir un peu ſur la meule, afin de faire porter d'à-plomb les fers ſur le tas pour les redreſſer. On peut conſulter la maniere de rédreſſer, que nous avons enſeignée au Chapitre VIII.

Planche
26.La queue qu'on réſerve au talon de la Lancette, ſert pour la monter ſur un faux-manche (fait de bois blanc); ce manche l'aſſujettit aſſez pour pouvoir l'*écorcher* ſur la meule. La Figure 6 fait voir un fer de Lancette monté ſur ſon manche.

A R T I C L E P R E M I E R.

Maniere d'émoudre une Lancette.

UNE meule de 15 à 18 pouces de diametre, bien arrondie, convient pour *écorcher* les fers des Lancettes (*). Pour diligenter l'opération, on commence par blanchir le côté de la marque un peu en arrondiſſant, en faiſant attention de bien conſerver les noms. Ayant fini ce côté, on préſente le fer par l'autre côté, pour l'écorcher, en partant des principes que nous avons établis pour le grattoir, *Chap. XVI.* On réſerve une vive-arête au milieu; c'eſt un guide pour bien former les tranchants, & faire un morfil fin & égal. Or, comme les tranchants doivent être réguliers ſans crus, il convient de ne jamais perdre de vue la forme qu'il doit avoir, il faut s'en aſſurer à chaque coup de meule; & pour le bien obſerver, il faut le blanchir par un léger coup de meule en commençant de l'écorcher; moyennant cela on ne perd aucun des changements qu'il éprouve.

Les tranchants doivent aller en amincissant, c'eſt-à-dire, qu'ils doivent être égaux de *j j* juſqu'en *g g*; & de-là l'épaiſſeur doit diminuer juſqu'en *e e*: là le morfil commence, pour ſe joindre avec la pointe *p.* Quand tout cela eſt exécuté, on n'a qu'à arrondir la vive-arête qu'on a réſervée au milieu, & après cela préſenter la pointe ſur l'ongle du pouce, pour voir le degré de flexibilité qui doit être tel que le fait voir la *Fig. 7,* où elle repréſente la courbure que le fer doit former vers la pointe ſeulement.

(*) *Ecorcher* eſt le terme, au lieu d'*émoudre*, employé pour la Lancette ſeulement.

La Lancette ne doit jamais être écorchée en long fur la meule, parce que cela fait des inégalités qu'on ne peut effacer en la tirant en long fur le tour. Comme le corps de la Lancette eft rond, à cela près de fon épaiffeur, elle a la forme d'une amande, comme le repréfente la *Fig.* 8; fon épaiffeur dans le milieu eft d'une demi-ligne; or, cette rondeur ne peut jamais convenir à la forme plane qu'a la chaffe dans fon intérieur. Il faut donc lui donner un coup de meule bien à plat, & vivement appliqué fur le trou, ce qui forme alors un plan repréfenté par la ligne *j j*, *Fig.* 6.

Après que l'on a écorché tous les fers, il convient de changer de faux-manche, parce que les grains de grais fe logent & s'impriment dans le bois; & lorfqu'on travaille au tour, les grains de grais fe détachent, fe collent fur la poliffoire avec l'émeri, font des traits profonds, de maniere que c'eft toujours à recommencer. Or, tout cela eft évité en changeant de faux-manches pour la poliffoire, qui n'aient jamais fervi pour la meule.

Article Second.

Des Outils particuliers aux Lancettes.

L e s bonnes pierres font effentielles pour l'affilage des Lancettes. Voyez ce que nous en avons dit au Chapitre VI. On les tient fur un étui de fer-blanc, comme le repréfente la *Fig.* 9. Le fond fur lequel portent les pierres, eft percé de plufieurs trous; l'huile paffe au travers & fe ramaffe dans le double fond.

Planche 77.

Il faut avoir de la peau blanche & fort fine, qu'on appelle *canepin*; c'eft l'épiderme du chevreuil qui eft le meilleur: on l'achete chez les Gantiers-Parfumeurs. Pour le bien choifir on le tend & on l'étire avec les deux mains; on regarde au travers fi la couleur blanche eft par-tout égale; fi l'on y voit des endroits fombres & jaunâtres, c'eft un figne que la peau eft plus épaiffe & qu'elle eft double en ces endroits, & qu'il faut les éviter en effayant une Lancette; car non-feulement on peut émouffer une pointe en l'effayant, mais encore il feroit impoffible de fentir la parfaite douceur qu'elle doit avoir. Il y a auffi du canepin très-fin, mais qui fe trouve percé d'une multitude de petits trous: celui-là doit auffi être rejetté.

Il faut auffi une roue d'environ 3 pieds & demi à 4 pieds de diametre, montée fur un pied. *Voyez la Fig.* 10. Le tour eft vu plus en grand par la Figure 11 : il confifte en deux poupées folidement arrêtées fur un établi; on met à l'une une vis en bois *E*, & à l'autre un quarré de bois *F*, qui y eft arrêté à queue d'aronde: il a un petit trou au milieu, & un autre au bout de la vis *E*; on affujettit dans ces deux trous l'arbre de fer *G H*, qui porte la meule de bois *I K*. Remarquez que parmi les Couteliers cette meule de bois s'appelle *Tour*.

L'établi doit avoir un de ces côtés *A* folidement fcellé dans le mur, fans quoi le Tour feroit un bruit fort incommode, parce qu'il faut qu'il tourne rapidement. On place un étau à patte à l'autre bout de l'établi, qui fert à monter les Lancettes, & autres ufages : *voyez* en *d.*

La Figure **12** repréfente l'arbre du Tour : il doit être tourné ; mais il faut laiffer une partie quarrée pour l'affujettir folidement avec des coins de fers ; il faut toujours mettre une poulie faite en gradin, parce que le Tour doit tourner plus ou moins rapidement felon les circonftances. Pour cet effet on met la corde dans la rainure *e*, *Fig.* **11**, pour tourner le plus vîte ; & lorfqu'il faut arrondir le Tour, on a befoin de plus de force & de moins de vîteffe, alors on paffe la corde dans la rainure *f.*

Pour conferver ce Tour & le mettre à l'abri de la pouffiere & de toute fubftance graffe, il faut lui faire un étui de bois ou de carton, femblable à celui qui eft repréfenté par la *Fig.* **13**, de maniere qu'on le couvre tout le temps que l'on n'y travaille point.

Il faut indifpenfablement placer le Tour aux Lancettes au grand jour, chercher un point de vue net, qui ne foit point interrompu ; c'eft pourquoi les Couteliers Lancettiers le placent très-près d'une fenêtre.

Le Tour eft fait d'un bois de noyer bien fec, noir & égal ; il convient qu'il n'y ait point de veines molles, ni même de nœuds ; car cela ne vaudroit rien, quoique plufieurs Couteliers ne regardent pas cela comme un inconvénient, & même préferent qu'il y ait des nœuds ; le Tour alors perd fa rondeur trop promptement, & d'ailleurs l'émeri ne s'imprime jamais bien fur les nœuds, cette partie étant trop dure.

Lorfqu'on a percé ce Tour dans fon centre, on le place & on le monte fur fon arbre ; c'eft pour lors qu'on l'arrondit. Il doit avoir 6 pouces ou environ de diametre, & deux pouces & demi d'épaiffeur. La partie *i i*, *Fig.* **14**, qui eft plus baffe que les autres d'un demi-pouce, eft deftinée à porter le buffle. Ce n'eft pas une néceffité que cette partie foit plus baffe que les autres ; mais comme le buffle ne change pas fa forme, il refte toujours égal, ou s'il diminue, c'eft par-tout uniformément ; au lieu que les trois autres parties qui font à bois nud couvert d'émeri feulement, fe difforment dans l'efpace de 7 ou 8 mois de fervice ; alors il faut les arrondir de nouveau ; de forte que fi le buffle fe trouvoit au niveau des autres parties, on rifqueroit de le gâter par un coup donné en gliffant, parce qu'il prendroit un peu d'émeri. Le refte du Tour eft divifé en trois parties par deux coups d'outil, (par un bec-d'âne d'une ligne d'épaiffeur ;) cela eft effentiel, parce qu'il faut avoir une partie toujours *émerillée*, c'eft-à-dire, garnie d'émeri, ici de l'efpece appellée *moyenne* ; fuppofons-la en *M M* ; l'autre partie *L L*, avec l'émeri fin, & l'autre partie *K K*, auffi avec de l'émeri fin, mais fur lequel on paffe plufieurs fois la pierre fanguine.

Toutes ces confidérations font effentielles, autant pour la régularité de l'ouvrage, que pour en accélérer l'exécution. La premiere poliffoire *M M*, fert

aux

aux Lancettes neuves pour emporter les traits de la meule de grais, & aux vieilles Lancettes pour faire les pointes émouſſées; or, l'émeri moyen emportant diligemment les traits de la meule, il en ſubſtitue d'autres plus fins, & encore trop gros pour porter la Lancette ſur le buffle. Il y a deux intermédiaires; la partie *L L* étant garnie d'émeri fin, emporte les traits qu'a fait l'émeri moyen; enſuite la partie *K K* étant paſſée à la pierre ſanguine, emporte les petits traits de l'émeri fin; de ſorte que l'action du buffle, qui eſt de donner le poli noir, opere avec telle diligence, qu'on parvient à en polir une par minute, ſur-tout lorſqu'on emploie la potée de ma compoſition. *Voyez le Chap. I.* Et pour coller & préparer le buffle prêt à polir, *voyez le Chap. XXXII.*

Il faut encore des outils pour *frayer* la Lancette. On appelle *frayer*, l'action de couper nettement le poli noir au talon. *Voy.* la ligne *B B, Fig.* 15, *Pl.* 76. Or, les Maîtres ont chacun leur façon de penſer ſur cet objet; les uns ſont plus portés à frayer en travers, comme *B B, Fig.* 15; d'autres la frayent en demi-croiſſant, comme la ligne *C C, Fig.* 16, & les autres en chevron briſé, comme la ligne *G G, Fig.* 17. Enfin quelque méthode que l'on veuille adopter, il y a trois façons d'exécuter le frayage; la premiere ſe fait en tenant le fer entre le doigt index & le pouce, mettant un peu d'émeri ſur le talon de la Lancette ou ſur le bois; & donnant 7 ou 8 coups de bois en travers, on polit & l'on fraye ainſi la Lancette: on a ſoin de tenir le pouce ferme; que la châſſe porte à plat ſur le coin d'une table, & que le bois ſoit appuyé contre l'ongle, bien à l'équerre ſur la Lancette, pour donner le dernier coup vivement.

La ſeconde méthode, c'eſt de ſerrer la Lancette entre les mâchoires d'une pince à bride, comme la figure 19, ne laiſſant déborder que le talon; mais il faut garnir l'intérieur de la pince avec du papier en deux ou trois doubles.

La troiſieme méthode, c'eſt de mettre le fer de la Lancette dans une eſpece d'étui fait de deux lames de fer-blanc un peu bombées pour recevoir la Lancette; cet étui eſt lié avec du fil, comme le repréſente la figure 20. Ce dernier outil eſt bon; mais il faut en avoir 5 ou 6 de différents calibres, pour pouvoir y loger toutes ſortes de fers de Lancettes, parce que les largeurs different toujours de quelque choſe.

De quelque méthode dont on veuille faire uſage, il faut que le bois à frayer ſoit de noyer le plus dur, limé & dreſſé en quarré ou triangulairement, de 7 ou 8 pouces de longueur, & imprégné d'émeri. Voyez la lettre *S, Pl.* 77.

Pour ne rien oublier des outils néceſſaires pour travailler la Lancette, il faut une boîte qui renferme deux petits pots. *Voyez la Fig.* 21. Dans l'un on met l'émeri délayé avec de l'huile d'olive, & dans l'autre la potée délayée avec de l'eau-de-vie; & lorſqu'on a fini le travail, on tient la boîte fermée avec ſon couvercle.

Les lettres ſuivantes, *Pl.* 77, repréſentent des outils particuliers aux Lancettes. *T,* Repréſente le marteau propre à river & reſſerrer les clous. *V,* Une lime triangulaire pour féparer le fer d'avec la queue, lorfque le fer eft fini du tour. *X*, Le foret pour percer ou pour agrandir les trous des châffes. *Y*, Le couteau à fcier pour couper les clous ; & *Z*, l'équarriffoir pour agrandir le trou du fer lorfqu'il eft trop petit.

ARTICLE TROISIEME.

Maniere de finir une Lancette fur le Tour.

ON finit une Lancette au Tour, lorfqu'elle eft parfaitement écorchée fur la meule, que les proportions de fon épaiffeur font juftes, que les tranchants font bien égaux, & le morfil régulier. Prenons donc une Lancette, & voyons ce qu'il convient de faire pour la bien finir.

La Figure 22, *Pl. 78*, repréfente la maniere de tenir la Lancette fur le Tour ; les quatre doigts de la main droite environnent le faux-manche, tandis que le pouce appuie en deffus. *Voyez* la main **P**.

L'index & le doigt du milieu de la main gauche *q*, font allongés, & les bouts portent fur le talon de la Lancette, pour la fixer fur le Tour & diriger la preffion, tandis que la main droite *P* fait promener le fer fur le Tour. Le pouce, l'annulaire & le petit doigt de la main gauche font pliés dans la main, c'eft à quoi il faut faire attention ; car en les tenant ouverts, on peut s'eftropier les ongles par un coup de la quarre de la poliffoire. Ces pofitions étant obfervées, voyez l'attitude du Maître : il eft affis *Fig.* 23 ; fon bras droit *Q* eft à l'aife fur le côté ; l'avant-bras eft plié en équerre, & la main tient le manche de la Lancette.

PLANCHE 77. & 76.

La preffion qui dépend de la main gauche, eft de conféquence pour cet ouvrage, parce qu'elle regle le point d'appui de la Lancette fur le Tour. Pour rendre l'action aifée, il faut encore que le coude foit appuyé en *O* ; ordinairement c'eft l'étui du Tour qu'on place fur l'établi à la portée de fon coude. De plus, l'appui du coude n'eft pas fuffifant ; il faut encore un point d'appui pour la charniere du poignet ; or, ce point d'appui fe trouve parfaitement bien fur la poupée du Tour. *Voyez D D*, *Fig.* 11.

Les pofitions & les attitudes étant indiquées, parlons maintenant du travail. Toute l'opération confifte à promener la Lancette fur le Tour, en pouffant le coup en avant, & tirant à foi. Commencez par appliquer le fer fur la poliffoire par le bas près de la marque, ou en *S*, *Fig.* 14 ; il faut appuyer un peu en bas en commençant le coup ; mais il faut lâcher ce coup en mourant à la pointe, de maniere que lorfqu'on eft arrivé à la pointe *T*, on n'appuie prefque plus. Le refte du travail n'eft qu'une répétition de ce que nous venons de dire ; car prefque tous les coups de la Lancette fur le Tour doivent être égaux.

Quoique nous ayons expliqué les articles de cette importante opération, nous n'avons cependant point dit affez pour la faire entendre à un Eleve ; mais nous efpérons qu'il trouvera des lumieres, en lui expliquant les perfections que l'on doit donner néceffairement à la Lancette.

La régularité exige que le fer de la Lancette soit bien droit & bien uni, qu'on n'y apperçoive aucune ondulation sur le plat ni de creux, ni de bosses sur les tranchants, ni enfin aucune inégalité à la pointe ; or, tout cela dépend du coup de main sur le Tour. Par exemple, si au lieu de commencer le coup en *S*, on le commençoit en *t*, il est certain qu'on feroit un creux dans cet endroit, qui, dans la suite, ne pourroit pas s'applanir, parce que tous les coups de la polissoire, sur la Lancette, sont donnés en long, & point en travers.

Si on appuyoit à la pointe autant qu'on appuie à son talon, alors au lieu de faire une pointe aiguë, on la feroit ronde, parce que la pointe étant mince, ne peut pas soutenir un coup aussi fortement appuyé que vers le bas & sur son milieu, qui sont des parties plus épaisses.

L'irrégularité du coup n'occasionne pas toujours une pointe arrondie ; mais elle fait creuser l'instrument à une ligne plus ou moins de distance de la superficie de la pointe ; alors cette pointe forme une espece de perle, ce que quelques Artistes appellent *siron*, & d'autres *pointe étranglée*. Ce défaut, quoique très-commun, n'est pas supportable, & cependant il arrive même à de bons Artistes ; il ne faut qu'un seul coup donné sans attention, pour produire ce mauvais effet. Quand cela arrive, il faut absolument casser cette mauvaise pointe, ou perle, ou siron, dans l'endroit de l'étranglement, & cela sur l'ongle du pouce. Si le fer étoit alors trop épais, il faudroit faire la pointe sur la meule & en travers ; mais si on la juge assez mince en la faisant plier sur l'ongle, il suffira pour lors de pré-senter la pointe sur le Tour, le tranchant pris de court, & l'instrument tenu obliquement, comme le représente *R R*, *Fig.* 14 ; par quatre coups donnés de cette maniere, c'est-à-dire, un sur chaque côté de tranchant, on parviendra à faire la pointe bien au milieu ; on n'a ensuite qu'à mettre un peu d'émeri moyen, pour faire venir un petit morfil, & donner à la pointe le degré de flexibilité & de délicatesse qui lui conviennent. Enfin la pointe & les tranchants étant réglés au point où ils doivent l'être, on examine si l'on n'apperçoit pas quelques traits de la meule, ce qu'on a soin d'emporter ; après cela on détruit les traits de l'émeri moyen ; on passe quelques coups sur la polissoire où est l'émeri fin, ensuite sur la partie où a passé la pierre sanguine, pour préparer la surface à recevoir le poli noir.

On a soin d'essuyer l'émeri qui se trouve sur le fer à chaque fois que l'on change de polissoire, parce que l'émeri s'attacheroit par-tout, & l'on n'auroit plus de différentes polissoires, puisque le même émeri seroit sur les trois places. Or, l'attention d'essuyer doit être plus grande à l'instant qu'on va porter la Lan-cette sur le buffle, pour lui donner le poli noir : il faut essuyer le fer de tous les grains d'émeri qui se logent dans les marques & par-tout ailleurs, même aux faux-manches ; après cela il faut couvrir la surface du fer avec la potée d'acier : poser légérement le fer sur le buffle ; promener continuellement & frayer sans cesse de bas en haut, & avec beaucoup de légéreté : il ne faut pas rester un inftant à la même place, fur-tout lorfqu'on a la main pefante; car le frottement occafionneroit une chaleur & un recuit au fer, ce qui feroit produit par la rapidité du mouvement.

Après que le poli noir eft donné, la Lancette eft finie pour ce qui concerne le Tour; on ferre le faux-manche dans l'étau; on prend le bois à polir imprégné d'émeri, & l'on fraye, pour frayer le talon depuis *r* jufqu'en *s*. Pour cette opération on peut choifir l'une des trois méthodes décrites dans l'Article précédent, fur la maniere de frayer. Après cette opération on effuie bien l'émeri; enfuite, par un coup de la quarre d'une lime triangulaire, on fcie la queue fur la ligne *r, Fig.* 24; alors la Lancette eft prête à être montée fur fa châffe.

ARTICLE QUATRIEME.

De la Châffe & de la Monture de la Lancette.

Pour faire les Châffes de Lancettes, on prend les bouts de feuilles d'écaille; les ayant dépecés & dreffés felon les principes établis dans le Chapitre II, on commence par limer les côtés pour les mettre à l'épaiffeur qu'il faut; on prend enfuite le modele pour percer chaque côte deffus; après cela on met le modele au milieu entre 6 ou 8 côtes, les contenant enfemble par un faux-clou; on les ferre dans un étau entre les mordaches, & on les lime ainfi juftes au modele, tant de la longueur que de la largeur; après cela on les fépare du modele, & l'on arrondit le deffus de chaque côte féparément; enfuite on les gratele & on les polit, foit au frottoir, foit au buffle. Voyez les deux façons, *Chap. VIII, Pl.* 13. La maniere de monter le fer de Lancette fur la châffe, eft la même, & fur les principes déja donnés pour le Rafoir, au *Chap. XXVII.* Lorfqu'on les monte avec des rofettes eftampées, il ne faut pas négliger d'en mettre une petite deffous, pour rendre la monture folide. Le clou d'une Lancette doit être jufte dans le trou de la châffe, & un peu lâche dans celui du fer. Pour la confervation de la châffe, il faut fe fervir du fil de cuivre ou d'argent, parce que la rivure fe fait mieux à petits coups de marteau, fans rifquer de caffer la châffe, le fer n'obéiffant pas fi facilement fous le marteau que le cuivre & l'argent.

ARTICLE CINQUIEME.

Inftructions générales fur l'affilage de la Lancette.

Nous avons traité des principes de l'affilage du Rafoir, du Canif, du Couteau, des Cifeaux, &c; mais nous n'avons encore rien dit fur la Lancette, parce qu'il convient mieux d'en parler ici. Les pierres qui font propres à l'affilage de cet Inftrument, font au nombre de trois; nous avons expliqué la nature de ces pierres, les qualités qu'il convenoit qu'elles euffent, au Chapitre des Pierres en général, *Chap. VI.*   Il

Il est démontré que tout tranchant forme une scie ; si cette regle pouvoit avoir une exception, ce seroit en faveur de la Lancette ; car le microscope composé, qui fait voir des dents à tous les tranchants, même au Rasoir, n'en laisse voir aucune à la Lancette, bien entendu que je parle d'une Lancette parfaitement repassée & affilée sur les pierres qui lui sont propres ; or, cette perfection est dûe à la pierre verte (le caillou), qui est la derniere sur laquelle on finit la Lancette.

On pourroit me demander pourquoi l'on se sert de trois pierres pour l'affilage de la Lancette : en voici la raison. On emporte le morfil sur une pierre du Levant, & l'on y regle la pointe ; or, cette pierre a les pores fort ouverts, par conséquent elle fait de grosses dents aux tranchants : il faut donc une pierre plus douce que celle du Levant, pour user ces grosses dents, & en substituer de plus fines en leur place. Mais comme ces dernieres sont encore trop fortes pour la Lancette, il faut les détruire sur une pierre qui ait les pores encore plus serrés que celle dont nous venons de parler, qui emporte les dents au point de n'en laisser aucune, ni même d'en faire par elle-même. Cette derniere ne mange pas assez pour emporter le morfil & régler une pointe au sortir du Tour ; il faudroit deux heures pour faire sur elle ce que l'on fait en 30 secondes sur la pierre du Levant ; par la même raison si l'on portoit la Lancette, qui sort immédiatement de la pierre du Levant, sur le caillou, on feroit non-seulement plus long-temps, mais encore on ne parviendroit pas à la perfection, parce que le caillou ne mord pas assez : il ne peut pas emporter les dents que fait la pierre du Levant, sans laisser un morfil considérable. Il est donc indispensable d'avoir une pierre intermédiaire qui ait le grain plus fin que celle du Levant, & plus gros que celui du caillou.

ARTICLE SIXIEME.

Maniere d'affiler.

ON entend par *affiler une Lancette*, emporter le morfil que le Tour a fait lever sur le tranchant. Ce travail consiste à faire un petit biseau sur le bout de chaque côté de tranchant ; mais il faut se persuader que la perfection de ce travail dépend de la régularité de ce biseau, & que la régularité de ce biseau dépend de la justesse & de la précision du coup de main, en passant la Lancette sur la pierre.

Supposons l'Affileur assis devant l'établi du Tour, les pierres *Fig.* 9, posées devant lui, & situé au grand jour, tenant de la main gauche la pierre, comme nous l'avons représenté par la *Fig.* 25, *Pl.* 78, de la main droite tenant la Lancette ; le pouce, l'index & le doigt du milieu tenant le talon du fer & le clou de la châsse, de maniere à s'opposer l'un & l'autre aux mouvements que pourroit éprouver la Lancette. Lorfqu'on a placé cette Lancette en équerre fur la pierre, le petit doigt & l'annulaire doivent maintenir le bout de la châffe, afin qu'elle ne s'ouvre pas. Enfin voici comment on donne les coups : Faites maintenant porter une des quatre faces de tranchant fur la pierre, tenez l'autre face élevée de la pierre à la hauteur du quart de la largeur du fer ; alors faites marcher la Lancette en tirant à vous comme fi vous vouliez racler la pierre, & parcourez tout le trajet de la ligne ponctuée, en commençant en *v*, & finiffant le coup en *x*. Pour le fecond coup, prenez la fituation de la Lancette ponctuée *u*, donnez le coup en pouffant en avant, fuivant la direction de la ligne χy, c'eft-à-dire, que la pointe partant de *y*, va terminer le coup en χ. Voilà les deux coups de pierre expliqués. Il refte encore deux faces au tranchant, puifque la Lancette en a quatre ; donnez-donc les deux autres coups femblables aux deux premiers : ils font les mêmes non-feulement pour cette premiere pierre, mais encore pour toutes les pierres dont on a befoin.

Planche 78.

Il eft de la derniere conféquence de fe familiarifer la main à cette opération ; les quatre premiers coups doivent fervir de guide, de regle & de bafe à tous les autres, & l'on peut être affuré qu'on ne parvient au point parfait de l'affilage, qu'en fuivant ces principes à la lettre ; car, fi le bifeau que fait la pierre fur le tranchant, eft arrondi par un feul coup, ce tranchant ne coupera pas bien. Lorf-qu'on a donné 3 ou 4 coups de chaque face fur la premiere pierre, qui eft celle du Levant, la pointe doit être formée, & les tranchants formés. On prend la feconde, fur laquelle on doit donner 5 ou 6 coups fur chaque face de tranchant. On prend enfuite la troifieme & derniere pierre, fur laquelle on doit donner 7 ou 8 coups fur chaque face ; alors la Lancette fera affilée.

On obferve à chaque pierre qu'il n'y ait aucun grain de gravier ; s'il s'en ren-contre, il faut l'ôter avec le doigt, ou effuyer la pierre & changer d'huile.

Pour effuyer la Lancette, on prend un linge fin de la main gauche, entre le pouce & l'index ; de la main droite on tient la Lancette par la châffe, ayant le pouce & l'index appuyé fur le clou, & l'on commence par effuyer en travers, pour ôter toute l'huile qui peut être détenue dans le trou des marques avec quel-ques grains d'émeri ; on prend enfuite un autre endroit du linge, on embraffe la Lancette avec, & on tire le coup vivement & en ligne droite ; on répete cette manœuvre deux ou trois fois de chaque côté, & jufqu'à ce que le fer foit pro-pre. La Figure 28 repréfente la maniere d'effuyer les Lancettes.

Il faut s'affurer avec le canepin fi la Lancette eft bien affilée ; car il n'eft pas poffible de s'en rapporter au coup d'œil. Pour cet effet prenez du canepin entre l'index & le pouce *a*, *Fig.* 26, l'autre bout entre le doigt du milieu *o* & l'annulaire ; tendez le canepin en écartant l'index de l'annulaire ; préfentez la pointe de la Lancette fur le canepin bien perpendiculairement ; mais pour s'op-pofer à la moindre variation d'une main tremblante, portez le petit doigt de la main droite *i*, fur celui du milieu de la main gauche *o*, vous aurez par-là un point d'appui qui vous fera très-néceſſaire ; alors faites entrer la pointe dans le canepin ; ne laiſſez pas agir tout le poids de la Lancette ſur le canepin : retenez-en une partie ; car, pour que la pointe ſoit bonne, il faut qu'elle entre ſans réſiſtance quelconque : elle ne doit pas même faire fléchir le canepin. Bien convaincu de la douceur de la pointe, il faut s'aſſurer auſſi de la perfection des tranchants ; pour cette opération examinez l'attitude de la Figure 27. Le canepin étant toujours tendu, changez le point d'appui en portant le petit doigt *o* ſur le bout de l'index *j* ; préſentez la pointe ſur le canepin, faites-la entrer de 4 à 5 lignes de longueur ; alors tenant la Lancette un peu inclinée, coupez le canepin en retirant la Lancette ; faites enſuite un autre trou pour eſſayer l'autre tranchant, en vous y prenant de la même maniere ; par ce moyen vous apprendrez à quels degrés de douceur ſont les tranchants : ils ſont bons quand on n'entend point crier le canepin, lorſqu'il eſt coupé nettement & ſans aucune réſiſtance.

Il ne faut pas négliger d'eſſayer la Lancette deux ou trois fois dans le canepin, parce qu'il y a ſouvent de petits ſirons à la ſuperficie que l'œil ne peut voir ; de ſorte qu'en préſentant la pointe ſur le canepin, le ſiron plie du premier coup, malgré qu'il entre ſans craquement, & par un ſecond coup il ſe caſſe ; cependant il ne ſe caſſe que lorſque la Lancette eſt bonne ; car il ne fait que plier ſi la Lancette eſt molle ; mais de toute façon on voit au ſecond coup que la pointe refuſe d'entrer dans le canepin. Bien des perſonnes ſont ſurpriſes de voir que le ſecond coup ne réuſſit pas comme le premier ; mais la raiſon eſt aiſée à reconnoître : ſi la pointe eſt caſſée, il n'eſt pas étonnant qu'elle réſiſte en entrant ; ſi elle n'eſt que ployée ou couchée ſur un côté, lorſqu'on la préſente perpendiculairement ſur le canepin, elle ne peut pas entrer, parce que la direction de la pointe qui eſt pliée eſt alors en ligne courbe, au lieu qu'il faut qu'elle ſoit perculaire ou en ligne droite pour entrer parfaitement.

Pluſieurs Chirurgiens ont l'habitude d'eſſuyer la Lancette autrement : ils mettent la Lancette ſur les quatre doigts à plat, ſans la contenir avec le pouce, & la préſentent ainſi un peu couchée ſur le canepin, qu'ils tiennent tendu ſur le couvercle de l'étui des Lancettes, & font ainſi entrer la Lancette dans le canepin. Or, cette méthode n'inſtruit pas ſi la pointe de la Lancette eſt bonne, parce qu'elle peut être mauvaiſe, & cependant entrer, de même qu'elle peut être bonne & refuſer d'entrer.

Je dis qu'elle peut être bonne & ne pas entrer, parce que, eu égard à la pente qu'on lui donne en la préſentant, ſi l'équilibre eſt juſte, il eſt certain que la pointe n'entrera pas ; & ſi le poids eſt plus fort du côté de la châſſe, la pointe entrera encore moins. Or, qu'arrive-t-il ? on veut la faire entrer : on fait lever le bout de la châſſe ; alors la pointe entre précipitamment & va s'émouſſer contre le couvercle. Je veux encore qu'elle ne ſe gâte pas. Si cette pointe entre précipitamment, comment connoître ſi elle eſt entrée avec douceur ? Peut-on ſentir, par cette méthode, ſi les tranchants ſont rudes, & voir s'ils coupent nettement ? Non , cela eſt impoſſible. Or , en tenant la Lancette par le clou , en la préſentant bien perpendiculairement ſur le canepin, en faiſant le point d'appui avec le petit doigt , on eſt hors d'accident , & l'on apprend tout ce qu'on veut ſavoir de la Lancette, parce qu'on eſt maître de ſoutenir la pointe en l'air , & de la faire entrer mollement : voilà le ſeul moyen qui puiſſe indiquer la perfection d'une pointe.

Après avoir eſſayé la Lancette , on l'eſſuie bien & on la ferme dans ſa châſſe ; pour cet effet on fait couler le fer ſur une côte *B* de la châſſe , comme l'indique la *Fig.* 28 , *Pl.* 79 ; enſuite on conduit légérement l'autre côte *A* ſur la première *B* , en ſuivant la ligne ponctuée ; on regarde ſi le fer eſt bien au milieu entr'elles, & s'il n'y étoit pas , on l'y conduit avec l'ongle du pouce.

Si nous nous ſommes un peu étendus ſur la Lancette, c'eſt parce que l'inſtrument le mérite, en ce qu'il eſt d'un fréquent uſage & d'une utilité reconnue depuis bien des ſiecles. Les Gagne-deniers & les Magiſtrats , les Bergers & les Rois , tous ſont ſoumis à ce petit inſtrument ; & de plus , ce que nous avons dit de ſa conſtruction nous ſervira , par des applications , à inſtruire des moyens que l'on emploie pour faire pluſieurs autres Inſtruments de Chirurgie , principalement ceux qui ſont faits pour l'opération de la cataracte : à meſure que nous les décrirons , nous renverrons le Lecteur au Chapitre de la Lancette, pour y prendre des connoiſſances ſur les pointes & ſur les tranchants.

ARTICLE SEPTIEME.

De la Flamette ou *Lancette Allemande.*

La Flamette eſt un inſtrument compoſé d'une boîte d'or ou d'argent ou de cuivre, laquelle porte un grand reſſort en baſcule, & un petit reſſort. Le grand reſſort porte un fer de Lancette. La Figure 29 fait voir l'inſtrument du côté où eſt poſée la baſcule qui tient le grand reſſort bandé comme il doit être l'inſtant avant l'opération.

La Figure 30 fait voir le grand reſſort placé dans l'intérieur de la boîte, de laquelle le couvercle eſt ôté : ce dernier eſt vu par la *Fig.* 31. Ce grand reſſort n'eſt tenu avec la boîte que par une vis en *e*, *Fig.* 33.

La Figure 32 fait voir la baſcule, laquelle porte un petit reſſort de renvoi ; qui eſt fixé par un petit clou en *E* : on voit en *h* un petit tenon deſtiné à tenir le grand reſſort bandé : on voit ſa place en *j*, *Fig.* 30. Cette baſcule eſt retenue par une charniere ſoudée ſur la boîte en *K* , laquelle eſt vue de côté en *L*, *Fig.* 33 ; de ſorte que quand le grand reſſort *N* ſe trouve bandé derriere le tenon de la baſcule, il eſt alors comme on le voit ponctué en *p*, *Fig.* 30.

Lorſqu'on veut faire la ſaignée, on préſente la pointe de la Lancette *o*, *Fig.* 29, ſur le vaiſſeau : on donne le coup de doigt ſur la baſcule *g* ; alors le tenon

lâche

lâche la prife qu'il a contre le reffort, & la pointe plonge vivement dans la
veine. Les trois Figures 34, 35, 36, repréfentent les trois formes des fers
de Lancette qui fe montent à vis fur le grand reffort en *q*.

La Figure 33 fait voir l'épaiffeur de la boîte & la bafcule de côté. La Figure
37 repréfente la largeur du grand reffort avec le trou *r*, fur lequel fe viffent les
fers de Lancette. Je laiffe toujours une queue à ces fers, afin de les repaffer
commodément lorfqu'ils en ont befoin, auffi ne les voit-on taraudés que de
deux ou trois lignes de longueur, moyennant quoi on a la facilité de les monter
fur des faux-manches pour les faire neufs, & pour les repaffer. Ces fers doivent
être faits fur les mêmes principes de la Lancette ordinaire.

La Figure 30 repréfente une Flamette Allemande, mais dont la forme & la
conftruction des fers eft différente ; le grand reffort ne porte point les fers, il
n'a qu'une languette faite en crochet *N*, qui fert de prife pour bander le reffort ;
alors la Flamette eft faite comme le fait voir la *Fig.* 38, laquelle on place dans
la boîte par une vis qui traverfe le trou *V*, où elle joue : elle eft viffée fur la
boîte au trou *y*, *Fig.* 30.

La Figure 30 repréfente auffi une Flamette, mais plus longue & plus large
Or, c'eft la premiere des quatre qu'il faut pour être afforti ; ainfi la Figure 38
repréfente la plus petite ; & la *Fig.* 30, la plus groffe.

Pour rendre cet inftrument folide par rapport au battement du grand reffort,
& afin que cette boîte réfifte long-temps, il faut faire une piece d'acier telle que
le repréfente la figure 40. Pour cet effet on prend un morceau d'acier plat & plein,
on le perce de trois trous ; on finit enfuite de l'évuider, pour faire l'ouverture
en quarré-long, comme le repréfente la figure. On fe fert pour cet évuidement
de cifelet & de petites limes plates ; quand cette piece a la forme convenable,
on la foude avec les platines d'argent qui doivent l'envelopper ; car cet acier ne
paroît point à l'extérieur, il n'eft deftiné qu'à donner du foutien à l'inftrument
& à le rendre plus folide ; enfin cette efpece de bride occupe l'efpace défigné par
les lignes *R S*.

Article Huitieme.

De la Lancette Angloife, & de la Lancette Efpagnole.

La Figure 41 repréfente une Lancette à gros grain d'orge ; c'eft la forme
particuliere que lui donnent les Anglois, ainfi que les Allemands, c'eft-à-dire,
ceux qui ne fe fervent point des Flamettes. Cette forme differe peu des Lancettes Françoifes ; elle n'eft que plus longue, & d'un grain d'orge plus raccourci ;
d'ailleurs le repaffage des Anglois eft le même que celui des François. La
pointe eft auffi flexible, & les tranchants font auffi fins.

La Figure 42 repréfente une Lancette Efpagnole. Cette forme eft bien différente des autres : elle en differe 1°, en ce que le talon depuis *u* jufqu'en *y* eft

long, étroit & émoulu à plat, laissant les côtés épais de trois quarts de ligne ; 2°, elle a une vive-arête qui commence en z, & continue jusqu'à la pointe ; 3°, le coup de meule vif, qui doit former le tranchant, ne commence qu'en y, & le morfil commence en T, & termine à la pointe ; 4°, elle en diffère beaucoup par le poli, puisqu'elle ne l'est point du tout (*) ; le repassage est fait entièrement sur la meule de grais, dont le coup n'est donné ni en long ni en travers, mais obliquement, & sur la même obliquité des traits du burin ; d'ailleurs la pointe est flexible & plie sur l'ongle aussi bien que celle de France ; les tranchants sont aussi vifs, à cela près des traits de la meule qui y sont toujours, mais le coup de pierre emporte ceux des bords des tranchants. La châsse est aussi plus longue, & de plus elle est garnie d'une virole d'argent, dans laquelle entre la châsse d'écaille, mais dont l'ajustement n'est pas de conséquence ; car à la plupart le clou ne tient point à la châsse.

La Lancette à châsse d'écaille & rosettes d'argent estampées, se vend 30 sols ; on en fait à 25 ; mais les châsses sont plus communes, & les rosettes sont de fer-blanc. Les Lancettes à châsse de nacre de perle, rosettes d'argent pleines, & le clou aussi d'argent, se vendent 2 livres 5 sols. La Flamette Allemande à boîte d'argent & trois fers de Lancette, se vend 12 livres ; celle en cuivre 9 livres.

CHAPITRE TRENTE-SIXIEME.

Des Instruments pour les Anatomistes ; de ceux qui servent à ouvrir les cadavres ; des Aiguilles droites & courbes ; des Epingles pour le Bec-de-lievre ; des Porte-Aiguilles & Porte-Epingles.

LE premier Instrument dont se servent les Eleves en Chirurgie, c'est le *Scalpel*, pour disséquer les cadavres ; ils emploient avec celui-ci les Errhines, les Ciseaux, les Pinces & les Tubes.

Il est inutile de parler ici & de joindre des figures pour indiquer la façon de forger, de limer & de passer sur la meule la plupart de ces instruments ; nous renverrons le Lecteur à ce que nous avons dit sur ce sujet dans la premiere Partie.

(*) Les Couteliers Espagnols ont sans doute ignoré plusieurs siecles, non-seulement l'usage des potées pour polir les métaux, mais jusqu'à l'émeri ; cela est prouvé par un Article de la Gazette de France, année 1765, n°. 77, *page* 307, où l'on voit qu'une Province & un Consulat avoient donné un Prix d'émulation pour les progrès des Arts utiles, & que l'un des Prix fut adjugé à *Joseph Montaignac*, François, établi Maître Coutelier dans la ville d'*Azpeytia*, lequel a fabriqué (c'est à la lettre les termes de la Gazette) *une lame de Couteau dont le poli imite parfaitement celles de Châtellerault, en France*. Or, Joseph Montaignac est natif & Apprentif Coutelier de la Province de Guienne.

Article Premier.

Maniere de faire les Scalpels.

Il y a quatre sortes de Scalpels, un à dos, un à lance, un à lancette, & un Névrotome. Pour forger un Scalpel à dos, il faut étirer l'acier pur (sans être en étoffe) de la largeur de 5 lignes, & de 2 lignes d'épaisseur ; on commence par donner une chaude grasse au bout : on donne ensuite un coup sur la quarre de l'enclume, pour entailler le tranchant & former le talon, comme il est représenté en *A, Fig.* 1 ; après cela on l'élargit avec la pane du marteau, en amincissant le tranchant, de même que si c'étoit une lame de Couteau ; ensuite on la rabat, & on la coupe d'un coup de la tranche sur la ligne *a* : on donne une chaude au talon en amincissant par le bout ; alors on aura un Scalpel à dos forgé comme le représente la *Fig.* 2.

Planche 80.

Le Scalpel à lance se forge de cette maniere ; *voyez la Fig.* 3 : après avoir entaillé le talon en *D*, on fait une autre entaille en *d*, du côté du dos, pour former un autre tranchant ; ensuite on l'élargit de même que l'autre : on le coupe & on fait ainsi un Scalpel à lance. *Voyez la Fig.* 4.

Au lieu d'un talon plat que nous avons représenté dans ces deux Figures, on les fait à queue, pour pouvoir les retenir à leurs manches avec l'aide du ciment. Nous avouons que la solidité se trouve plutôt avec le talon, parce qu'étant cloué avec le manche, il n'est pas sujet à se séparer en disséquant, & de plus les manches étant minces, un très-petit effort les fait fendre & éclatter.

Le Scalpel à lancette se forge exactement comme nous l'avons démontré pour une Lancette, dans le Chapitre **XXXV**. Il est inutile de leur laisser une queue semblable à la Lancette ; cependant si on veut l'émoudre avant de le monter sur son manche, on peut lui former cette queue. La Figure 5 fait voir le Scalpel à lancette forgé.

Le Névrotome se forge aussi de même que la Lancette, à cela près qu'il porte environ une ligne & demie d'épaisseur. Après qu'on a forgé les Scalpels, on les fait recuire ; ensuite on perce deux trous représentés en *bb, Fig.* 4, soit avec le poinçon ou au foret ; ensuite on les marque, & on les bat à froid à petits coups de marteau sur un tas ; après cela on les lime, on les trempe, & on finit par les faire recuire couleur d'or & les dresser.

Pour faire les manches, on prend des rognures d'ivoire de 4 pouces de longueur, ou bien on y emploie la gorge de l'ivoire. Voyez ce que nous en avons dit au *Chap. II*, premiere Partie. On commence par dresser le manche à la rape ; on l'amincit par un bout, on le laisse épais de l'autre de trois bonnes lignes ; après cela on présente la lame sur le manche, pour marquer & percer les trous tels que le représente la figure 6 ; ensuite on fait une petite marque avec la quarre d'une lime fur la ligne *B* ; après cela on donne adroitement un trait de fcie pour faire la place de la lame, repréfentée par la ligne *C*, *Fig.* 7 : & il convient de ne pas manquer de fraifer les trous.

Il faut préparer deux morceaux de fil de laiton de la longueur de 3 ou 4 pouces, dont la groffeur foit jufte avec les trous de la lame & ceux du manche ; appointez ce fil par un bout, & faites une petite tête de l'autre *F* : on met en même temps les deux fils dans les deux trous ; on les enfonce à petits coups de marteau jufqu'à ce que la tête foit entrée dans la fraifure ; enfuite on fcie les bouts du fil de cuivre, en n'en réfervant que ce qu'il faut pour faire la feconde rivure ; enfin on rive le tout avec un marteau du poids de 2 ou 3 onces au plus : quand on a fait le manche, on le grattelle, on le polit à la moulée & au tripoli ; après cela il ne s'agit plus que d'émoudre & polir la lame d'après les principes que nous avons donnés en parlant du Grattoir. *Voyez le Chap. XVI*, premiere Partie.

A R T I C L E S E C O N D.

Des Errhines, des Pinces & des Cifeaux à diffection.

L'Errhine eft un inftrument à manche, dont le bout fe termine par un crochet. Il y a plufieurs efpeces d'Errhines ; il y en a de doubles, de fimples, de doubles emmanchées, & à doubles crochets à l'une & à l'autre de leurs extrémités. Cet inftrument fert à relever & foutenir les parties, lorfqu'on veut en difféquer de placées deffous ces dernieres. L'Errhine doit être fabriquée d'acier pur, & point pailleux ; quant à la maniere de la forger, de la limer, &c, nous renvoyons le Lecteur à la premiere Partie, *Chap. XXI,* fur les principes du Poinçon & du Tirebouchon, à quoi elle reffemble beaucoup, à la groffeur près. Nous nous bornerons ici à donner des détails de toutes les figures de ces inftruments.

La Pince à difféquer fert à pincer les petites parties, comme, par exemple, un nerf, un tendon, &c. Cet inftrument fe fait d'une lame d'acier qu'on étire de la longueur de 8 pouces, & à laquelle on fait une pointe à fes deux bouts. *Voyez la Fig.* 8. Le milieu ne doit porter que demi-ligne d'épaiffeur, & les deux pointes doivent être de l'épaiffeur d'une bonne ligne. Lorfqu'on l'a forgée droite & qu'on l'a bien planée, on la plie par le milieu *E e, Fig.* 8 *& 9* ; on la ferre du bas *e* fur la quarre de l'enclume avec une pane de marteau étroite, & on laiffe le bout ouvert, auquel on donne un coup de fraife. Pour limer une Pince, on commence par blanchir le dedans ; c'eft pourquoi il faut la laiffer ouverte quand on la tire de la forge ; & après que le dedans eft adouci, on la refferre entiérement, & l'on écrouit le bas pour lui donner un peu d'élafticité, parce qu'il ne faut pas qu'elle foit trempée. Après l'avoir un peu battue à froid, on égalife les deux pointes, on les lime fur les côtés avec la lime ordinaire, puis avec la bâtarde on abbat les pans : on l'adoucit & on la polit ; enfuite on l'ouvre pour augmenter

l'intervalle

l'intervalle qui doit se trouver entre les deux branches & dans leur partie moyenne, ce qui sert à faire bien joindre les pointes. On forme encore de petites dents avec la quarre d'une lime douce à la pointe de ces pinces, & ces dents servent à retenir avec plus de facilité les chairs & les empêcher de couler.

Les Ciseaux à disséquer sont longs de branches & courts de lames ; les pointes en sont bien aiguës : cependant plusieurs y veulent un petit bouton d'un côté. Le travail de ces Ciseaux ne differe point des autres especes. Voyez la maniere de faire des Ciseaux, *Chap. XXV*, première Partie.

ARTICLE TROISIEME.

Des Tubes simples & des Tubes à robinets.

Le Tube simple est le même instrument appellé par les Artistes *Chalumeau*, avec lequel on soude les métaux à la lampe. On le fait en argent & en cuivre : il sert dans l'Anatomie pour souffler dans les vaisseaux, dans les arteres, dans la vessie, &c. De quelque métal qu'on veuille le fabriquer, on emploie les mêmes procédés.

Il faut forger le métal ou le laminer, pour le réduire à l'épaisseur d'une demi-ligne, & de 7 pouces de longueur, sur 12 lignes de largeur par le gros bout, & en diminuant jusqu'à l'autre bout, où il doit avoir 3 lignes de largeur. On plie cette lame sur un mandrin ; on en approche bien les bords : on les lie avec du fil de fer, & on les soude à la poële ou au chalumeau, en suivant les procédés décrits au Chap. XIX. Après avoir soudé ce métal, il faut le limer & le polir, ensuite le ployer entre les deux doigts, pour lui donner la courbure (au petit bout) telle qu'elle est représentée par la Figure 10.

Planche
80.

Cet instrument étant fini, ne doit avoir que six pouces de longueur, & cela par la seule raison qu'il doit se loger dans l'étui de dissection avec les Scalpels ; car dans toute autre occasion il seroit trop court pour qu'on pût s'en servir. Par exemple, si on vouloit souffler la vessie, on auroit le visage presque sur l'objet, & on s'exposeroit à respirer de mauvaises odeurs, principalement encore en reprenant son souffle. On évite cet inconvénient en se servant d'un Tube à robinet, dont je vais donner la description en enseignant à le fabriquer. J'en ai fait d'acier, de cuivre ou d'argent. Il n'est pas douteux que celui en argent est préférable aux autres ; l'acier a toujours l'inconvénient de la rouille, & le cuivre n'est ni sain ni agréable à tenir dans la bouche ; il faut même avoir l'attention de cracher à mesure qu'on arrête le souffle, afin de ne pas avaler la salive.

De quelque métal que l'on veuille faire un Tube à robinet, les procédés feront les mêmes. Commencez par disposer un Tube sur les principes que nous venons d'établir pour le simple, *Fig.* 10 ; lorsqu'il sera soudé tout du long (il convient qu'il ait 9 pouces de longueur), sciez-le en deux parties égales de longueur ; prenez enfuite un morceau de métal d'une bonne ligne d'épaiffeur, de 10 de longueur & de 18 de largeur ; ployez-le adroitement par fa largeur fur un mandrin d'acier arrondi au tour, & de 4 lignes de diametre : foudez bien cette virole ; après cela remettez-la fur le mandrin pour l'arrondir le mieux qu'il fera poffible : *voyez la Fig.* 11 ; faites enfuite un trou en *f*, tout au travers, dans lequel vous ajufterez & fouderez les deux moitiés du Tube de 9 pouces partagé en deux, *Fig.* 12 & *Fig.* 13. Cela étant exécuté, il faut ajufter le noyau : on peut le faire jetter en fonte, finon on prend du fil du métal, de 6 à 7 lignes de diametre ; on en applatit un bout pour faire la piece de pouce. Voyez en *G*, *Fig.* 14. On fait enfuite une portée en *h* ; on lime tout le tour le plus rond que l'on peut, & prêt à entrer dans le trou *H*, mais qu'il n'y entre pas, parce que pour le bien ajufter il faut avoir recours à l'émeri délayé un peu clair avec l'huile d'olive : on en met fur le noyau & dans la virole ; on tourne uniment le noyau : on l'ajufte parfaitement par cette méthode. Après ceci il faut entailler le bout *g*, le limer & le tarauder d'un pas de vis un peu profond, enfuite préparer un écrou fait avec un morceau du même métal, de deux lignes d'épaiffeur, & du même diametre de la virole. Pour faire un écrou qui fixe le robinet, voyez la *Fig.* 15, & fur-tout fraifez un peu le trou du côté du dehors ; après cela mettez le noyau dans fa place ; viffez l'écrou au bout *g* : mettez un peu d'émeri pour le bien ajufter. On prépare enfuite un long foret, & on perce le trou du noyau : ce trou eft vu en *j*, *Fig.* 14.

Quelques Artiftes percent ce trou avant de fouder les deux parties du tuyau, parce que, difent-ils, ils n'ont point tant de fujétion à le ferrer dans l'étau. J'en conviens ; mais il faut avouer auffi que le feu agit toujours fur les métaux, de maniere à altérer les ajuftements, & fur-tout celui d'un robinet, qui doit être régulier ; ainfi la méthode de le percer en dernier lieu, après toutes les foudures faites, me paroît devoir être à préférer ; toute la difficulté ne confifte qu'à faire un foret jufte au trou ; & pour la plus grande perfection, après qu'il eft percé, il faut y paffer un équarriffoir à 8 pans ; enfuite on emporte la bavure que fait l'outil : on ferre l'écrou tant qu'il peut l'être ; enfuite on lui fait une rivure légere, de façon cependant qu'elle rempliffe bien la fraifure qu'on a faite à l'écrou ; après cela il n'y a plus qu'à abâtardir, adoucir, façonner & polir l'inftrument.

Pour jouir de tous les avantages de ce Tube à robinet, il faut faire plufieurs petits tuyaux repréfentés ici par les Figures 16, 17, 18 ; il faut en avoir de différents calibres, afin de pouvoir fouffler dans toutes fortes de vaiffeaux : on les ajufte au petit bout du Tube, & cela fans les monter à vis, ce qui feroit de toute inutilité, & même nuifible ; car pour peu qu'il fe logeât quelque craffe dans un des pas de la vis, elle s'y trouveroit engagée, de façon qu'il faudroit un étau pour les déviffer. Il fuffit donc de limer les pieces, & qu'elles s'ajuftent bien enfemble ; & enfuite pour corriger les imperfections de l'ajuftement qui font dues à la lime, on met un peu d'émeri : on fait tourner les pieces ensemble avec les doigts, & l'inftrument eft bien fait.

Nous venons de donner des détails affez étendus fur la façon de travailler quelques-uns des Inftruments fervant à la diffection des cadavres, & nous nous croyons difpenfés de les fuivre tous les uns après les autres. Nous nous contenterons de terminer cet Article par une explication détaillée des Figures qui les repréfentent.

La Figure 19 repréfente le Tube à robinet féparé des tuyaux ; *b* eft le bout fait en entonnoir pour fouffler ; *c*, c'eft la pièce du pouce pour tourner le robinet, & couper la communication du vent à l'inftant même qu'on veut arrêter le fouffle. On voit en *a*, dans les Figures 16, 17 & 18, *Pl.* 80, l'endroit où s'ajuftent les tuyaux.

Planche 81.

La Figure 20 repréfente le Scalpel à dos, c'eft-à-dire, qui n'a qu'un tranchant fur la partie *K* ; ce tranchant doit être un peu fort, parce qu'il fert à féparer un doigt, un bras, &c. dans l'articulation. Son dos doit avoir une bonne ligne & demie en bas, & l'épaiffeur doit aller en diminuant infenfiblement jufques vers la pointe.

La Figure 21 repréfente un Scalpel à lance. Il differe de celui à dos, en ce qu'il a deux tranchants, l'un depuis le talon jufqu'à la pointe, & l'autre commençant en *L*, & continuant jufqu'à la pointe, de forte qu'il eft émoulu par quatre *émoutures*. Les tranchants de cet inftrument fe rapportent entiérement à ce qui a été dit fur le Grattoir & fur le Scalpel à dos, *Fig.* 20.

La Figure 22 repréfente le premier Scalpel en lancette : il a deux tranchants qui commencent aux deux entailles *M, M*, continués jufqu'à la pointe ; cependant le morfil ne doit commencer qu'en *N N*, pour finir avec la pointe, & tout le refte des tranchants doit être obtus, pour ne pas bleffer celui qui s'en fert : les deux tranchants font féparés par une vive-arête réfervée au milieu de la lame *o*.

Les Figures 23 & 24 repréfentent deux Scalpels à lancette, faits fur les mêmes principes que le précédent, mais plus petits, & dont les largeurs & les épaiffeurs font moindres ; de maniere que la Figure 22 eft le Scalpel à grain d'orge ; celle 23 eft le grain pyramidal, & la Figure 24 eft le grain d'avoine. Leurs tranchants doivent être fins jufqu'à plier fur l'ongle comme celui d'un Rafoir, mais les pointes doivent être un peu plus fortes que celle d'une Lancette. Une meule de 11 à 12 pouces de hauteur convient pour émoudre un Scalpel, & la poliffoire doit être un peu plus haute que la meule.

Très-peu d'Artiftes repaffent les Scalpels en travers, dans la crainte de s'eftropier fur la poliffoire : ils les poliffent de long ; cependant la méthode de les faire en travers eft préférable, non-feulement le tranchant eft plutôt fait, mais encore il eft plus vif, il coupe plus net ; & de plus la vive-arête étant bien confervée, donne du foutien à la pointe, & la fait réfifter à l'approche des os. Or, pour les bien émoudre en travers, il faut fuivre les principes donnés pour le Grattoir, au Chap. XVI, & l'affilage suit les regles de la Lancette, excepté qu'il ne faut passer la lame ni sur la pierre verte ni sur le caïllou; & même faute d'une bonne pierre du Levant, on peut faire usage de la pierre à Rasoir, & toujours à l'huile.

Le Névrotome est représenté par la Figure 25 : il sert à disséquer les nerfs. Son tranchant ne doit pas être vif à couper, parce que son effet n'est, pour ainsi dire, que de racler les nerfs & les tendons; c'est pour cela qu'il a une pointe aiguë, que la lame est étroite, & l'épaisseur est au moins d'une ligne & demie au talon : cette épaisseur ne commence à diminuer insensiblement que vers le milieu, pour se perdre avec la pointe : il est à deux tranchants séparés par la vive-arête.

La Figure 26 représente un petit Scalpel à pointe très-aiguë & très-fine, parce qu'elle sert à disséquer les animaux délicats, & que l'on ne peut voir avec le détail de leurs parties, qu'au microscope.

La Figure 27 représente les Ciseaux à disséquer : ils doivent avoir les branches longues, les lames courtes : ils servent, dans la dissection, à couper des morceaux de chair, des muscles, des tendons, &c. Or, les tranchants doivent être faits sans biseau, & doivent couper parfaitement, & particuliérement par leur pointe.

La Figure 28 représente l'Errhine simple à manche; tout le corps est rond, & le haut forme un crochet, lequel ne doit pas être trempé, parce qu'il seroit en danger de casser en soulevant la partie qu'on veut élever, puisque souvent on est obligé de le tenir avec les dents par son manche.

La Figure 29 représente l'Errhine double : elle sert à soutenir la partie qu'on disseque, avec l'avantage de retenir le crochet, qui est à une de ses extrémités, à quelque partie voisine ; comme, par exemple, quand on travaille les poulmons, on accroche l'un de ces crochets aux os de la poitrine, & l'on évite par ce moyen la peine de tenir l'Errhine avec les dents.

La Figure 30 représente une Errhine avec un anneau servant toujours aux mêmes fins.

La Figure 31 représente une double Errhine & à manche, qui a le double de force par rapport à ses deux crochets; elle sert à soutenir un plus gros poids. Il s'en fait aussi sans manche, alors elles sont à doubles crochets des deux côtés.

La Figure 33 représente une Errhine portant la pince. En général, toutes les Errhines doivent être faites avec de l'acier bien net : on les lime étant toutes droites ; ce n'est qu'après qu'elles sont tout-à-fait polies & finies, qu'on ploye le bout en crochet avec une pince, ou sur une petite bigorne avec un léger marteau.

On a représenté dans la Figure 32 les Pinces à disséquer : elles font ressort par elles-mêmes. Elles doivent être bien liantes, parce que servant à pincer & à soutenir des fibres, des nerfs, &c, pendant deux minutes & quelquefois plus, si le ressort étoit trop fort, on seroit en risque de lâcher prise, & par-là faire casser le rameau qu'on prend peine à conserver.   Voilà

Voilà en général tous les Instruments qui composent un étui à dissection ; ce font ceux qui ont le moins varié dans la Chirurgie, si ce n'est les Errhines, & le Tube à robinet, qui a été fait pour être substitué aux autres.

Un étui ordinaire pour la dissection, est composé d'un Scalpel à dos, un à lance, trois à lancette, un Névrotome, une Errhine, une Pince, un Tube simple, une paire de Ciseaux & l'étui. Or, tout cela se vend 9 livres, mais le plus communément fait. Le Tube à robinet en cuivre, 6 livres. Le Tube à robinet en argent, 9 livres de façon, & le poids payé à part ; il pese environ deux onces.

ARTICLE QUATRIEME.

Des Instruments qui servent à faire l'ouverture des Cadavres.

NOUS avons cru devoir séparer sous un Article particulier, les Instruments que l'on emploie pour commencer l'ouverture d'un cadavre. On se sert premiérement d'un fort Scalpel à dos, représenté par la *Fig.* 34. C'est un instrument convenable pour ouvrir un cadavre, soit pour y faire des observations, ou pour l'embaumer. Son tranchant doit être fort ; & quoiqu'aigu, il ne doit pas plier sur l'ongle.

PLANCHE 82.

·La Figure 35 représente un fort Scalpel imaginé par M. le Cat, pour l'ouverture des cadavres ; il n'est à tranchant que par sa partie convexe $t t$. La partie concave depuis o jusqu'en p, est un tranchant très-mousse & arrondi ; depuis p jusqu'en q, est un dos de deux lignes d'épaisseur, sur lequel on frappe avec un maillet de bois pour séparer les pariétaux. En Q, est un Ciseau qui fait corps avec le Scalpel, & servant de levier, avec lequel on force les pariétaux à se séparer. Le manche est fait de deux côtes d'ivoire, retenues par trois clous sur la soie, qui, pour procurer de la force à l'instrument, est épaisse de deux lignes dans toute sa longueur. En $z z$, on entaille deux mitres, lesquelles s'ajustent avec le manche. Il convient de faire cet instrument avec ce que nous avons appellé *de l'Etoffe* ; il faut donner le recuit couleur de cuivre rouge à la lame $p q o$, & la couleur bleue au Ciseau Q : le tranchant doit être aussi fort que celui d'un Couteau.

La Figure 36 représente un Instrument qu'on peut appeller *Levier des pariétaux*. Il est en forme de Tourne-vis : il sert à séparer les pariétaux. B est le corps de l'instrument fait d'acier ; le bout est à tranchant obtus ; $D D$ est son manche fait au tour, sur lequel est monté l'instrument par une queue quarrée, ajustée & rivée par une rosette en A.

La Figure 37 représente le Vuide-cerveau ; c'est une espece de cuiller, mais plate. La Figure 38 en fait voir l'épaisseur ainsi que la courbure, & la queue qu'on cimente sur un manche tourné. Il importe peu que cet instrument soit fait de fer ou d'acier, il n'opere pas moins également : il est décrit dans Dionis.

Il y a des occasions où l'on fait l'ouverture de la tête d'un cadavre en sciant le crâne ; mais il est inutile de faire voir les figures de ces scies, parce que nous en parlerons en traitant des Instruments destinés à l'amputation d'un bras & d'une jambe. Ces mêmes scies servent à séparer le crâne. On peut donc consulter le Chapitre des amputations, où on traite des scies.

Quand on a ouvert un cadavre, & qu'on se propose de l'embaumer, on fait des points de suture tantôt avec une Aiguille courbe, & tantôt avec un Quarrelet tel qu'on le voit *Fig.* 39. Comme il faut enseigner à faire une Aiguille, nous allons en même temps donner la description de toutes leurs formes.

A R T I C L E C I N Q U I E M E.

Des Aiguilles droites & courbes, & des Epingles pour le Bec-de-lievre.

Planche
82 & 83.

Pour faire les Aiguilles diligemment, il faut prendre du fil d'acier passé à la filiere. Voyez dans la premiere Partie, *Chap. XVIII, Sect. III.* Après qu'on a préparé les fils de la grosseur convenable aux Aiguilles qu'on veut faire, & je suppose qu'on veuille faire 24 Aiguilles, il faut prendre 24 morceaux de fil d'acier d'environ 12 pouces de longueur ; cela étant ainsi préparé, on donne une petite chaude à tous les bouts d'un côté seulement, pour les applatir un peu ; après quoi il faut faire recuire tous les bouts avec des charbons de bois ; lorsqu'ils sont refroidis d'eux-mêmes, il faut plier un peu le bout en demi-croissant, & faire une petite gouttiere avec une queue de rat. Voyez *v u*, *Fig.* 55. Dressez ensuite cette courbure ; présentez ce bout sur l'un des trous de la Figure 41 ; posez le poinçon plat, *Fig.* 40, dans la gouttiere, & bien vis-à-vis du trou qui doit recevoir la piece ; chassez le poinçon par deux petits coups de marteau, le trou sera percé, moyennant que le poinçon sera bien vis-à-vis du trou, & tenu perpendiculairement.

Les trous de tous les fils d'acier étant percés, on doit être muni de plusieurs coins faits en cône ou pyramide, comme le représente la figure 42 ; on le fait entrer dans le trou un peu à force, pour équarrir le trou, comme le représente la figure 43 : on le passe une fois de chaque côté ; ensuite on fait la petite gouttiere de l'autre côté du trou en le courbant, comme le fait voir la figure 55, en *v u* : on ragrée la premiere faite, parce que les coups de marteau l'ont toujours un peu défigurée ; après cela on dresse l'épaisseur & la largeur du cul de l'Aiguille : on l'adoucit entiérement, & on en fait autant à tous les fils d'acier : ensuite on coupe toutes les Aiguilles de la longueur convenable, & l'on fait toutes les pointes en rond avec la lime : après quoi on est muni d'un tas, *Fig.* 52, *Pl.* 11, qui a des rainures triangulaires ; on applique l'Aiguille dans l'une des rainures ; on frappe sur l'Aiguille du côté plat, & le triangulaire se forme par la rainure de la maniere que le représente la coupe *R* triangulaire, *Fig.* 47.

Cette opération se fait à froid pour les petites Aiguilles, c'est-à-dire, pour les nos. 7, 8 & 9 ; & pour les grandeurs au-dessus, on les fait chauffer couleur de cerise ; on les tient avec de petites tenailles croches, pour ne pas écraser les trous, & une chaude suffit, moyennant qu'on frappe les coups de marteau diligemment. Après que toutes sont dirigées triangulairement, comme le fait voir la figure 46, on dresse la largeur, & on met les bouts à tranchant, le tout avec des limes bâtardes & des limes douces ; après cela on les courbe & on leur donne des courbures différentes que nous avons fait graver sous les numéros 1, 2, 3, 4, 5, 6, 7, 8, 9.

Pour la trempe on les arrange toutes, sans les préférer, entre deux morceaux de tôle ; on les fait rougir environ deux douzaines ensemble dans une poële de feu de charbons de bois, & lorsque le paquet est rouge couleur de cerise, on le trempe dans l'eau ; on les sort ensuite du paquet, on les récure avec le grais : voyez le Chap. XIV, & on leur donne le recuit bleu, suivant la méthode de recuire les Canifs, même Chapitre.

PLANCHE 82 & 83.

Après le recuit, il faut les polir au bois à l'émeri, & cela sur tout le corps de l'Aiguille, excepté sur la face plate ; celle-là se fait sur la meule & sur la polissoire ; en la tirant de long, on fait venir un petit morfil bien égal sur les tranchants ; on observe de faire la pointe bien aiguë, & on les affile sur les pierres à Lancette quand on veut leur donner toute la perfection possible.

Il y a quatre sortes de formes de pointes d'Aiguilles pour la Chirurgie. La premiere est celle qui est appellée *Quarrelet*, *Fig.* 39, & dont la pointe est à quatre quarres. D'autres petites servent à la suture des Pelletiers, *Fig.* 44 & 45. Les uns les veulent à trois quarres, d'autres les demandent à quatre ; enfin on observe réguliérement de faire le trou des Aiguilles sur le côté de la largeur, afin que le fil ne soit pas sujet à s'arrêter. Pour bien faire comprendre ceci, voyez la figure 46 : elle représente l'Aiguille par sa largeur, & on ne peut pas voir le trou, parce qu'il est sur le côté ; mais on voit les trous à celles qui sont courbées no. 1 jusqu'au no. 9, parce qu'elles ne sont vues que sur leur épaisseur, par conséquent le trou est très-visible.

Une autre espece d'Aiguille est représentée par la *Fig.* 54 ; c'est une Aiguille à lardoire, peu en usage aujourd'hui, quoiqu'elle soit décrite dans Garangeot : elle servoit à faire entrer les Epingles pour l'opération du Bec-de-lievre. Elle a un dos qui est sur la partie convexe ; & le tranchant, qui est sur la partie concave, ne commence qu'en *y* ; tout le reste est rond, & le bout *T* est double & fait comme une lardoire, mais à deux branches seulement, lesquelles font ressort. Cette Aiguille se fait sur les principes d'un ressort double de Couteau à trois pieces. Voyez *Chap. XXII, Sect. II.* On y fait cependant une petite gouttiere en dedans des lames pour loger une autre Aiguille ou une Epingle. Pour faire l'opération, on en fait de trois grandeurs : cette Figure 54 représente la moyenne.

ARTICLE SIXIEME.

Des Epingles pour le Bec-de-Lievre.

LA Figure 48 repréfente une Epingle à tête, pour l'opération du Bec-de-lievre. La Figure 49 repréfente aufli une femblable Epingle, mais fans tête.

Pour faire ces inftruments, il faut prendre du fil d'acier paffé à la filiere, le mettre exactement de la groffeur que doivent avoir les Aiguilles : celles fans tête doivent avoir demi-ligne ; alors on applatit le bout à froid pour former la pointe ; on lui donne enfuite la forme d'un grain d'avoine, & à tranchant des deux côtés : le milieu en eft rond, & n'a point de vive-arête. On marque enfuite la longueur par un coup de la quarre d'une lime, après quoi on la trempe, & on donne le recuit couleur de cuivre rouge à la pointe environ l'efpace de deux lignes de longueur, & tout le refte bleu, ou tout au moins violet ; après cela on leur fait la pointe fur la poliffoire avec de l'émeri : on fait la pointe bien aiguë, mais plus forte que celle d'une Lancette.

Pour faire les Epingles avec une tête, on prend du fil d'acier de la groffeur de la tête qu'on veut lui former ; on ferre le fil dans un étau à main, au raz de l'endroit où l'on veut entailler la tête ; on tourne le côté de la lime qui n'eft pas taillé, du côté de l'étau, & l'on amincit ainfi l'Aiguille fur un bois à limer, de même que fi on vouloit faire un clou. On fait la pointe ainfi que nous l'avons expliqué pour celle qui n'a pas de tête ; & la derniere chofe qu'on fait, c'eft de former la tête en féparant l'Epingle du fil avec la quarre d'une lime demi-ronde fur la ligne *x*, *Fig.* 50.

La longueur des Epingles varie depuis 15 lignes jufqu'à 18. On fait aufli de ces Epingles en argent & en or, pour éviter la rouille. Celles d'or font préférables ; mais par rapport à la bonté des pointes, celles d'acier valent mieux ; cependant j'en fais d'or qui operent bien. Tout le fecret confifte à bien écrouir le métal à petits coups de marteau fur un tas bien uni, enfuite à faire les pointes & le corps avec les limes, de la maniere que nous l'avons enfeigné pour celles d'acier ; & pour la fineffe des pointes, il faut les paffer fur les pierres à Lancettes.

On fait aufli des Epingles dont le corps eft d'or (*) & la pointe d'acier ; pour cet effet on prend un fil d'or, on fend le bout en fourchette de 3 lignes de profondeur, & on foude une pointe d'acier au bout de la longueur de 4 lignes feulement, après quoi on finit cette Epingle comme fi elle n'étoit que d'un feul

---

(*) J'obferve que lorfque je fais des Epingles d'or pour l'opération du Bec-de-lievre, je prends l'or pur, & je l'allie, non avec le cuivre, mais avec l'argent. Je préfere les Ducats de Hollande ; cependant fi on vouloit fe procurer de l'or pur, n'en pouvant point avoir d'ailleurs, il faut fe fervir de celui qu'on a, le forger & le faire venir très-mince, même comme une feuille de papier, enfuite le jetter dans un pot où l'on a mis de bonne eau-forte ; le lendemain on retirera l'or percé de quantité de petits trous ; or, c'eft l'eau-forte qui rongeant le cuivre, laiffe les places vuides ; alors on aura de l'or épuré du cuivre.

métal ;

métal ; cependant il faut un peu écrouir l'or, mais légérement sur la soudure, &
l'on trempe le dard d'acier, on lui donne le recuit couleur de cuivre rouge , &
on fait la pointe à la polissoire, comme nous l'avons indiqué pour les Epingles
d'acier. La Figure 51 fait voir une Epingle à tête, mais dont la pointe ne vaut
rien ; la forme du grain d'avoine est préférable, comme la Figure 48.

La Figure 52 représente l'Epingle à deux têtes pour le Bec-de-lievre ; c'est
un bout d'acier bien poli, & dont les deux bouts sont bien arrondis & olivaires.
Elle est ordinairement d'argent ou d'or : elle est de l'invention de M. Petit ; son
intention étoit de fixer cette Aiguille après la réunion des chairs, sans que le
tranchant des Epingles pût couper les chairs ; mais quand elle ne pouvoit pas
entrer, il y obvioit en mettant un bout dans une Aiguille à lardoire, comme le
représente la *Fig.* 54. Elle n'a qu'un tranchant dans sa partie concave *y* ; le bout
T est double, & représente exactement une lardoire. Pour faire cette Aiguille
on forge une bande d'acier, on la plie par le milieu ; ensuite on soude la partie
y jusqu'à *z*, sur les principes donnés pour les ressorts doubles, *Chap. XXII*,
Art. II. Après l'avoir forgée, on ouvre la partie double *T* : on creuse le dedans
des deux branches en gouttiere ; ensuite on la resserre & on finit l'Aiguille
comme toute autre, en la limant & en lui donnant la trempe & le poli.

La Figure 53 représente une Epingle à tête olivaire, tout le corps est cylindrique, & la pointe un peu applatie & à deux tranchants de la longueur de 3
lignes. Jadis on ne se servoit point d'Epingles pour l'opération du Bec-de-lievre ;
on faisoit la réunion des chairs par le moyen d'une Pince représentée par la *Fig.*
55. Cet instrument se fait sur les principes d'une Pince à disséquer, ou comme
l'Aiguille à lardoire, *Fig.* 54 ; il fait ressort par lui-même ; on pinçoit les bords
des levres de la plaie ; on faisoit monter la bride *X*, & l'on n'ôtoit l'instrument
qu'après qu'on jugeoit que la réunion étoit faite ; mais la forte pression de l'instrument sur les bords de la partie inférieure, la faisoit souvent venir en suppura-
tion. Cet accident a fait renoncer à cette méthode décrite encore dans *Dionis.*

ARTICLE SEPTIEME.

Des Porte-Aiguilles & Porte-Epingles.

Pour l'opération du Bec-de-lievre, les uns veulent les Epingles avec une tête,
& les autres les veulent sans tête ; or, ceux qui les préferent à tête, ont en
vue de pouvoir s'en servir sans un instrument auxiliaire, qui est un Porte-
Epingles, qui a été imaginé pour porter l'Epingle sans tête ; cependant cette
derniere est préférable, parce que lorsque la réunion est faite, on retire l'Epingle :
c'est par la pointe qu'on la prend pour la faire sortir par le talon ; au lieu qu'avec
celle à tête, il faut la prendre par la tête même, & la faire sortir par la pointe.
On conçoit aisément que les tranchants en sortant du trou, sont dans le cas d'y

faire une coupure, qui, quelque petite qu'elle soit, nuit & retarde la guérison ; c'est la raison pourquoi l'on doit préférer la pointe faite en grain d'avoine, *Fig.* 48.

La Figure 56 représente un Porte-Epingles. Cet instrument est composé de quatre pieces, d'une branche mâle, d'une femelle, d'une bride ou anneau, & d'une platine au bout. La Figure 57 fait voir la branche mâle qui s'ajuste par une charniere *r* à la branche femelle, *Fig.* 58. Cette même Figure fait voir une gouttiere faite à coups de ciselets en *s s*, dans laquelle se loge l'Epingle ; de sorte qu'en faisant glisser la bride *a*, *Fig.* 56, jusqu'en *z*, les deux branches serrent l'Epingle, & la contiennent au point de pouvoir la faire entrer dans les chairs sans qu'elle puisse branler de place ; la platine est faite d'un morceau d'acier ou d'argent, du diametre de 8 lignes & de 2 ou 3 lignes d'épaisseur : elle est percée de plusieurs petits trous avec une pointe à contre-marquer seulement ; enfin elle doit faire l'office d'un dez à coudre, afin de pouvoir pousser un peu l'Epingle, dans le cas où elle ne seroit pas assez enfoncée après qu'on a lâché la bride. Cette platine se monte à vis au bout *R*, *Fig.* 58 : on fait traverser le bout, & on l'arrête par une petite rivure ; mais avant de la fixer, on fait entrer la bride *Fig.* 59, en sa place *a*.

La Figure 60 représente aussi un Porte-Aiguilles ou Porte-Epingles, imaginé par M. Petit. Il est composé de deux pieces vues séparément, *Fig.* 61 & 62. La premiere est un anneau allongé, sur lequel est jointe par un clou la figure 62 vue de côté. Cet instrument est d'argent ; tout l'ouvrage consiste à ployer sur un mandrin rond, une bande d'argent de 15 à 16 lignes de longueur, & de 9 lignes de largeur ; bien rapprocher les bords & les souder à la poële. Voyez le Chapitre XIX, *des Soudures*. Entaillez ensuite la partie *d* pour former une platine qui sera ajustée à plat, & clouée sur la partie *g* de l'anneau *Fig.* 61. Le bout *i* de la figure 62, doit être fermé ; pour cet effet il faut rapporter un bout de fil d'argent de la grosseur juste au trou, & le souder : il est bon de le laisser un peu long, pour qu'il puisse atteindre à la ligne *h*. L'intention de l'Auteur a été de faire une espece de dez qui puisse contenir l'Aiguille dans le trou bien à l'aise, & pour qu'on puisse la faire entrer en poussant ; mais il faut que l'anneau *M* soit tenu par le doigt du milieu, & que le doigt index le croise & soit appuyé sur le côté *N*. On conçoit aisément que les deux pieces doivent être lâches : il ne faut donc pas serrer le clou, mais lui laisser du jeu.

La Figure 63 représente aussi un Porte-Aiguilles imaginé par M. Levret, pour porter les grandes Aiguilles, c'est-à-dire, depuis le n°. 1 jusqu'au n°. 5. Il est d'acier, & se fait sur les principes de l'Aiguille à lardoire ou du ressort double. C'est une lame d'acier de 6 pouces de longueur, qu'on plie en deux par le milieu ; après quoi on donne une petite chaude au bout pour former la queue, laquelle on entaille à la lime pour y rapporter une mitre. Voyez *L*, *Fig.* 64. Cette même Figure fait voir une gouttiere intérieurement faite au ciselet depuis *p* jusqu'en *q*, laquelle sert à embrasser la tête de l'Aiguille, tandis que l'autre

branche porte un tenon en *v*, *Fig. 63*, qui entre & garnit le trou de l'Aiguille ;
on pouſſe enſuite l'anneau ou bride *u*, pour contenir le tout : mais pour paſſer le
fil dans le trou de l'Aiguille, il faut ſéparer le Porte-Aiguille quand l'Aiguille a
traverſé la plaie dont on fait la ſuture, & que l'on a au moins un pouce de pointe
dehors.

Un étui d'Aiguilles eſt compoſé de 24 : on en met plus de petites que de
grandes, parce qu'elles ſont plus riſquables à ſe caſſer étant plus minces ; or,
chaque Aiguille ſe vend 5 ſols. Les Epingles pour le Bec-de-lievre ſont du
même prix en acier ; mais en argent à tête, 1 liv. 4 ſols, ſans tête 15 ſols. En
or celles à tête, 15 liv. & ſans tête, 12 liv. le tout à dard d'acier ; mais n'ayant
pas le dard d'acier, 9 liv. ſans tête, & 12 liv. avec la tête. Les Porte-Aiguilles
en acier, 6 liv. piece ; le fort Scalpel pour l'ouverture des cadavres, 3 livres ; le
Vuide-cerveau & le Levier des pariétaux, 3 liv. la piece.

CHAPITRE TRENTE-SEPTIEME.

De l'Etui portatif, appellé Etui à la Garengeot, *qui contient
les Inſtruments néceſſaires aux Panſements.*

LES Inſtruments qui compoſent l'Etui portatif, & que le Chirurgien doit avoir
toujours ſur lui, ſont ceux qui ſont eſſentiellement néceſſaires pour panſer les
plaies. Ils ſont au nombre de dix-ſept, & ſe multiplient juſqu'au nombre de
vingt-quatre, par rapport à leurs différentes formes, courbures & configurations ; ce que nous allons examiner.

ARTICLE PREMIER.

Des Ciſeaux à inciſion, droits & courbes.

LA Figure 1 repréſente les Ciſeaux à inciſion droits : ordinairement on fait les
branches & les anneaux d'argent pour pouvoir les maintenir plus propres ; mais
les lames doivent être faites avec de l'acier fin. Le Chapitre XXV inſtruit aſſez
de la maniere de faire des Ciſeaux : il doit nous ſuffire ici de faire mention des
qualités qui conviennent aux lames des Ciſeaux propres à faire des opérations ſur
le corps humain.

Les tranchants des lames doivent être parfaitement égaux en dureté, &
doivent être plus fins que les tranchants des Ciſeaux ordinaires, c'eſt-à-dire,
qu'il n'y faut point d'autre biſeau que celui que la pierre du Levant lui
peut faire pour emporter le morfil, afin que les tranchants coupent vivement, nettement & ſans hacher. La longueur des lames doit être de 2

PLANCHE
84.

pouces depuis *a* jufqu'en *A*, un pouce d'écuffon depuis *A* jufqu'en *b*; 15 lignes de branches de *b* en *B*, & un pouce de longueur d'anneau; cela fait en tout 5 pouces un quart. Les pointes *a* doivent être mouffes; cependant il y a des Chirurgiens qui veulent un côté pointu, & un petit bouton de l'autre côté; alors on fait un bouton du côté du dos avec la lime, tel que le repréfente en *e* la Figure 2.

Cette derniere Figure repréfente les Cifeaux à incifion demi-courbes. Quelques Chirurgiens prétendent qu'ils font inutiles, & d'autres prétendent qu'ils font plus commodes pour glifler dans la cannelure de la Sonde. Au refte, les Cifeaux courbes doivent être faits fur les mêmes principes des Cifeaux droits; car ils ne doivent différer que par la courbure donnée fur le côté aux lames.

A R T I C L E   S E C O N D.

Des Pinces à Panfement.

La Figure 3 repréfente les Pinces à anneaux, pour lever l'emplâtre de deffus une plaie: elles fervent encore à pincer & extraire les petits os ou fquilles du fond des plaies; pour cet effet on fait de petites dents au bout *E* avec la quarre d'une lime douce & à tiers-point. Ces Pinces portent, comme les Cifeaux, 5 pouces un quart de longueur; mais elles n'ont que 2 pouces de *f* jufqu'en *E*. Cet inftrument eft compofé de deux branches, l'une mâle & l'autre femelle, ajuftées à *jonction paffée*, & fixées par un axe *g*; tout le corps de ces Pinces doit être arrondi. Pour faire les jonctions paffées, il faut confulter le Chapitre XXVIII.

La Figure 4 repréfente les Pinces à reffort, dont on fe fervoit avant l'invention des Pinces à anneaux; le bout *G* fe termine comme celui des précédentes: elles font auffi faites à jonction paffée; mais au lieu de deux anneaux, les deux bouts fe terminent en une double Pince femblable à celle dont on fe fert pour arracher un poil, & l'une des deux branches porte un reffort de renvoi. Voyez ce reffort en *i*, fixé par le moyen d'un clou à la branche *h*.

On fait très-peu d'ufage de cet inftrument, parce que fi on veut ferrer quelque chofe par le bout *G*, les Pinces tournent entre les doigts, & le reffort fait lâcher prife, ce qui n'arrive pas avec les Pinces à anneaux, parce qu'on les tient avec le pouce dans un anneau, & le doigt du milieu ou l'index dans l'autre.

La Figure 5 repréfente auffi d'anciennes Pinces à panfement. Elles font reffort par la feule élafticité des branches: elles pincent par le bout *j*, & l'autre bout fe termine en une feuille de myrte. Pour faire ces Pinces, on prend une lame d'acier qu'on ploye en deux comme pour faire un reffort double; on donne enfuite une chaude pour fouder le bout feulement qui doit faire la feuille de myrte dont nous allons voir l'ufage ci-après.

ARTICLE

Article Troisieme.

De la Lancette à abscès, & des Bistouris, le droit, le courbe & le convexe.

La Figure 6 repréfente la Lancette avec laquelle on ouvre un petit abfcès. Elle ne differe qu'en grandeur de la Lancette ordinaire. *Voy. le Chap. XXXV.*

On doit regarder le Biftouri comme un des premiers inftruments de Chirurgie, tant par fon ancienneté que parce qu'un Chirurgien adroit peut faire quantité d'opérations avec cet inftrument; auffi il n'y en a pas auquel on ait donné tant de différentes formes, comme nous aurons lieu de l'examiner.

La premiere forme & la plus ancienne, c'eft le Biftouri droit, repréfenté par la *Fig.*7. La feconde eft le courbe, *Fig.* 8, & dont le tranchant eft dans fa concavité; & la troifieme eft le convexe, *Fig. 9*, ainfi appellé parce que le tranchant eft fur la convexité. Il s'en fait de plufieurs grandeurs, c'eft-à-dire, appropriés aux opérations pour lefquelles on les deftine; mais ces trois font partie de l'étui portatif, & font fixés à 2 pouces de longueur de lance, non compris le talon, qui eft d'environ 7 ou 8 lignes; la largeur de la lame eft de 5 lignes dans fon plus large: elle va en diminuant jufqu'à la pointe; fon épaiffeur eft à l'endroit *K*, *Fig.* 10, d'une ligne & demie, & va en amincillant jufqu'à la pointe.

On forge le Biftouri fur les mêmes principes du Scalpel à dos, *Chap. XXXVI*; on réferve une queue au bout du talon, repréfentée par *LL*, *Fig.* 10 & *Fig.* 11, laquelle fert à le fixer fur un faux-manche, pour l'émoudre & le polir, de même que nous avons expliqué pour la Lancette. Entre la queue & le talon on réferve une *lentille* vue fur tous les fens en *m*, *Fig.* 10, 11 & 12.

Le Biftouri exige tous les foins poffibles pour le faire bon; il doit être fait d'acier pur, & du plus fin: le recuit à la couleur de paille lui conviendroit pour la bonté de fon tranchant; mais il faut lui donner abfolument la couleur d'or, par la raifon que la pointe, qui doit toujours labourer fur la gouttiere de la fonde, eft fujette à caffer, ce qui peut caufer de très-mauvais effets dans une plaie; c'eft pourquoi il faut facrifier un peu de l'extrême vivacité du tranchant, pour lui donner plus de folidité; & d'ailleurs un Chirurgien ne doit jamais faire plus d'une opération fans le paffer au moins fur la pierre.

Son tranchant doit être fait fur les principes du Rafoir, *Chap. XXVII*; il doit plier fur l'ongle: on l'affile fur les principes du Canif, *Chap. XVII*, mais fur les pierres des Lancettes: on ne lui fait qu'un très-petit bifeau fur la pierre, afin de lui conferver le tranchant le plus fin qu'il eft poffible.

On fait la châffe du Biftouri fur un modele, & de la même maniere qu'il eft indiqué pour la Lancette; la monture s'exécute auffi de même, excepté que le Biftouri eft monté par deux clous, l'un en *M*, *Fig.* 9, qui fixe le bout de la châffe, l'autre en *N*, qui joint la châffe avec la lame; & quant à l'ouverture de la lame, elle eft fixée par la lentille *o*, qui bat fur la châffe.

Planche 84.

Quelques Chirurgiens préferent le Biftouri fixé par un reffort, & cela n'eft pas condamnable, mais cependant fujet à inconvénient; car il eft effentiel que le tranchant foit très-fin: or, plus il eft fin, plus il eft fujet à s'émouffer ou à s'ébrécher; & il faut une attention particuliere à chaque fois qu'on ferme un Biftouri à reffort, afin qu'il ne fe gâte pas. Cependant il y a un moyen de l'en garantir, mais ce moyen n'y fupplée encore que par des précautions, qui font de fermer la lame avec légéreté, en l'accompagnant dans fa cafe fans laiffer agir l'élafticité du reffort.

La Figure 13 fait voir tout ce que je pourrois dire à ce fujet. Elle repréfente un Biftouri à reffort, duquel eft ôté un des côtés du manche, afin de faire voir l'intérieur. Le reffort, très-liant & très-foible, eft repréfenté par les lignes ponctuées: il n'eft fixé que par un clou au milieu *p*; le bout d'en-bas porte fur un entre-deux *q*, lequel eft fait de bois tendre: il eft arrêté par deux clous, & non-feulement il fert à fixer le reffort, mais encore il fert de battement au tranchant de la lame, & l'empêche de toucher le reffort; ce n'eft pas encore tout, il faut auffi éviter que le tranchant ne repofe fur le bois, & réferver un bon *mentonnet* fur le devant du talon de la lame, tel qu'on le voit en *o*; de plus on fait le manche plus long que la lame au moins de toute la forme du rouleau *q*; la Figure 14 le fait voir fermé, & repréfente en même temps comment fe place le mentonnet *r*, au dedans du manche.

Des Sondes creufes, des Feuilles de myrte, & des Spatules.

D<small>ANS</small> la plus grande partie des opérations, la pointe du Biftouri exige un préfervatif & un conducteur qui le dirige avec fûreté au gré de l'Opérateur; or, c'eft la Sonde creufe qui remplit toutes ces intentions. On fait ces Sondes en argent ou en acier. La Figure 15 repréfente cet inftrument du côté de la cannelure, qui eft une gouttiere faite depuis *P* jufqu'en *Q* avec une lime à tiers-point; & la Figure 16 fait voir la Sonde en deffous, qui eft toute arrondie: on voit que le bout *P* eft fermé; cela eft effentiel pour arrêter la pointe du Biftouri; de forte qu'après qu'on a cannelé la Sonde tout le long avec le même tiers-point dont on a fait la gouttiere, on donne un trait de lime au bout, comme on voit en *R*, *Fig.* 17, qui repréfente deux moitiés de dents de fcie: on les approche l'une contre l'autre; on les fertit bien avec un petit marteau; après cela on arrondit tout le corps de la Sonde, & on fait terminer l'extrémité en un bout qui a la forme d'une olive. La partie *Q S* eft une platine deftinée à tenir la Sonde pendant l'opération; mais lorfqu'elle eft faite ainfi, elle fert principalement à l'opération de couper le filet de la langue.

La Figure 18 repréfente auffi une Sonde creufe comme la précédente, mais dont la platine n'eft point deftinée à couper le filet. Elle repréfente une Feuille de myrte depuis *t* jufqu'en *u*. Cette Figure fait voir l'inftrument du côté de la cannelure, qui eft auffi le côté plat de la Feuille de myrte ; & la Figure 19 fait voir la vive-arête & la rondeur du deſſous de la gouttiere ; de plus, la Figure 20 repréfente l'épaiſſeur de tout l'inftrument de l'une à l'autre de fes extrémités.

L'ufage de la Feuille de myrte, eft d'ôter les onguens qui reftent fur les bords des plaies après avoir enlevé les emplâtres ; pour cet effet les côtés doivent être à tranchant, mais très-obtus & mouffes, afin qu'ils ne puiffent ni couper ni écorcher.

La Figure 21 fait voir une Spatule en feuille de myrte du côté de la vive-arête ; & la Figure 22 la repréfente en deſſous, & fait voir comme le bout *x* eft taillé avec des dents en forme de lime pour fervir d'*élévatoire*, dans le deffein de pouvoir, avec fon fecours, extraire des corps étrangers, comme, par exemple, lorfqu'il faut ôter le pois du trou d'un cautere, ou autres chofes à-peu-près femblables.

La Figure 23 repréfente la Spatule qui fert à étendre les cataplafmes ou les onguens ; & la Figure 24 fait voir l'inftrument du côté des dents pour fervir d'élévatoire.

La Figure 25 repréfente la Sonde creufe à cuiller, c'eft-à-dire, que depuis *y* jufqu'en *z* c'eft une Sonde creufe, & la partie *T* eft une cuiller. Cet inftrument fert à s'affurer, par l'infpection du pus, fi l'abfcès eft prêt à être ouvert. Pour s'en convaincre, on fait une petite ouverture avec la Lancette à abfcès, de façon à pouvoir y introduire le bout de la Sonde *y* de la longueur de 7 ou 8 lignes feulement ; alors on fait pencher le bout de la cuiller, le pus coule le long de la gouttiere jufques dans la cuiller *z T*, & c'eft-là qu'on examine fa nature.

On fait tous ces inftruments en acier ; mais la rouille qui perd & détruit ce métal, a engagé plufieurs Chirurgiens à les faire d'argent. Je me reprocherois d'omettre une réflexion à ce fujet. La loi exige de faire contrôler toutes les pieces d'argent ; cependant eu égard aux inftruments de Chirurgie, cette loi eft contraire à l'humanité, en ce que les onguens fe logent dans les creux des marques, & peuvent produire de grands dommages aux plaies, parce qu'il n'eft prefque pas poffible d'effuyer bien exactement le fond d'une marque qui fera remplie par quelque onguent ; ceci eft d'autant plus effentiel, que le Chirurgien panfe diffé-rents genres de maladies, dans le détail defquelles nous ferons difpenfés d'entrer : ce que nous avons dit fuffit pour faire avouer qu'il peut en réfulter de grands inconvénients, & qui fouvent feront inconnus de ceux qui ont le malheur d'en devenir les victimes.

ARTICLE CINQUIEME.

Des Sondes pleines, & des Stylets.

PLANCHE
86.

LE Chirurgien cherche les moyens de connoître la nature des plaies, & pour s'assurer de leur profondeur, il se sert d'une Sonde représentée par la Figure 26, appellée *Sonde brisée*, parce qu'elle se brise dans le milieu *X*, & se démonte à vis pour la réduire à moitié, comme le fait voir la Figure 27, en *y* : elle a ordinairement 12 pouces de longueur ; le bout *Z Z* est un bouton de la forme d'une olive, qui sert à sonder ; l'autre bout *I I* est applati ou ouvert en œil ou en *fenêtre* (c'est le nom qu'on donne à cette espece d'ouverture), afin d'y pouvoir passer un séton ou une meche. Le bout *fenêtré* est un peu applati, mais sans angle vif : tout le reste de la Sonde est rond.

La Figure 28 représente aussi une Sonde, mais plus petite de moitié : elle sert à sonder les sinus ; au bout *n*, est une lentille applatie soudée sur le bout.

La Figure 29 représente le Stylet à panaris & à deux fins : il est olivaire par un bout qui sert de petite Sonde, & l'autre bout *H H* est cannelé pour faire l'office de la Sonde creuse. La Figure 30 représente un Stylet, pour suppléer à la Sonde brisée *Fig.* 27 : il est boutonné ou olivaire par un bout, & il est fenêtré par l'autre ; mais il ne se brise point. Pour suppléer encore à toutes les Sondes & aux Stylets, on a un fil d'argent de la grosseur d'une aiguille à tricoter, de 15 ou 18 pouces de longueur : il est olivaire par un bout (voyez la Fig. 31), & roulé sur lui-même de l'autre bout, pour pouvoir le placer dans l'étui ; or, ce dernier, ainsi que celui désigné par la Figure 28, doit être fait avec de l'argent fin, bien recuit & mol, parce qu'avec ce métal on peut lui faire prendre les formes & les configurations des plaies, des trous, des sinus qui sont souvent en zig-zag.

La Figure 32 représente la Sonde de poitrine : elle est creuse & cylindrique dans tout son corps : on met dans cette Sonde un Stylet qui sert à déboucher ou à débarrasser quelque gravier qui demeure à l'ouverture ou à l'œil de la Sonde, & ferme le passage des eaux ; le bout *r* est olivaire & un peu courbé de toute la longueur de l'œil ou fenêtre ; *f* est l'autre bout fait en trompette, par où sortent les eaux pour tomber dans un bassin : *u* est l'anneau du Stylet, qui donne la facilité de le prendre ; *R* est un anneau soudé sur la Sonde, qui sert à tenir l'instrument, tant pour l'introduction que pour la sortie. La Figure 33 représente la Sonde sans le Stylet ; & la Figure 34 représente le Stylet. On trouvera la maniere de faire cet instrument au Chapitre XLVI, dans lequel nous avons traité des Sondes ou Algalies.

PLANCHE
86.

Les Figures 35 & 36, représentent la Sonde à fistule à l'anus : elle doit avoir un pied de longueur, & 2 lignes de largeur ; son épaisseur est de 3 quarts de ligne dans toute sa longueur ; sa forme est un peu ovale, c'est-à-dire, que son épaisseur

est

est dans le milieu & en amincissant sur les bords, lesquels doivent être très-obtus: elle est en pointe par les deux bouts; mais l'un d'eux est fenêtré, ce qui la fait appeller par plusieurs *Aiguille*, à quoi elle ressemble par le trou seulement; à la différence encore que le trou d'une Aiguille est de la forme d'un quarré long, au lieu que celui de cette Sonde doit être un œil.

La matiere de cette Sonde, qui est toujours d'argent, doit être sans alliage; on l'introduit dans le trou fistuleux, & l'on fait sortir la pointe par l'anus; alors on est obligé de lui faire faire une anse, ce qu'on répete plusieurs fois dans l'opération; par conséquent si la matiere est aigre, la Sonde cassera. La Figure 35 la représente pliée pour la mettre dans l'étui; c'est aussi à-peu-près la forme qu'elle doit avoir dans l'opération. La Figure 37 représente un petit Rasoir d'étui: il est destiné à raser les plaies à la tête, &c. Il ne differe du Rasoir ordinaire que par sa grandeur: 3 pouces & demi de lame doit suffire.

Article Sixieme.

Du Porte-Pierre infernale.

La Figure 38 est proprement l'étui du Porte-pierre, & de la pierre même; il est brisé en trois parties: de *a* en *b*, de *b* en *c* & de *c* en *d*; cette derniere partie est le magasin des pierres. Ces trois pieces se montent ensemble par les vis 7 & 8: on voit le développement de ces trois pieces dans les Figures 39, 40 & 41. On voit dans celle 39, une espece de porte-crayon qui tient la pierre dans son extrémité supérieure, serrée par l'anneau *i*. La piece que représente la Figure 40, se visse sur 8, *Fig.* 39: elle cache & enveloppe le porte-crayon *E F*; & la Figure 41 fait voir la piece 9, qui se visse sur 7, *Fig.* 39.

On fait de ces étuis en bois d'ébene; & j'ai remarqué qu'aucun autre bois ne peut résister à la pierre imprégnée d'esprit de vitriol: l'ivoire est ce qui est le plutôt rongé; mais quoique l'on fasse l'étui du Porte-pierre en toute autre matiere, il faut toujours que le Porte-pierre soit d'argent.

Pour faire cet instrument, il faut prendre une platine d'argent ou forgé ou laminé à l'épaisseur de trois quarts de ligne, de 2 pouces de longueur & de 15 lignes de largeur: cette piece fait l'étui *Fig.* 40; une autre platine de semblable épaisseur & largeur, mais de 13 ou 14 lignes de longueur, sert à faire la partie 5 destinée à porter le Porte-pierre; & enfin une autre platine de semblable épaisseur & largeur aux deux précédentes, mais de 6 à 7 lignes de longueur, est destinée à faire l'étui du magasin, *Fig.* 41.

Il faut être muni d'un mandrin de 3 lignes & demie de diametre arrondi au tour, sur lequel on ploye les trois platines; on rapproche bien les bords; on les soude: (voyez ce que j'ai dit sur les Soudures, *Chap. XVIII*) ensuite on les mandrine: on fait deux viroles pour faire la partie des vis 7 & 8, *Fig.* 39; on les soude sur la partie 5; on rapporte ensuite un fond en 9 & 10, *Fig.* 40 & 41.

Il faut avoir un mandrin de tour en l'air, repréſenté par la figure 5, *Pl.* 48, ſur lequel on met chaque piece l'une après l'autre pour les tourner & faire les vis. Ce mandrin eſt décrit avec le tour & ce qui en dépend, au Chapitre XXXIV ; il faut le conſulter pour la maniere de mettre ſur tour & de tourner.

Pour donner plus de priſe au mandrin, on le frotte un peu avec du blanc d'Eſpagne en dedans du trou, & ſur-tout lorſqu'on veut tourner des pieces minces & creuſes. C'eſt un outil très-bien imaginé, en ce qu'il ſerre des pieces creuſes & de différents calibres depuis 2 lignes plus ou moins ; de ſorte qu'un ſeul de ces mandrins peut tourner l'étui du Porte-pierre, celui du Pharingotome, celui du Kyſtitome, celui de la Seringue, & autres inſtruments à peu-près ſemblables, que nous verrons en leur place.

Après qu'on a fait les vis ſur les principes qu'indique l'Art du Tourneur, *Chap.* XXXIV, on tourne tout le corps de l'inſtrument ſur le même mandrin, en l'avançant & le reculant dans le trou ſelon les ſituations qu'il convient de lui donner ; & après qu'il eſt tourné, on le polit également au tour avec de la pierre-ponce broyée, délayée à l'huile & appliquée ſur un morceau de chapeau ou d'étoffe, avec lequel on embraſſe la piece : il ſe polit ainſi très-bien & diligemment. Suppoſons maintenant l'étui fini.

Pour faire le Porte-pierre *E F*, *Fig.* 39, il faut prendre une platine d'argent de 2 pouces de longueur, de 7 lignes de largeur, & de trois quarts de ligne d'épaiſſeur ; on la roule ſur un mandrin rond, on la lie & on la ſoude, enſuite on poſe ſur le mandrin ce tuyau ; après cela on le ſoude de 3 ou 4 lignes de longueur dans la partie 8, *Fig.* 39 : il faut encore la remettre une ſeconde fois ſur le mandrin pour l'écrouir un peu, à cauſe de l'élaſticité dont cet inſtrument a beſoin ; on fait enſuite la bride, qui n'eſt autre choſe qu'une virole : elle doit entrer gaiment ſur le tuyau ; on adoucit & l'on polit le tuyau & la virole. La derniere choſe qu'on fait au Porte-pierre, c'eſt de le fendre en deux avec une très-petite ſcie, dont le feuillet eſt fait d'un morceau de reſſort de montre, qui a des dents très-fines, & on continue le trait juſqu'en *F*, après quoi on le fait un peu bomber en *E* ſur une bigorne, avec un maillet de bois.

Ce que j'ai dit de la maniere de faire le Porte-pierre, ſervira à pluſieurs autres inſtruments de forme à peu-près ſemblable ; & à meſure que nous en ferons la deſcription, nous renverrons le Lecteur à ce Chapitre, pour y prendre les connoiſſances néceſſaires.

Le Porte pierre, dont l'étui eſt fait en bois d'ébene, ne differe de celui qui eſt tout d'argent, que par la maniere de fixer le Porte-pierre ſur l'étui ; dans ce cas le Tourneur fait l'étui ſemblable à la deſcription que nous venons de donner, à cela près qu'il faut que la partie 5, *Fig.* 39, ſoit plus courte de moitié, & qu'au bout de la vis 7, il réſerve un bout plein ; avec cela on aura bientôt achevé cet inſtrument. On n'a qu'à faire le Porte-pierre *E F*, comme nous venons de le dire, & introduire le bout de l'ébene, ponctué 12, dans le bout du Porte-pierre, de façon qu'il y entre un peu à force ; après cela il faudra mettre une goupille qui traverse l'argent & l'ébene dans leur milieu, comme la ligne 13 : on aura un Porte-pierre solide, & beaucoup moins coûteux ; car ce dernier ne coûtera que 4 liv. au lieu de 10 qu'on est obligé de vendre celui qui est fait tout d'argent.

Les instruments qui sont decrits dans ce Chapitre, composent, comme nous l'avons dit, l'étui d'instruments pour les pansements des plaies : on l'appelle communément *Etui portatif*, ou *Etui à la Garangeot*.

On place tous ces instruments dans un étui fait en façon d'étui à Rasoir, mais applati & fermant des deux bouts, c'est-à-dire, un étui à deux couvercles. Lorsqu'on fait faire les instruments d'argent, on fait faire l'étui en roussette verte, appellé aussi en *galuchat* ; or un tel étui garni d'instruments, est du prix de cinq louis d'or.

Il y a encore une espece d'étui qui est fait autrement que le précédent : on l'appelle *Trousse à la Garengeot*. Il est fait en façon de porte-feuille fermant avec un ressort ; le corps de l'étui est de maroquin doré ; l'intérieur est garni de toutes les places convenables pour placer les instruments, qui ne se touchent point, excepté les Sondes & les Stylets. Le prix de ce dernier est aussi de 120 l.

CHAPITRE TRENTE-HUITIEME.

Des Instruments des Chirurgiens - Dentistes.

Avant d'entrer dans les grandes opérations de Chirurgie, nous allons traiter des Instruments servant aux maladies de la bouche, c'est à-dire, ceux dont on se sert pour nétoyer les dents, & de ceux qui sont propres à les tirer.

Les maladies de la bouche, à l'égard des dents, semblent exiger du Chirurgien une étude particuliere & des travaux différents, aussi quelques-uns s'adonnent-ils entiérement à cet Art, & on nomme ceux-ci *Chirurgiens-Dentistes*.

L'extraction des dents a cela de commun avec beaucoup d'autres opérations de Chirurgie, d'être susceptible de différentes méthodes. Chaque Dentiste s'est fait une méthode particuliere ; & plusieurs ont enrichi leur Art par l'invention de quelques instruments que tous les jours on corrige, pour tâcher de les porter à leur point de perfection. Nous décrirons ces instruments ; & pour éviter la confusion, nous ferons autant d'Articles qu'il y a de méthodes ; cependant en nous en tenant à celles qui sont les plus généralement reçues : car nous irions trop loin si nous rendions compte de tous les changements & de toutes les corrections qu'on y a faites, en les prenant dès l'origine de leur invention.

ARTICLE PREMIER.

Des différents Instruments servant à nétoyer les dents.

ON emploie plusieurs sortes d'instruments pour nétoyer les dents; mais nous allons les renfermer dans trois especes. La premiere espece comprendra ceux qui sont sans manche & d'un seul morceau d'acier pur: ils sont destinés à servir par les deux bouts, comme on le voit *Fig.* 1 ; le bout *A* est terminé en ciseau, & le bout *B* en burin; le milieu est orné d'une petite *pomme* entre deux *poires*.

La Figure 2 est un semblable instrument, quant à la tige, mais différent par les bouts; *a* est une *rugine* dont la tige est au milieu, mais la rugine est à tranchant tout autour; le bout *b* représente un grain d'orge plat d'un côté, & à deux biseaux de l'autre, pour lui faire deux tranchants.

La seconde espece de ces instruments est faite avec un manche, pour avoir plus de prise & de fermeté à les tenir; sur un seul manche on monte tous ces instruments à vis, ainsi qu'ils sont représentés par les Figures 3, 4, 5, 6, 7, 8, 9.

La Figure 10 représente le Porte-instrument; c'est un morceau d'acier forgé avec une queue *d*: on fait un trou en *c*, on le taraude bien, & l'on ajuste ensuite tous ces instruments dessus. Après que le tout est façonné & poli, on monte ce Porte-instruments sur un manche d'ivoire, ou d'ébene, ou de nacre, dressé à 8 pans avec une virole au bout. *Voyez la Fig.* 9.

La Figure 3 représente un Cure-dent d'acier; c'est une *langue de Carpe* bien amincie à la lime: on ne la trempe pas, afin qu'elle ne soit point cassante, mais on la bat long-temps à froid pour la bien écrouir; d'ailleurs elle n'a point de tranchant: toutes les aspérités sont émoussées avec la pierre à l'huile.

La Figure 4 représente un grain d'orge droit, pour nétoyer les entre-dents de la mâchoire inférieure: il est à deux tranchants.

La Figure 5 représente un Déchaussoir; c'est une espece de Canif, mais courbe, & dont le tranchant est sur la partie concave: il doit être fait sur les principes des Canifs (*Chap. XXI*) , tant pour la trempe que pour l'émouture & la finesse du tranchant.

La Figure 6 représente une *Rugine* dont la tige est au milieu; la forme de la tête de la Rugine est représentée par *c*; du côté des biseaux elle est taillée comme un diamant: elle présente cinq angles, & par conséquent cinq tranchants.

La Figure 7 représente aussi une Rugine dont la tige est au milieu, & à trois angles vifs & trois tranchants représentés par la figure *D*.

La Figure 8 représente une Rugine quarrée à tige sur le côté, & dont la forme des facettes est vue par *E*, laquelle a deux angles & trois tranchants.

La Figure 9 représente une Rugine pointue à tige sur le côté; la forme est

représentée

repréfentée par *F* : elle n'a que deux tranchants. On voit cet inftrument monté
fur fon manche viffé en *L*. Ces neuf figures d'inftruments font convenables aux
perfonnes qui fe nétoient les dents elles-mêmes.

La troifieme efpece d'inftrument pour nétoyer les dents, eft repréfentée par la
Figure 11 , & elle eft convenable aux Dentiftes ; chacun a fon manche limé à 8
pans & orné d'une virole , autant pour la folidité que pour la propreté. Cette
Figure repréfente un grain d'orge courbé ; c'eft le même repréfenté à plat par la
Figure 4 ; au refte les neuf premieres figures font toutes néceffaires aux Dentiftes.

La Figure 12 repréfente un grain d'orge droit & étroit, divifé en quatre
parties ; *g g i* eft la pointe tranchante des deux côtés ; de *g* en *G* c'eft la tige ; de
G en *h* la mitre faite à la Turque ; & *H* repréfente la queue de l'inftrument faite
pour être montée fur un manche. La forme de la tige eft arbitraire ; on la fait
quelquefois ronde , & d'autres fois à pans ; c'eft la façon la plus recherchée par
les Connoiffeurs. Le goût de la mitre eft auffi différent ; on la fait à la Turque,
comme en *h*, ou en pomme ronde, comme en *g*, *Fig. 8* , ou en poire, comme
en *L K*, *Fig. 9* : on ne trempe que les têtes qui doivent nétoyer ; mais on ne
leur donne point de recuit. Après avoir bien limé les facettes des Rugines, on
finit les tranchants avec la pierre du Levant & à l'huile ; cependant quand ils
font ufés par un long fervice, on les repaffe fur la meule ; mais on leur donne
les coups de meule bien vivement , & on les finit à la pierre à l'huile.

Article Second.

Des Sondes, des Porte - coton, des Porte - limes, des Cauteres,
& des Plomboirs à l'ufage des Dentiftes.

La Figure 13 repréfente le Bouton à feu ou Cautere, pour cautérifer les dents.

La Figure 14 repréfente auffi un Cautere pour une carie profonde & étroite ;
mais de plus elle repréfente la forme d'un Plomboir : il en faut ordinairement 5
ou 6 aux Dentiftes. Tous ont la forme d'un crochet ; mais les épaiffeurs font
différentes de *m* en *n* : il en faut de ronds, d'ovales & de lofanges applatis,
afin de pouvoir fe conformer aux différentes configurations des caries ; car on en
voit de toutes les efpeces, c'eft-à-dire, de rondes, de triangulaires & de rondes
applaties. Il faut donc que ces inftruments fuivent la forme des caries , afin de
pouvoir enfoncer le plomb jufqu'au fond du trou, & en remplir tout le vuide.

La Figure 15 repréfente le Porte-coton : c'eft une forme ronde de figure pyra-
midale de *p* en *o* ; on y fait des dents tout autour avec la quarre d'une lime triangulaire, pour empêcher le coton de gliffer : les trois Figures 13 , 14 , 15 , n'ont
pas befoin d'être trempées.

La Figure 16 repréfente un Inftrument à deux fins ; le bout *M* fait voir un
Déchauffoir à tranchant dans la concavité , & le bout *N* un Bouton à feu.

La Figure 17 repréfente une Sonde à deux fins, pour fonder la profondeur des caries des dents. Elle doit être d'acier, mais point trempé ; les deux bouts doivent être bien recuits , parce qu'il y a des cas où le Dentifte a befoin de donner une forme particuliere aux crochets ; c'eft pour cette raifon que le Cou_ telier doit faire un crochet courbé en équerre *R* , & l'autre en croiffant *q* ; le milieu *r* eft fait en quarré, pour tenir la Sonde quand on veut s'en fervir, & tout le refte de la Sonde eft rond & va en aminciffant infenfiblement jufqu'aux deux extrémités : autrefois on faifoit une lime au bout d'un inftrument tel que la figure 16, à la place du Déchauffoir *M* ; mais ces limes étoient toujours mal taillées par les Couteliers, & même hors d'état de fervir à l'opération de limer les dents ; cependant il n'y a qu'à prendre des limes d'Angleterre faites exprès : on en trouve chez les Marchands de limes ; il faut les choifir bien droites & point voilées ; autrement on en caffe beaucoup dans l'opération. Il y en a de quatre efpeces, 1o. une qui n'eft point taillée fur les deux faces, mais feulement fur les champs, & dont l'épaiffeur eft d'un quart de ligne feulement ; 2°. une qui eft taillée fur l'une des deux faces & fur les deux champs ; 3o. une qui eft taillée fur toutes les quatre faces ; 4°. enfin une demi-ronde d'un côté & plate de l'autre. *Voy. la Fig.* 18. On peut emmancher ces limes fur de petits manches de bois, pour travailler fur les dents incifives & les canines ; mais on ne peut pas s'en fervir pour les molaires. On doit avoir pour celles-ci un porte-limes vu à plat à la figure 20, portant une lime, & vu de côté dans tout le coude *Fig.* 19 ; les deux coudes *S* & *T* laiffent la facilité de porter la lime jufqu'aux deux dernieres molaires fans gêner le coin de la bouche ni la joue ; la queue de la lime entre dans une cafe faite dans la tête de l'inftrument, défignée par les lignes ponctuées *Q z* , *Q z* , *Fig.* 20 : on voit en *u* , *Fig.* 19 , une vis qui fert à fixer la queue de la lime par la compreffion de la vis. Tout l'ouvrage de cet inftrument auxiliaire eft dans la tête *T* , *u* , *V* : on la fait d'environ 7 ou 8 lignes de longueur, & de 4 ou 5 de largeur fur 3 d'épaiffeur ; après avoir forgé l'inftrument d'acier, on fait la cafe avec une lime à refendre, comme l'indique en *t x* , la figure 21 ; le côté *t* eft plus épais que l'autre, parce qu'il eft deftiné à porter la vis compreffive. Quand la rainure eft faite, il faut fermer l'ouverture du bord feulement ; pour cet effet il faut lui ajufter une piece de deux lignes de largeur , vue par la figure 22 : on la fait entrer un peu à force, enfuite on la brafe fur les inftructions indiquées au Chapitre XIX : on obferve de laiffer le trou *V* à jour, & cela parce que quand la queue d'une lime vient à caffer dans la cafe, on a la facilité de repouffer le morceau avec un ftylet ou une aiguille à tricotter, pour lui fubftituer une autre lime. L'inftrument doit être arrondi par-tout fon corps & fur tous les fens ; fon manche eft fait à huit pans, comme le repréfente la figure 19.

La Figure 23 repréfente une lime triangulaire à grains fins, laquelle s'ajufte auffi fur le porte-limes. Cette efpece eft convenable pour ufer une dent qui eft pointue ou tranchante, & qui pique la langue, foit en parlant ou en mangeant.

ARTICLE TROISIEME.

Des Daviers & des Pinces pour arracher les dents.

La Figure 1 repréfente un Davier ; c'eft le plus ancien des inftruments pour arracher les dents : il eft compofé de deux branches ajuftées à jonction paffée ; les deux mâchoires *a* embraffent la dent pour la tirer.

Planches 88 & 89.

Le défaut de cet inftrument eft de caffer les dents creufes, c'eft-à-dire, celles dont la carie a rongé l'intérieur de la couronne, parce que les deux mâchoires compriment parallélement la dent, qui, fe trouvant creufe, s'écrafe par la preffion du Davier ; cependant comme cet inftrument eft un des plus commodes pour faifir la dent affez adroitement, il a éprouvé plufieurs corrections.

La Figure 2 repréfente les mâchoires telles qu'on les faifoit anciennement ; l'œil *X* eft trop évafé ; les deux échancrures *A* n'embraffent que très-peu la dent, & la preffent tellement, que fouvent elles la font caffer même fans beaucoup d'efforts. Celui qu'on fait pour la coucher, fuffit pour enlever la couronne de la dent, & laiffer la racine dans l'alvéole. On a tenté de corriger ce défaut par le moyen d'une vis, comme le repréfente *B* ; mais il feroit encore défectueux. Ainfi le Davier le plus convenable eft celui qu'offre la Figure 1 : ici il eft repréfenté ouvert pour tenir une dent incifive ; mais lorfqu'il eft fermé, les pointes des dents *a* ne font pas paralleles ; la branche fupérieure *b* doit être plus longue d'une ligne que l'inférieure. Cet inftrument doit être fait d'acier pur : on en fait avec du fer, que l'on trempe en paquet ; mais il ne vaut jamais un d'acier : ainfi cette épargne fur le prix ne fait aucun profit à l'Acquéreur.

Quoique nous ayons montré la maniere de faire des jonctions paffées au Chapitre XXVIII, néanmoins des particularités du Davier nous obligent à ajouter ici quelques defcriptions de plus qu'il faut favoir.

Ayant forgé le Davier en deux parties, une branche femelle, *Fig.* 3, & une branche mâle, *Fig.* 4 : (remarquez que la mâchoire de la branche femelle *DD*, eft toute droite, & que la mâchoire de la branche mâle *e e*, eft courbée en la forgeant) ; les fuppofant donc ainfi forgées, il faut limer ces deux branches felon les inftructions données pour la Pince ; enfuite on amincit la mâchoire mâle fur le plat, pour faciliter le paffage dans la femelle ; on fait chauffer la femelle prefqu'à blanc : on la ferre dans l'étau fur la ligne *E E*, *Fig.* 3 ; on enfonce à petites fecouffes la queue d'une lime, dont les quarres font arrondies ; lorfque le trou de la femelle eft fuffifamment ouvert pour recevoir le mâle, on remet la femelle au feu pour la chauffer couleur de cerife ; on fait entrer promptement le mâle à froid ; & pour profiter de la chaleur de la femelle, lorfque les deux font en place comme le repréfente la Fig. 5, il faut diligemment refferrer la femelle fur le mâle, & cela à petits coups de marteau ; alors l'inftrument prend la forme de la

Figure 6 ; & ce n'eſt qu'après que la jonction eſt paſſée, qu'on courbe la mâchoire femelle ; pour cet effet on fait chauffer les deux enſemble, & lorſqu'ils ſont couleur de ceriſe, on les ſerre dans l'étau ſur la ligne *d d*, *Fig.* 6 : on frappe du marteau avec ménagement ſur *F*, juſqu'à ce que la mâchoire ſupérieure ait pris la forme de la ligne ponctuée *o o* ; après cela on fait reculre le Davier : on fait le trou *g*, & on le lime ſur le deſſein de la Figure 1, *Pl.* 88.

Il y a une choſe très-eſſentielle à obſerver, c'eſt d'évuider l'intérieur des mâchoires, comme le repréſente *G G*, *Fig.* 7, *Pl.* 89 ; cela ſe fait avec un ciſelet fait en gouge : on fait une gouttiere de toute la largeur de la mâchoire, peu profonde ; une demi-ligne ſuffit ; après cela on y fait des dents tranſverſales avec la quarre d'une lime triangulaire, & on recherche les dents au fond de la gouttiere avec un ciſelet fait en burin.

PLANCHES
88 & 89. On fait trois eſpeces de Daviers ; mais ils ne different que par la force de toutes leurs pieces. Le plus fort ne doit porter que 3 lignes de largeur de mâchoire, vu en *G G*, *Fig.* 7 ; le ſecond 2 lignes & demie, & le troiſieme environ une ligne & demie.

La Figure 24 repréſente un Davier avec un point d'appui ; c'eſt-à-dire, que la mâchoire ſupérieure *F*, eſt celle du Davier, & la mâchoire inférieure *B*, eſt faite en point d'appui du Pélican : c'eſt avec lui que l'on fait le point d'appui ſur les gencives, tandis que le crochet fait coucher la dent ; par cette méthode la dent n'étant point comprimée par deux mâchoires paralleles, comme celles du Davier dont nous venons de parler, la dent n'eſt pas en riſque de ſe caſſer ; de plus, cet inſtrument (dont je ſuis l'Auteur,) a l'avantage de ſervir aux inciſives, aux canines, & aux deux premieres molaires.

La Figure 8 repréſente un Davier droit, appellé auſſi *Pince inciſive*, parce qu'il ſert à tirer ces dernieres : on le fait ſur les mêmes principes du Davier, & il n'en differe que par la courbure : on en fait auſſi de pluſieurs épaiſſeurs, ſur-tout de petits, qui ne portent qu'une ligne & demie d'épaiſſeur de mâchoires, pour arracher de petits chicots à la mâchoire ſupérieure.

La Figure 9 repréſente la forme des mâchoires d'une Pince inciſive, imaginée par M. Foucou.

La Figure 10 repréſente une Pince en bec-de-corbin, dont la forme eſt très-convenable pour arracher les chicots, ſur-tout à la mâchoire inférieure ; la forme differe de celle du Davier, en ce que ce dernier eſt plié ſur le côté, au lieu que la Pince eſt pliée ſur le plat en équerre ; alors les mâchoires ouvrent parallélement, & pincent le chicot, ſi petit qu'il ſoit ; pour cet effet on fait toucher les deux dents de l'inſtrument l'une contre l'autre, & elles vont en aminciſſant inſenſiblement depuis *i* juſqu'à l'extrémité *j*.

ARTICLE

Article Quatrieme.

Des Pélicans & des Leviers.

ENTRE les mains d'un homme adroit, le Pélican eft un excellent inftrument, parce qu'il arrache les dents en les couchant de dedans en dehors, & par ce moyen on eft hors du rifque de les caffer; c'eft la Figure 11 qui repréfente le Pélican: il eft tout en acier; il porte deux crochets & deux points d'appui.

PLANCHES 88 & 89.

La Figure 12 repréfente auffi un Pélican avec les crochets d'acier; mais la branche qui fert de point d'appui eft en bois, & d'un bois dur tel que le buis.

La Figure 13 repréfente le Pélican vu de face.

Cet inftrument eft fimple; mais il eft foumis à des regles, à des mefures & à des proportions effentielles. Pour le faire, on commence par dreffer la branche, laquelle eft appellée auffi l'*arbre* du Pélican, pour fe procurer quatre différentes diftances du point d'appui P, au crochet Q, *Fig.* 12: on fait le trou quarré H, *Fig.* 14, à trois lignes hors du centre: on ajufte l'axe ou porte-crochet tel que le repréfente la Figure 15; la partie du milieu i, qui doit entrer à force dans l'arbre, eft quarrée, & les deux bouts j, K font limés en rond, afin que les crochets puiffent tourner librement. Quand on n'ajufte que deux crochets fur un arbre, on rive l'axe fur les crochets; mais lorfqu'on veut mettre plufieurs crochets fur le même arbre, on les affujettit par un écrou repréfenté par la Fig. 20; alors on fait un effieu qu'on ajufte dans le trou quarré de la branche, laiffant déborder l'effieu de chaque côté; on taraude les deux bouts comme le repréfente la Figure 19; alors ces deux bouts reçoivent chacun un crochet, & chaque crochet eft arrêté par un écrou repréfenté *Fig.* 20.

Voici encore un moyen plus prompt: on réferve un tenon au bout, comme le repréfente K, *Fig.* 15; & après qu'on a fait le trou du crochet rond, on lui fait une coche avec une lime triangulaire, comme le fait voir p, *Fig.* 16, & par cet expédient on change de crochet très-diligemment: au refte on fait de petites dents fur le point d'appui, comme on les voit en $p\,q$, *Fig.* 12 & 13, avec une lime triangulaire; ceci empêche le point d'appui de gliffer, parce que très-fouvent les Dentiftes l'enveloppent avec un mouchoir, pour garantir les gencives du déchirement qui en pourroit furvenir. On fait le crochet de Pélican d'acier pur; on le forge droit comme le repréfente la Fig. 17; & après l'avoir ajufté fur la branche ou fur l'arbre, c'eft-à-dire, le trou p percé, on marque la hauteur qu'on doit donner pour la diftance du point d'appui: fuppofons la marque fur la ligne Q, *Fig.* 17, on fait chauffer ce bout à la couleur de cerife, on le ferre dans l'étau fur la ligne Q, & par deux ou trois coups de marteau on lui fait prendre la forme des lignes ponctuées; après cela on lime le crochet, & on le finit entièrement; or, il ne faut pas oublier de faire le dedans du crochet femblable

PLANCHES
88 & 86.

aux dedans de la mâchoire du Davier, c'eſt-à-dire, de faire la gouttiere & les dents indiquées en *G G*, *Fig.* 7 ; après cela on trempe le crochet couleur de ceriſe dans tout le corps : on le fait recuire à la couleur bleue depuis *p* juſqu'à la ligne *m s*, *Fig.* 16, & de la ligne *m* juſqu'à la pointe *n*, couleur de cuivre rouge, afin que les dents réſiſtent à pluſieurs opérations ſans qu'elles s'émouſſent. On ajuſte pluſieurs crochets ſur l'arbre d'un Pélican, les uns droits & les autres courbes ; les droits ont la partie *R R*, *Fig.* 13, toute droite, & les courbes ont deux coudes *s*, *s*, *Fig.* 16, & cela pour que l'on puiſſe placer facilement l'inſtrument dans la bouche pour arracher les dernieres molaires. La Figure 18 démontre une forme ancienne de crochet, recherchée par quelques-uns ; mais l'uſage n'en eſt pas auſſi commode que le moderne repréſenté par la *Fig.* 16. Le coude de ce dernier n'incommode point dans la bouche ; au lieu que l'autre, *Fig.* 18, la gêne continuellement, parce que le coude ſe trouve en *x*, & par conſéquent trop bas pour qu'il ſoit de quelqu'utilité.

L'avantage du Pélican pour arracher les dents molaires, a fait imaginer un Levier pour les inciſives, fait ſur les mêmes principes du Pélican : il eſt compoſé d'un arbre qui fait le point d'appui ſur la gencive, & d'un crochet de Pélican qui couche la dent ſans la comprimer parallélement, comme font les Pinces & le Davier. D'abord on a imaginé un arbre creuſé, *Fig.* 19, pour loger la branche du crochet ; comme ils ſont joints enſemble, *Fig.* 20, le crochet tient à l'arbre par une vis *Z* : on y pratique trois trous pour ſe procurer trois diſtances différentes pour le point d'appui *T* en *y*. On a fait de ſemblables Leviers à celui-ci, mais qui imitoient le Pélican, parce qu'ils avoient deux bouts, & pour lors ils n'avoient point de manche ; cependant un manche eſt toujours préférable, parce qu'il eſt plus commode pour tenir un inſtrument.

A cette premiere eſpece de Levier, en a ſuccédé une plus commode ; c'eſt l'inſtrument repréſenté par la Fig. 21 : il eſt compoſé d'une tige ou branche vue ſéparément dans la Figure 22, taraudée juſqu'à moitié de ſa longueur, ſur laquelle on ajuſte une noix *t*, *Fig.* 21, qui porte une charniere *D*, ſur laquelle ſe monte le crochet *L* : avec cet inſtrument on a la faculté d'avoir des points d'appui à différente diſtance, ſuivant que l'on peut en avoir beſoin, ſeulement en faiſant tourner le manche d'un tour ou de pluſieurs, ſelon que le volume de la dent l'exige ; les uns enveloppent le point d'appui avec un mouchoir, d'autres le laiſſent à nud, & d'autres font ajuſter un point d'appui de bois, montant à vis ſur le bout de la branche, ou bien rivé ; or, ce point d'appui eſt ſemblable à celui du Pélican *P q*, *Fig.* 12 & 13 : on juge bien que s'il falloit rapporter exactement toutes les corrections bonnes ou mauvaiſes & les faire graver, l'Ouvrage s'étendroit preſqu'à l'infini. Je penſe donc qu'il ſuffit, en pluſieurs endroits, de n'en dire que deux mots, & d'indiquer les corrections utiles, en comparant quelqu'inſtrument ſemblable ou analogue à celui qu'on veut décrire.

Le Levier qui mérite un applaudiſſement général, eſt celui que repréſente la

Figure 23; c'eft un arbre qui porte le crochet par le moyen d'une charniere : il imite bien le Pélican. Le point d'appui fe fait fur la gencive, tandis que le crochet déracine la dent en tirant de bas en haut ; au lieu que les autres donnent le coup en ligne horifontale, ce qui occafionne fouvent que le bout de la racine caffe dans l'alvéole. Comme on a trouvé beaucoup d'avantage au Levier dont le pas de vis permet de fe procurer plufieurs diftances, on a cherché le moyen d'adapter ce méchanifme au Pélican. M. Foucou y a très-bien réuffi (*). La Figure 1 repréfente l'inftrument vu de face, fur lequel eft monté un crochet coudé pour arracher les dernieres molaires ; le même eft vu féparément par la Figure 2.

Planche 90.

La Figure 3 repréfente l'inftrument vu de côté avec un crochet droit. Nous allons en examiner tous les développements.

La Figure 4 repréfente la maîtreffe branche : elle eft évuidée en fourchette en *A* pour recevoir la vis de rappel, *Fig. 5.* Le pivot *b* fe loge dans un trou fait en *a.* La Figure 6 fait voir une platine ronde d'une ligne & demie d'épaiffeur : elle eft percée d'un trou au milieu *E*, pour recevoir la queue de la vis en *e*, *Fig. 5*, & lui laiffer la liberté de tourner un peu facilement, mais fans balottement ; *d, d*, font deux mortaifes pour recevoir les deux tenons *c c*, *Fig. 4*, de la platine *Fig. 6*, lefquels tenons *c c* font rivés en deffous de la platine *Fig. 6* ; or la vis, *Fig. 5*, étant logée par fon pivot *b* en *a*, *Fig. 4*, la mitre ou l'embafe *e*, *Fig. 5*, porte fur la platine *Fig. 6*, en dedans, par conféquent la vis eft retenue fixement par les deux bouts avec la liberté de tourner facilement. La folidité de l'inftrument dépend de faire une bonne rivure aux deux tenons *c c*, laquelle rivure fe trouve noyée dans une fraifure creufée prefqu'à moitié de l'épaiffeur de la platine *Fig. 6* ; enfuite le manche étant bien ajufté contre la platine *Fig.* 1 & 3, cache tout cet ajuftement.

La Figure 7 repréfente la noix percée d'un trou *h*, & taraudée pour recevoir la vis. Cette noix doit être bien ajuftée dans la fourchette *A*, *Fig. 4* : elle a deux portées en *G, G*, qui portent exactement fur les deux branches. Voyez *l, Fig.* 3, ou *M K, Fig.* 1, qui repréfentent les deux branches, au derriere defquelles appuient ces deux portées qui coulent de haut en bas : elles empêchent la vis de plier, & même de caffer dans l'opération ; de plus, la noix *Fig.* 7, porte un pivot *V* taraudé, fur lequel fe place le crochet *Fig.* 2, & les deux fe trouvent fixés par un écrou *Fig.* 8 ; le tout eft vu monté en *K M*, *Fig.* 1, & en *l M*, *Fig.* 3.

M. Foucou, Dentifte, neveu de l'Auteur de cet inftrument, y a ajouté plufieurs perfections ; premiérement il a fait brifer la branche maîtreffe en *L, L, Fig.* 4, & percée d'un trou quarré, pour recevoir plufieurs efpeces de points d'appui. La Figure 9 en fait voir un qui, feul, doit donner l'idée de tous ceux

---

(*) Foucou, Dentifte & Maître Coutelier, *au Vaiffeau*, rue de la Huchette, actuellement établi à Marfeille.

qu'on peut imaginer ; il en a même ajouté qui fe brifent à charniere en *H*, pour fe prêter au petit mouvement du tour de poignet, à l'inftant qu'on couche la dent, fans que le point d'appui change la direction de fa fituation : il a des points d'appui de *Levier* & de *crochets* brifés en *B, Fig.* 14 ; par une charniere, & par ce changement qui fe fait fubitement, ce même Pélican devient Levier.

M. Foucou n'en eft pas demeuré là ; il a perfectionné le méchanifme de la noix, qui, par le moyen de la vis, fait monter & defcendre à volonté les crochets. Il a inventé un point d'appui en forme de fourche : voyez-le repréfenté fur trois fens par les Figures 10, 11 & 12 ; c'eft une efpece de cric qui opere par la vis de rappel : il eft deftiné à redreffer des dents déplacées de leur rang ordinaire ; or comme cet inftrument n'a jamais été gravé ni publié, nous allons en peu de mots expliquer fes opérations, en attendant que l'Auteur nous donne lui-même, fur cet objet, une explication plus détaillée.

Les deux ailes ou fourchons *a, a, a,* pofent en dedans de la bouche, fur les gencives & fur les dents, & les deux autres ailes *b, b, b,* pofent fur la gencive & fur les dents en dehors ; tandis que les couronnes des dents portent en *I, I, I,* il eft clair que les dents & la mâchoire font entre quatre ailes, qui fe fixent enfemble mutuellement l'une avec l'autre, c'eft-à-dire, l'inftrument avec la mâchoire (*). L'inftrument étant placé, je fuppofe qu'on veuille redreffer une dent qui feroit en dehors, on met le crochet *Fig.* 13, on le fixe bien par l'écrou *m, Fig.* 11 ; on tient l'inftrument ferme d'une main, & de l'autre on fait monter le crochet en tournant le manche de droit à gauche ; alors on conçoit que la dent doit céder à l'effort de la vis, & qu'elle doit, en obéiffant, prendre la fituation qu'on veut lui donner, & l'on ceffe de tourner lorfqu'elle l'a prife. Voilà donc la maniere de faire rentrer une dent qui eft trop en dehors ; c'eft par le même méchanifme que l'on fait porter en dehors une dent qui feroit trop en dedans : il ne faut que fubftituer le crochet *Fig.* 14, à la place de celui de la Figure 13, & faire tourner le manche de gauche à droite, & la dent viendra en devant ; c'eft jufqu'ici le feul inftrument qui foit deftiné & qui foit propre à cette opération : il eft cependant inconnu à prefque tous les Dentiftes. Ordinairement on fe fert d'une Pince repréfentée par la Fig. 8, *Pl.* 88, fur laquelle quelques Dentiftes font mettre deux morceaux de buis en dedans des mâchoires, dans l'intention de ne point gâter l'émail des dents ; mais la pince ne peut agir que par fecouffes, & non-feulement l'opération devient plus longue & plus douloureufe, mais encore on rifque de caffer la dent dans fa racine ; au lieu que l'inftrument que nous venons de décrire obvie à bien des inconvénients, en réuniffant beaucoup d'avantage par le pas de vis qui eft toujours régulier : on peut l'appeller le *Cric-Foucou.*

Les Figures 12, 15, 16, 17, 18, repréfentent les pieces de cet inftrument

---

(*) Les ailes peuvent être garnies d'une peau apprêtée à l'huile fi on le veut ; mais on peut s'en paffer, moyennant que tout l'inftrument fera bien arrondi & bien poli dans toutes fes parties.

développées ;

développées ; comme il importe qu'il foit folide , il faut que la noix foit faite de la maniere indiquée par la Figure 17 , que les branches *p q* , *Fig.* 12 , foient bien ajuftées en *S S* , *Fig.* 17 , & que les portées *r r* , *R R* , appuient fur les quatre faces des branches *p q* , *Fig.* 12 ; c'eft ce qui donne beaucoup de foutien à la vis *Fig.* 16 : fans cela il feroit en rifque de plier ou de caffer en *y*.

Pour donner toute la folidité qui convient à cet inftrument , il faut faire une vis comme la repréfente la figure 18, qui entre dans la noix en *x* ; alors le crochet eft folide. Toutes les pieces de cet inftrument doivent être d'acier ; mais il ne faut point tremper l'arbre ni les vis, mais les crochets feulement , lefquels doivent être recuits à la couleur bleue.

Article Cinquieme.

De l'Inftrument appellé Clef.

La Clef eft un inftrument deftiné à tirer une dent molaire qui fe trouve ifolée : on croit qu'elle a été imaginée en Angleterre, par ce que fon premier nom eft la *Clef Angloife*.

Planche 91.

La Figure 1 repréfente cet inftrument monté en travers fur fon manche *G G* : il reffemble à celui d'une vrille ; *a* , *A* , fait voir le crochet dont le point d'appui eft en *B B*. La Figure 2 repréfente la tête de l'inftrument vue par le bout.

Il faut au moins trois crochets à la Clef, tenus par une vis d'acier non-trempée , & la tête doit être faite en goutte de fuif ; il convient qu'elle fe noie dans une fraifure , afin qu'elle ne déborde pas l'inftrument. Voyez *g* , *Fig.* 2.

Chaque crochet doit être ajufté fur l'inftrument , de maniere qu'ils foient à trois diftances différentes d'une ligne & demie chacune ; ainfi la ligne ponctuée *F*, eft le point d'appui ; la ligne *e* eft la diftance du premier crochet ; la ligne *d* l'eft du fecond , & *c* eft celle du troifieme. Ces crochets doivent être trempés & recuits jufqu'au gros bleu dans tout le corps ; mais environ à une ligne & demie de longueur des dents , ils ne doivent être que couleur de cuivre rouge. Le manche *G G* eft fait d'un bout de corne de bœuf, pour qu'il foit plus folide ; l'ébene & prefque tous les autres bois fe fendroient dans l'opération : il n'y a que le buis qui puiffe y bien réfifter. La queue de l'inftrument eft faite quarrément : elle eft ajuftée un peu à force dans le trou du manche , qu'on équarrit auffi avec une petite écouene ; enfuite on les fixe enfemble par une rofette forte. L'avantage qu'on a reconnu à cet inftrument pour arracher les dents ifolées , a porté les Maîtres de l'Art à lui faire des corrections ; ils y ont même ajouté quelques pieces. Le premier fut M. Garangeot, qui imagina le moyen de faire fervir le même crochet pour les deux mâchoires du bas & du haut, fans être obligé de dévifier l'inftrument pour changer le crochet d'un côté à l'autre, comme le font voir les Figures 2 & 4 : pour cet effet il imagina de faire tourner la tête de la

Clef comme le repréfente la Fig. 5, vue en deſſous. Le Porte-crochet eſt repréfenté par la Fig. 7, lequel eſt fait en charniere femelle pour recevoir le crochet
en maniere de charnon mâle ajuſté dans la fente *h*, & fixé par une vis: la piece
tient avec l'inſtrument par le moyen d'un écrou *i i*, noyé dans une fraiſure
quarrée: voyez *j o*, *Fig.* 5. Il eſt auſſi poſſible de faire une rivure en place de
l'écrou, ce qui eſt plus ſolide; cela ſe fait ainſi: on ajuſte bien la piece ſur le trou;
mais on lui laiſſe du jeu: enſuite on la fait chauffer couleur de ceriſe; on l'introduit dans ſa place, & à petits coups de marteau donnés avec vîteſſe, on fait une
rivure qui remplit bien le trou fraiſé. On obſerve dans cette opération 1°. de
laiſſer deux lignes de longueur à la piece qui doit faire la rivure; 2°. de ſerrer le
bout *h* dans l'étau (la charniere ne ſe fait qu'après) pour fixer la piece; 3°. enfin
de tourner continuellement la branche dans le pivot lorſqu'on fait la rivure;
après cela on fait la charniere, & avec de l'émeri à l'huile on égaie bien la rivure
dans le trou.

On fixe ce Porte-crochet par une baſcule qui porte ſon reſſort de renvoi vu
ſéparément dans la Figure 8, laquelle ſe loge dans une rainure creuſée au ciſelet
dans la branche; on fait porter le bout *j*, *Fig.* 5, qui repoſe dans une entaille
pratiquée auſſi au ciſelet, à l'écrou ou à la rivure; & moyennant qu'on appuie le
pouce ſur le bout *K* de la baſcule *j*, celle-ci lâche ſon cran; alors on fait tourner
le Porte - crochet, de ſorte que quand le cran *o* ſe trouve en *j*, vis-à-vis de
la baſcule, celle-ci entre dans le cran, & tout ſe trouve fixé.

Le Frere Côme, Feuillant, a auſſi perfectionné cet inſtrument; il a voulu
qu'un ſeul crochet lui ſervît à tirer toutes ſortes de dents, & cependant que le
crochet montât & deſcendît à volonté & dans tous les cas; pour cet effet il a
choiſi la forme du crochet du Pélican, en a fait tarauder la branche, comme le
repréſente la Fig. 9; & pour l'aſſujettir à l'inſtrument, il a ajouté au Porte-
crochet de Garengeot, une piece qui eſt le charnon mâle, *Fig.* 10, ſur lequel
ſe viſſe le crochet, & le crochet eſt aſſujetti par une petite vis qu'on voit en
H H, *Fig.* 10 & 11. L'inſtrument ſe voit tout monté *Fig.* 11. Il eſt poſſible de
mettre à cet inſtrument, ainſi qu'à celui de M. Garangeot, un manche ſemblable
à la Clef Angloiſe *G G*, *Fig.* 1; mais pour ſe procurer un autre avantage, on
fait deux trous au bout *M M*, *Fig.* 11, pour recevoir un inſtrument qui ſert de
Levier lorſqu'on veut arracher un chicot, comme on le voit en *N L m*, où il eſt
viſſé pour ſervir de poignée à l'inſtrument. Quand on a fait l'opération, on le
déviſſe, & l'inſtrument devient plus commode à porter dans la poche, dans la
trouſſe, ou dans un étui.

L'inſtrument du Frere Côme, que nous venons de détailler, eſt bon & fait
l'office de pluſieurs crochets; mais auſſi il eſt volumineux dans la bouche: il y a
même des bouches auxquelles l'inſtrument eſt inapplicable.

J'ai fait auſſi une correction à la Clef Angloiſe; j'ai ſupprimé la vis qui unit
la clef avec le crochet, & j'y ai ſubſtitué une piece à couliſſe qu'on voit *Fig.*

12, laquelle se loge dans une rainure *y y*, *Fig.* 13 : la portée *p q*, *Fig.* 12, s'y trouve plongée, & fait l'office d'une cheville pour tenir le crochet. En *z*, *Fig.* 12, est une vis qui fixe la coulisse & l'empêche de sortir de sa place : elle se visse dans la platine *u u* ; mais elle coule librement dans la rainure *y y* ; de sorte que pour nétoyer la rainure lorsqu'il s'y trouve quelque crasse, on ne fait que démonter la vis, tirer la platine en bas, & la coulisse sort de sa rainure. La Figure 14 représente l'instrument tout monté, de maniere que pour changer le crochet d'un côté à l'autre, on appuie sur la piece du pouce *x* : elle descend jusqu'en *V* ; alors la cheville *q*, *Fig.* 12, lâche le crochet & le laisse sortir : & pour le remettre, on présente le crochet à sa place, le trou étant vis-à-vis de la coulisse : on fait monter la piece du pouce de *V* en *x*, & le crochet est très-bien assujetti. Pour faire cet instrument diligemment, je fais un trou au foret de *t* en *T*, *Fig.* 13 ; ensuite à petits coups de cifelet, je découvre le trou depuis *r* jusqu'en *T* ; après cela je recherche la rainure avec des limes bâtardes & des douces ; au reste je finis l'instrument comme tout autre, en lui ajoutant trois crochets. La coulisse *Fig.* 12, excepté la vis, est forgée d'une piece en acier ; mais elle n'est point trempée.

Article Sixieme.

Des Pieds-de-biche & des Leviers à chicots.

Il y a des chicots si petits, & qui sont enfoncés quelquefois dans l'alvéole, souvent même tellement surmontés par la chair des gencives, qu'il n'est pas possible qu'une Pince puisse les saisir suffisamment ; or les Pieds-de-biche sont destinés à cette opération. Le premier est tout simple ; c'est celui qui sert de poignée *N L m* à la Figure 11 : c'est une branche d'acier avec deux especes de dents de scie au bout. La face de dessous est taillée comme une lime : on forme ces dents avec une lime triangulaire ; *m* est un manche taillé à huit pans.

Planche 91.

La Figure 15 représente le Pied-de-biche double ; la partie *Q* est semblable à la partie *N*, *Fig.* 11, qui sert pour repousser les chicots de dehors en dedans ; & la partie *R*, *Fig.* 15, est construite de même, mais en sens contraire : elle est destinée à repousser le chicot de dedans en dehors de la bouche.

La Figure 16 représente un Levier qui tire les chicots & même les deux incisives ; on place la pointe *S* entre deux dents ; on donne le coup de poignet de bas en haut pour celle qu'on veut arracher, & la dent cede facilement à cette manœuvre.

C'est par cette méthode & sur ce même principe, que des Charlatans arrachent des dents avec un sabre ou avec une épée : il est clair que la pointe de ces armes étant construite comme l'extrémité de ce Levier, ces deux instruments doivent agir de la même maniere. Il n'est donc pas étonnant que ces hommes arrachent des dents avec de tels instruments ; mais les gens qui ignorent sa construction y mettent du merveilleux, & accordent à ces Charlatans l'honneur de la plus grande adreſſe.

Tous les Leviers & Pieds-de-biche à chicots, doivent être faits d'acier pur, trempés couleur de ceriſe, & recuits à la couleur bleue.

ARTICLE SEPTIEME.

Deſcription d'un nouvel Inſtrument pour arracher les dents, imaginé par M. Charpentier.

PLANCHE 92.

M. Charpentier, Graveur, a imaginé un inſtrument pour arracher les dents; il l'a ſoumis au jugement de l'Académie Royale des Sciences, qui lui a accordé ſon approbation ſur le rapport de MM. Morand & Tenon.

La Figure 1 repréſente cet inſtrument tout monté & prêt à être placé dans la bouche.

L'idée de cet inſtrument eſt priſe ſur le Davier; l'Auteur y a joint deux points d'appui qui appuient ſur les deux dents voiſines, tandis que les deux mâchoires de l'inſtrument arrachent la dent perpendiculairement de bas en haut pour la mâchoire inférieure, & de haut en bas pour la ſupérieure.

La Figure 2 repréſente l'inſtrument tenant une dent, venant d'être extraite de l'alvéole; cependant cette figure eſt imparfaite, en ce qu'elle eſt repréſentée avec un ſeul point d'appui, & cela pour découvrir l'effet du Levier *A B*.

Pour exécuter cet inſtrument, on commence par forger (ſur les principes du Davier,) la maîtreſſe branche qui eſt la femelle : elle eſt vue de côté en *a, b, r, c, Fig.* 2, & repréſentée de côté par la Fig. 3 ; *j* repréſente la fenêtre deſtinée à recevoir la branche mâle, qui formera la mâchoire inférieure de l'inſtrument. *Voyez la Fig.* 4. On y fait une fenêtre au ciſelet, comme l'on voit en *i*, qui ſert à l'aſſujétir à l'autre branche au moyen d'une cheville ou fort clou placé en *e, Fig.* 2 ; cette fenêtre *i* eſt faite longue, afin de procurer aſſez d'eſpace pour que cette mâchoire puiſſe s'éloigner & ſe rapprocher de ſa jumelle, pour pouvoir pincer les dents de différentes groſſeurs; or cette mâchoire eſt repréſentée de côté par la Fig. 5, pour faire voir ſon épaiſſeur; & on la voit en ſa place en *g, G, Fig.* 1.

La Figure 6 repréſente la piece qui fait monter la mâchoire inférieure de l'inſtrument: elle eſt placée dans la fenêtre de la branche femelle, & fait l'office d'un coin: on le voit en ſaillie en *L, Fig.* 1.

La Figure 7 repréſente la branche auxiliaire, qui fait hauſſer le coin en l'attirant en dedans, & fait baiſſer les points d'appui: elle reçoit le coin dans la charniere *H*, qui eſt retenue par un clou qui doit être lâche dans le coin, & fixe à la branche: on les voit joints enſemble en leur place *M, Fig.* 2; or, cette branche auxiliaire avec le coin, tiennent aux deux branches qui ſervent de

points

points d'appui, par une cheville ou une vis en *V*, *Fig.* 1, qui eſt la même en *o*, *Fig* 2.

Les points d'appui ſont compoſés de deux branches d'acier, limées l'une ſur l'autre, & exaĉtement ſemblables; l'une eſt placée en deſſous *s s I s*, *Fig.* 1, & l'autre en deſſus *p p q R*: elles ſont jointes enſemble par une vis en *R*, qui les unit auſſi à la maîtreſſe branche. Une cheville eſt placée en *I q*; elle unit les deux points d'appui, & en même temps elle empêche que le reſſort ne renvoie le Davier hors de ſa place & de ſa direĉtion; cette cheville ſe trouve noyée à moitié dans une coche que l'on voit en *r*, *Fig.* 2.

Il nous reſte à parler du reſſort, qu'il faut regarder comme indiſpenſable; car ſans lui l'inſtrument ne produit aucun effet: il eſt fixé en *C*, *Fig.* 2, à la branche maîtreſſe; il eſt indifférent de l'ajuſter à queue d'aronde, comme il eſt repréſenté, ou de l'aſſujettir avec une vis. L'autre bout du reſſort porte ſur la branche auxiliaire en *T*, *Fig.* 2, de ſorte qu'il tient la branche toujours élevée, comme *m*, *m*. Enfin pour expliquer tout ce méchaniſme, regardons la branche *m m* comme la puiſſance du levier, la cheville *V* en eſt le point fixe, & les mâchoires *G G* en ſont la réſiſtance; ainſi quand la dent eſt ſaiſie entre les mâchoires, on preſſe ſur *m m* pour l'approcher ſur *R*; alors la preſſion du reſſort qui ſe fait en *T*, fait baiſſer les points d'appui *t s*, qui s'avancent juſqu'en *G G*: ils preſſent donc en bas, & le Davier tirant en en-haut, la dent eſt obligée de céder à l'effort du Levier: elle ſe déracine, & ſort de ſon alvéole.

Dans le cas d'une dent iſolée, il faut encore deux pieces auxiliaires, qui, comme deux couſſinets, puiſſent s'adapter à l'inſtrument pour ſervir dans le beſoin. Ces deux pieces ſont repréſentées par les figures 9 & 10; ce ſont deux morceaux d'acier d'environ deux tiers de ligne d'épaiſſeur; au bout *V V* ſont attachés avec une vis deux morceaux de bois qui font chacun l'élévation de la couronne d'une dent, & par conſéquent portent ſur la gencive ou ſur la mâchoire; or, la maniere de les aſſujettir à l'inſtrument, c'eſt de faire entrer un tenon *z*, *Fig.* 8, dans un trou *u*, *Fig.* 10; un crochet réſervé en *x* appuie ſur le point d'appui en *y*; alors la piece ſe trouve appliquée comme le repréſente *Q P*, *Fig.* 8. Ainſi lorſque la dent qu'on veut arracher eſt iſolée entiérement, on ajuſte les deux points d'appui auxiliaires; & lorſqu'elle n'eſt iſolée que d'un côté, on n'en ajuſte qu'un. Enfin toutes les pieces de cet inſtrument doivent être d'acier; les mâchoires, auſſi bien que le reſſort, doivent être trempées & recuites à la couleur bleue; mais aucune des autres ne doivent l'être.

Cet inſtrument n'a point de nom; on ne le connoît que ſous celui de l'Auteur: on peut dire qu'il fait bien ſon effet, & qu'il eſt facile de s'en ſervir; mais on ne peut ſe refuſer à avouer qu'il eſt extrêmement compliqué & volumineux. J'ai entrepris de le corriger; je crois y être parvenu: je vais détailler ce changement dans l'Article ſuivant.

Coutelier. II. Part. Seĉt. I.

ARTICLE HUITIEME.

De l'Instrument qu'on peut nommer Davier à Levier.

LA Figure 1 représente un instrument qui fait le même effet que celui que nous venons de décrire, mais qui est plus simple, & auquel je donne le nom de *Davier-à-Levier.*

Mon intention, en corrigeant cet instrument, a été d'en diminuer le volume, d'en augmenter la force, & d'en simplifier le méchanisme.

J'ai d'abord jetté mes vues sur le Davier simple; il est certain que rien n'est plus propre pour saisir une dent, que les mâchoires du Davier. Je l'ai donc ainsi exécuté à jonction passée, comme il est représenté par la Fig. 2, où il tient une dent.

Pour remplir mon intention, j'ai imaginé d'ajuster à ce Davier deux branches exactement égales qu'on voit représentées de côté par la Fig. 3, qui fait voir en même temps l'épaisseur & la forme de l'instrument vu de face; & quant à la tournure du plat des branches, on la voit en *u z, u V, Fig.* 1. Ces deux branches, qui forment un Levier réel & du premier genre, sont jointes ensemble par un entre-deux qu'on voit en sa largeur *S R, Fig.* 3 *&* 4. La forme & l'épaisseur de cet entre-deux sont représentées en *V I, Fig.* 2; les deux branches sont jointes avec l'entre-deux par une vis, sur la ligne ponctuée *X X, Fig.* 3, qu'on voit aussi en *V, Fig.* 2; l'autre bout est fixé aux deux branches, par le moyen de deux tenons pris sur piece, & dont on en voit un en *K, Fig.* 2 : ils se trouvent placés vis-à-vis sur la ligne ponctuée *o o, Fig.* 3.

Le Levier s'applique au Davier par une seule vis en *z, Fig.* 1, & qu'on voit transversalement placée en *z z, Fig.* 3. Cette même vis, en même temps qu'elle unit le Levier au Davier, sert d'axe aux deux branches du Davier *r, Fig.* 2; ainsi cette vis fait trois fonctions : elle est l'axe du Davier, l'union du Davier avec le Levier, & le point fixe du Levier; par conséquent elle doit être faite d'acier pur & bien net, trempée couleur de cerise, & recuite couleur d'eau: elle ne doit être taraudée que de l'épaisseur d'une branche de Levier, & doit être mobile dans le trou du Davier, afin que le Levier & le Davier puissent faire la bascule avec liberté.

L'instrument de M. Charpentier est muni d'un coin vu en *L, Fig.* 1, *Pl.* 92; ce coin fait monter la mâchoire inférieure pour presser la dent, & c'est cette piece que je voulois absolument supprimer; je n'en ai trouvé le moyen qu'en lui substituant l'action d'un ressort double, qu'on voit placé en *n m, Fig.* 1, ou *n i, Fig.* 2, lequel n'est assujetti qu'au bout *n,* avec une vis sur la branche femelle; & en dehors de la branche, c'est une lame d'acier épaisse d'une ligne au bout de la vis *n,* qui va en diminuant insensiblement jusqu'à l'autre bout *T, Fig.* 2. Ce reffort a 4 pouces de long : il eſt plié dans ſon milieu *m*, & c'eſt ce qui lui procure le nom de *reſſort double* ; par ce moyen là partie élaſtique a beaucoup d'étendue, rend ſon action bien liante, ſans diminuer aucunement de la force qui lui eſt néceſſaire, & les deux bouts appuyent ſur la même ligne. *Voyez n*, T.

Ce reſſort eſt placé ſur l'extérieur du Davier, parce qu'il ne ſert de rien à l'ouverture des mâchoires ; il n'a d'action qu'entre le Levier & le Davier. Si l'on fait approcher la branche *Q* ſur *f*, *Fig.* 1, elles ſe joignent ſans le reſſort, & s'en éloignent de même ; par ce moyen on ſaiſit la dent librement : mais quand on preſſe dans la main la branche *Y*, pour la rapprocher de la branche du Levier *g*, *Fig.* 2, alors elle comprime la branche femelle en *N*, qui fait ſerrer la dent entre les deux mâchoires du Davier ; & ce qu'il y a de remarquable, c'eſt que la dent n'étant ſerrée que par l'effort de ce reſſort, quand même elle ſeroit creuſe, elle ne ſe caſſeroit jamais ; c'eſt une perfection que le Davier ordinaire n'a point, & qu'on a toujours cherchée & toujours déſiré de lui procurer.

La maniere d'appliquer cet inſtrument eſt la même que celle du Davier ordinaire : on le tient ouvert, comme la figure 1 le repréſente ; on ſaiſit la dent avec les mâchoires ; enſuite on ſerre les deux branches l'une contre l'autre de *Q* en *f* tant que le volume de la dent l'exige ; enſuite on prend le Davier & le Levier tout enſemble dans la main pour faire approcher *Q* en *g*, & par une légere preſſion le point d'appui *p* avance en *q*, appuyant en bas, tandis que les mâchoires déracinent & enlevent la dent ſans la coucher & ſans trop d'effort ; car un enfant de 9 ou 10 ans eſt plus que ſuffiſamment fort pour faire cette opération : il eſt également poſſible qu'un homme opere ſur lui-même.

La ligne ponctuée *x*, *Fig.* 3, fait voir que les deux points d'appui doivent être évidés en cet endroit, pour faciliter le paſſage à une dent d'un plus gros volume.

La Figure 4 repréſente l'inſtrument vu de face, & fait voir la place qu'occupe le Davier entre les deux branches du Levier.

La Figure 2 repréſente l'inſtrument tenant une dent, mais dont une branche du Levier eſt ôtée, afin d'appercevoir mieux la diſpoſition de l'entre-deux *V I K*, & l'effet du reſſort. Il eſt très-poſſible de rapporter des points d'appui auxiliaires ; ceux qui les jugeront convenables pourront ſatisfaire leur déſir très-facilement ; mais quant à moi, toutes les expériences que j'en ai faites m'ont fait voir qu'ils étoient inutiles, parce que mon Levier eſt ſolide. Il eſt indifférent que les deux points d'appui portent ſur les dents voiſines tous les deux à la fois, ou qu'il n'y en ait qu'un qui agiſſe : on pourra s'en convaincre ſoi-même ſi on le ſoumet à l'expérience.

Toutes les pieces, ſans exception, doivent être faites avec de bon acier bien ſain, & les mâchoires doivent être trempées & recuites bleues juſqu'à 2 lignes des bords, où elles ne doivent être que couleur de cuivre rouge.

PLANCHE
93.

ARTICLE NEUVIÈME.

De l'Instrument nommé Foucou, *pour arrêter l'hémorrhagie.*

Planche 93.

A la suite d'une dent arrachée, il survient quelquefois des hémorrhagies qui deviendroient par la suite dangereuses, si les Dentistes n'y portoient pas un prompt secours. En pareille occasion, on fait des tampons pour boucher l'alvéole d'où sort la dent ; mais l'application des tampons est souvent difficile , & les expédients pour les contenir sont presque toujours rares à trouver. Ce qui réussit le mieux, est un morceau de bois blanc ou bois tendre, auquel on donne la forme de la dent qui est ôtée ; on le laisse un peu plus gros : on l'applique dans l'alvéole, on l'enfonce le plus qu'il est possible en pressant avec le pouce ; après quoi on dit à la personne qui souffre, d'approcher les deux mâchoires pour enfoncer elle-même ce tampon autant qu'il lui est possible : on peut aussi faire usage de l'agaric : ce sont toujours les circonstances qui doivent diriger les expédients.

M. Foucou le neveu a imaginé un instrument pour arrêter ces hémorrhagies : il est représenté par la figure 5 de grandeur naturelle : on voit les deux pieces séparées, *Fig.* 6 & 7. Cet instrument est tout d'acier poli, & les angles sont arrondis dans toutes ses parties.

Pour rendre intelligibles les figures & le méchanisme de cet instrument, les pieces développées sont dessinées au double de leur grandeur par les Figures 8, 9, 10, 11 ; tout le méchanisme de l'instrument est renfermé dans la Figure 6 ; *a a a*, *b b b b*, sont deux especes de boîtes renfermant chacune un ressort fait en serpent, lequel est vu placé en *E*, *Fig.* 10, & vu séparément *Fig.* 11 : on voit que la piece, *Fig.* 9, se place dans celle *Fig.* 10, & que le bout *e*, *Fig.* 9, est celui qui appuie sur le ressort *E*, *Fig.* 10 ; la Figure 12 en *C*, est la place qu'occupe cette espece de queue *e*, *Fig.* 9 ; ainsi cette piece, *Fig.* 12, est la même que celle *a a a*, *Fig.* 6, mais, comme je l'ai déja dit, grossie du double ; ainsi pour cacher tout l'intérieur de la boîte où est le ressort *E*, *Fig.* 10, on fait une piece quarrée représentée par la Fig. 8 : on l'ajuste & on l'assujettit sur celle *Fig.* 10, par quatre petites vis vues en *AAAA*, *Fig.* 8.

L'intention de l'Auteur a été de contenir avec cet instrument tous les tampons qu'on peut appliquer sur l'alvéole pour arrêter les hémorrhagies, & les contenir de maniere que le malade puisse non-seulement le supporter facilement , mais encore qu'il lui permette de parler & d'avaler des boissons, s'il le faut, pendant deux ou trois jours. Cet instrument remplit très-bien les vues de son Auteur : voyons comment il agit.

Après avoir mis dans l'alvéole les tampons qu'on juge convenables, on porte l'instrument dans la bouche en le serrant entre deux doigts ; l'un en *B*, l'autre en *D*, *Fig.* 5 ; on le place de maniere que *B* soit sur la mâchoire tamponnée ;

lorsqu'il

lorsqu'il est bien en son lieu, on lâche l'instrument ; alors la partie *B* se tient toujours fixée sur le tampon, parce que la partie *D* appuie toujours en ligne perpendiculaire sur *B*. Or on conçoit aisément que les ressorts qui sont dans la boîte, appuient continuellement sur les bouts *Fig. 7*, comme elle le fait voir en *E*, & que la personne a beau ouvrir la bouche, l'élasticité des deux ressorts se prête sans relâche au mouvement de la mâchoire inférieure, & permet, à celui qui porte l'instrument, d'articuler des mots, & même de boire.

Il y a plus de 16 années que j'ai exécuté cet instrument d'après les idées de l'Auteur ; il ne l'a cependant pas encore publié, & ce n'est que du consentement de M. Foucou, que je le place dans notre Art, & que j'y joins la maniere d'en faire usage, en attendant qu'il le donne lui-même au Public ; car c'est à lui à nous en prescrire les régles & nous donner les cas où l'on doit particuliérement l'employer.

Les instruments servant à nétoyer les dents sont de différents prix. Les Figures 1 & 2, *Pl.* 87, sont de 1 liv. piece.

Les Figures 3, 4, 5, 6, 7, 8, 9, lesquelles se montent sur un manche commun à tous les instruments, se vendent par assortiment de 9 liv. c'est-à-dire, que chaque instrument est du prix de 1 liv. & 2 liv. le manche.

Tous ceux qui sont emmanchés en ivoire & à virole d'argent, se vendent 2 liv. piece.

Les Figures 16 & 17, 1 liv. 10 s. piece. Le Porte-limes, *Fig.* 20, 3 liv.

Les Pinces incisives, ainsi que les Daviers, *Fig.* 1, 2, 8, 9, 10, en fer, se vendent 2 liv. piece ; mais faits d'acier, 3 liv.

Les Pélicans simples à deux crochets, 3 liv. & 4 liv. avec quatre crochets.

Tous les Leviers sont du prix de 3 liv. mais celui qui a la branche taraudée, *Fig.* 21, est de 6 liv.

Le Pélican à vis de rappel & à 4 ou 5 crochets, étant bien exécuté, vaut 12 livres ; c'est celui qui est représenté par les Figures 1, 2, 3, *Pl.* 90.

Le Cric pour redresser les dents, *Fig.* 10, 11 & 12, est du prix de 18 liv.

La Clef simple, *Fig.* 1, *Pl.* 91, est du prix de 3 liv. avec les trois crochets.

La Clef du Frere Côme, *Fig.* 11, est de 10 liv.

La Clef que représente la Figure 14, est de 6 liv. compris les trois crochets.

Les Pieds-de-biche & Leviers à chicots, 2 liv. chacun.

L'Instrument composé de M. Charpentier, *Fig.* 1 & 2, *Pl.* 92, se vend 24 liv.

Le Davier à Levier, *Fig.* 1 & 2, *Pl.* 93, 12 liv.

L'Instrument *Foucou*, pour arrêter les hémorrhagies, *Fig.* 5, est de 15 liv.

CHAPITRE TRENTE-NEUVIEME.

Maniere de faire les Cauteres actuels ; description de toutes les especes.

On appelle *Cautere actuel*, une forte d'inftrument d'acier monté fur un manche ; on fait chauffer la tête de l'inftrument, & lorfqu'elle eft rouge, on l'applique fur les parties malades pour les brûler, ce qu'on appelle *cautérifer*.

Ces inftruments font emmanchés folidement fur du bois d'ébene, où l'on réferve un rouleau au bout pour donner plus de prife & fervir de poignée. On a grand foin de faire dépaffer la queue dans le manche, & de la bien river avec une forte rofette, parce que la chaleur de la tête de l'inftrument fe communiquant à la queue, feroit fondre le maftic & le démancheroit, ce qui pourroit fort embarraffer l'Opérateur.

Il convient que ces inftruments aient 10 pouces de longueur de tige, & 4 lignes de diametre ou de groffeur. Le manche doit avoir 4 pouces de long ; les têtes ont différentes formes, felon l'ufage auquel elles font deftinées : c'eft ce que nous allons expofer.

PLANCHE 94. La Figure 1 repréfente le Cautere en cifeau ; *B C D* eft la tige de l'inftrument ; *E E e* en eft le manche limé à huit pans, & terminé par le rouleau *e*, qui lui donne de la fermeté dans la main. *A A A* eft la partie de l'inftrument qui opere : elle doit fe terminer par une rondeur défignée en *a*, *Fig.* 2 ; cette figure indique auffi en *b* l'épaiffeur que l'inftrument doit avoir près la tige *B*, laquelle épaiffeur diminue infenfiblement jufqu'en *A A A*.

La Figure 3 repréfente un Cautere à bouton : il eft rond de face comme de profil.

La Figure 4 repréfente le Cautere olivaire, c'eft-à-dire, qui eft un peu ovoïde comme une olive ; or ces trois Cauteres font repréfentés de leur groffeur naturelle, & fe forgent d'une feule piece.

La Figure 5 repréfente le Cautere quarré : cette figure eft vue de côté, pour qu'on puiffe y voir l'épaiffeur de la platine ; mais la grandeur & la forme font PLANCHE 95. repréfentées par la Fig. 6 ; cette platine fe forge féparément de la tige : on fait un trou dans le milieu, on le taraude, on le fraife, & on rive un peu le bout de la tige : on en fait plufieurs qui fe reffemblent affez ; ainfi il fuffira de repréfenter les platines, parce que les tiges & les manches font par-tout les mêmes.

La Figure 7 fait voir la forme & la grandeur de la platine d'un Cautere octogone, percé de quatre trous : on s'en fervoit beaucoup autrefois.

La Figure 8 repréfente auffi un Cautere octogone, mais fans être percé de trous.

La Figure 9 repréſente la platine d'un Cautere rond ; or ces quatre dernieres figures préſentent une face plane, & portant 3 lignes d'épaiſſeur ; & toutes ſe montent à vis & ſe rivent ſur leur tige, comme nous l'avons expliqué pour le Cautere quarré, *Fig. 5 & 6.*

La Figure 10 repréſente le Cautere oblong ; c'eſt une platine comme aux précédents ; mais il préſente une face un peu concave, pour embraſſer tout à la fois la crête du *tibia.* On réuſſit très-bien à former cette cavité, & on la fait diligemment en la creuſant un peu à coups de ciſelet le plus uniment qu'il eſt poſſible ; on ôte les inégalités ſur une meule de 6 pouces de diametre : on la polit ſur une poliſſoire de ſemblable hauteur, & l'inſtrument eſt bien fait.

Quelques Praticiens veulent avoir pluſieurs Cauteres avec leur tige, mais ne veulent avoir qu'un manche qui ſerve à tous les Cauteres : alors il faut briſer les tiges de ces inſtruments, & les ajuſter à vis ſur un manche vu *Fig.* 11, lequel porte environ deux pouces de tige ſeulement ; alors il ſuffit de faire la tige qui porte la platine, de 7 ou 8 pouces de longueur. Chacun des ſuſdits Cauteres actuels ſont du prix de 6 liv.

A R T I C L E   P R E M I E R.

Du Cautere pour la Fiſtule lacrymale, & de ſon Entonnoir.

Le Cautere de la Fiſtule lacrymale differe des autres, en ce qu'il eſt très-petit & qu'il ne s'applique qu'à l'aide d'un Conducteur.

La Figure 12 repréſente le Cautere ; c'eſt une tige d'acier ronde d'un bout à l'autre, pliée en forme d'équerre en *o*, & montée ſur un manche d'ébene.

PLANCHE 9 5.

La Figure 13 repréſente l'Entonnoir qui ſert de conducteur au Cautere. La Figure 14 repréſente auſſi ce conducteur, mais vu de face, pour en indiquer la forme exacte.

Pour faire cet inſtrument, on forge une platine d'acier ſemblable à cette figure pour le volume & la forme, mais d'une ligne & demie d'épaiſſeur ; & après l'avoir dégroſſie & dreſſée à la lime, on y fait un trou de 4 lignes en *H* ; on fait enſuite l'Entonnoir d'une platine de fer corroyé & bien doux, d'environ une ligne d'épaiſſeur : on lui donne une figure conique de 20 lignes de longueur, 15 lignes de largeur par un bout, & 7 ou 8 lignes de largeur de l'autre bout. *Voyez la Fig.* 15. On ploie & l'on roule cette platine ſur un mandrin rond, ce qui donne un tuyau de la forme repréſentée par la figure 16 ; alors on ajuſte le gros bout dans le trou *H, Fig.* 14, & dans la direction indiquée en *K L, Fig.* 13 ; enſuite on braſe les deux parties enſemble avec du cuivre, après cela on finit l'inſtrument.

Il faut ajuſter la tige du Cautere dans le trou de l'Entonnoir, de maniere qu'il y entre à l'aiſe & même avec un peu de jeu, parce qu'il n'opere qu'étant chauffé un peu rouge ; par conféquent l'acier groffiffant d'un douzieme , il ne pourroit pas entrer ; de plus , la longueur doit être ajuftée de telle forte , que le bout du Cautere ne puiffe déborder le bout de l'Entonnoir que d'une ligne jufte , ce qui eft indiqué par la ligne ponctuée *M M* , *Fig.* 12 ; cela eft très-effentiel , parce que la fiftule eft fur le bord de l'angle interne de l'œil , par conféquent on feroit en rifque de bleffer l'œil par la chaleur du Cautere ; ce n'eft que cette raifon qui a fait imaginer un Entonnoir qui renferme tout le Cautere lorfqu'on l'a fait rougir au feu , & qui ne laiffe fortir qu'une ligne du bouton , ce qui eft fuffifant pour l'opération ; or c'eft le coude en *o* qui fixe cette faillie , parce qu'il eft arrêté fur la platine de l'Entonnoir en *p* , *Fig.* 13.

Le Cautere & l'Entonnoir pour la Fiftule lacrymale , font du prix de 10 liv. les deux.

ARTICLE SECOND.

De la Pince à Cautere ou à feton , & des Aiguilles à feton.

PLANCHE
96.

ON fe fervoit beaucoup autrefois du Cautere à feton ; une Pince repréfentée par la figure 16 , étoit employée à cette opération : elle eft faite en forme de tenailles croches ou d'un gauffrier ; avec cette Pince on ferroit une partie des chairs du col , & par le moyen d'un trou percé au travers des deux mâchoires *q q* , on paffoit le Cautere , (chauffé prefqu'à la couleur de cerife ,) au travers de ce trou , pour percer la peau ; enfuite on paffoit l'Aiguille à feton , *Fig.* 17 , munie d'un feton dans le trou *R* : (on voit la coupe de l'Aiguille par la *Fig.* 25.) Cette Pince eft compofée de deux branches femblables ajuftées à jonction paffée , laquelle fe fait fur les principes du Davier.

Les mâchoires repréfentent deux platines dont le bout eft plié quarrément en dehors : voyez *r r*. Ce rebord porte 4 lignes de largeur ; les angles du dedans des mâchoires font bien arrondis , & le refte du corps de l'inftrument eft limé & dreffé à huit pans. Un reffort eft néceffaire à ces Pinces : on fait un reffort doux & liant , qui ait feulement la force de renvoyer les branches pour fe féparer : on le place en *P P* , en dedans de la branche femelle. Anciennement , & même jufqu'à M. Dionis , on ajuftoit une bride au bout d'une des branches , & à l'autre branche on faifoit des dents de maniere à repréfenter une crémaillere ; cela fervoit à tenir la Pince fermée pendant l'opération ; mais plufieurs ont ôté la crémaillere , & d'autres encore ont réformé non-feulement la crémaillere , mais même tout l'inftrument.

La Figure 18 repréfente le Cautere rond de *Q* en *Z* , d'où il prend la forme ovale en mourant jufqu'à la pointe *X* : le manche eft fait à 8 pans , &c. La Figure 22 repréfente la coupe prife fur la ligne *Z Z*.

La Figure 19 repréfente un Cautere deftiné à la même opération que le précédent ; mais au lieu d'être rond , il a la figure d'une lofange. Voyez-en la coupe

tranfverfale

transverfale, *Fig.* 20. Ainfi felon que les Chirurgiens veulent faire le Cautere, on fait en conféquence le trou *q q* de la Pince *Fig.* 16; c'eft-à-dire, que pour le Cautere ovale, le trou doit être ovale; & pour le lofange, le trou fera en lofange; enfin l'un & l'autre Cauteres doivent entrer dans le trou de la Pince jufqu'à *Z Z*.

Planche 96.

La Figure 21 repréfente la courbure fur le plat de l'Aiguille à féton, *Fig.* 17. La Pince à Cautere & les deux Cauteres, font du prix de 12 livres : chaque Aiguille à féton eft de 2 liv.

ARTICLE TROISIEME.

Des Aiguilles à Anévrifme.

La Figure 23 repréfente une Aiguille à anévrifme ; c'eft un inftrument fait d'acier pur : *X* eft une platine faite en cœur, qui fert à tenir l'inftrument. Le corps de l'Aiguille eft limé, & on lui donne la forme d'un ovale un peu applati; les tranchants font arrondis pour ne point couper. La pointe eft auffi mouffe & bien arrondie avec la pierre du Levant & à l'huile : dans le plus large de la tige, en *y*, qui eft à 18 lignes près de la pointe, on y fait un trou au forêt; enfuite avec de petites limes on allonge le trou pour lui donner la forme d'un œil. La Figure 24 repréfente cette Aiguille fur le côté, ce qui fait voir l'épaiffeur.

La Figure 26 repréfente l'Aiguille à anévrifme de M. Goular : c'eft une lame d'acier d'une ligne d'épaiffeur; cette épaiffeur ne fe trouve que fur le milieu d'un côté qui forme la vive-arête, & va en aminciffant fur les bords, qui fe ter-minent par un tranchant mouffe : voyez la coupe tranfverfale, *Fig.* 27. On voit en *z z*, *Fig.* 22, deux trous d'une ligne de grandeur, percés au travers avec un foret d'une ligne de diametre ; enfuite avec un cifelet fait en gouge, on y fait une gouttiere de la largeur du trou, & de 4 à 5 lignes de longueur, & cela de chaque côté des trous ; moyennant cette attention le fil fe loge bien dans cette gouttiere, & ne forme pas de bourrelet pour paffer au travers de la plaie : on voit la courbure de cet inftrument dans la Figure 28. Les Aiguilles à anévrifme font du prix de 2 liv. piece.

CHAPITRE QUARANTE.

Des Instruments propres à tirer des corps étrangers, tels que les Tire-balles, &c.

Si l'amour de la gloire engage des Citoyens à sacrifier leur vie dans des combats, il doit être flatteur pour un Chirurgien de chercher à rendre à sa patrie, ceux qui, blessés dangereusement, périroient sans le secours de leur Art ; aussi la Chirurgie a-t-elle imaginé des instruments propres à tirer des balles de fusil, de petits éclats de bombe, &c. &c ; tels sont les Becs-de-corbin, les Becs-de-cane, les Becs-de-grüe, les Tire-balles simples & les composés. Nous allons parler de tous ces instruments dans ce Chapitre.

Il y a plusieurs especes de Tire-balles dans Scultet & dans Dionis. Sans entrer dans le détail de tous ceux qu'on a imaginés, nous nous bornerons à en décrire sept especes différentes, & nous choisirons ceux qui sont les plus généralement reçus des grands Maîtres en Chirurgie.

ARTICLE PREMIER.

Du Tire-balle à bascule, & de celui en pince.

La Figure 1 représente le Tire-balle à bascule & à charniere ; il est composé de deux branches exactement paralleles & jointes ensemble par une charniere (*). L'instrument doit avoir 10 pouces de longueur ; la forme du dedans des branches, ainsi que leur largeur, sont représentées par la Figure 2. On voit aussi les bouts faits en cuiller, pour contenir une partie de la balle. Voyez *a A*.

Le but de cet instrument est de dilater un peu la plaie pour mieux pincer la balle ; c'est pour cela qu'il est fait en *dilatatoire*, c'est-à-dire, que la charniere étant placée au milieu *b*, *Fig.* 1, & entre les deux branches, donne la facilité de faire faire la bascule aux deux branches ; de sorte qu'en serrant les branches en *B B*, l'extrémité *DD* s'élargit, dilate la plaie à volonté, & faisant découvrir la balle, donne la facilité de la pincer & de la tirer au dehors. Trois choses sont essentielles à cet instrument : 1º. il faut qu'il soit fait d'acier un peu écroui, mais non trempé ; 2º. qu'il soit bien arrondi par tout l'extérieur des branches, que le dedans soit un peu applati, mais que les quarres soient bien abattues & très-mousses ; 3º. enfin il faut que la charniere soit bien ajustée, afin que les branches ne varient pas, mais qu'elles pincent bien parallélement.

Les uns veulent un ressort à cet instrument ; alors on en fait un bien liant, que

(*) On trouve la maniere de faire cette charniere au Chapitre XXXIV, du Tour.

l'on place en *d*; mais tout confidéré, ce reffort eft plutôt nuifible qu'utile: car fi l'Opérateur, en dilatant la plaie, oublie pour un inftant le reffort, qu'il lâche un peu la main, l'élafticité naturelle au reffort, chaffera les branches & fera quelques meurtriffures aux parois internes de la plaie.

D'autres veulent de petites dents dans la concavité du cuilleron, comme on voit en *a*, *Fig. 2*; & d'autres défirent au contraire que le fond du cuilleron foit uni comme en *A*: il eft certain que pour peu que cette derniere pince la balle par le bord feulement, le poli de la concavité la fait gliffer jufqu'au fond de ce cuilleron, ce qui n'arrivera pas à celle qui eft dentée, à laquelle la balle reftera attachée à la premiere dent qui l'aura faifie.

La Figure 3 repréfente le Tire-balle en pince; il eft compofé de deux branches femblables affemblées par une jonction paffée, laquelle fe fait fur les principes du Davier, *Chap. IV*; le bout fupérieur fe termine en cuiller comme ceux *a A*, *Fig. 2*, & l'autre bout eft fait avec deux anneaux femblables à ceux des Cifeaux. Voyez la maniere de forger les anneaux des Cifeaux, *Chap. XXV*. Chacun de ces Tire-balles font du prix de 6 liv.

ARTICLE SECOND.

Du Tire-balle à vis, appellé auffi à Tarriere.

LORSQU'UNE balle à demi-morte entre dans le corps, & qu'elle rencontre un entre-deux des côtes, elle s'y loge de façon qu'elle devient difficile à extraire. On a imaginé, pour y parvenir, le Tire-balle à vis, repréfenté par la *Fig. 4*: il eft compofé d'une canule ou tige creufe de *F* en *e*, & d'une tige maffive, dont un bout eft fait en vis à double filet pour entrer dans la balle, & l'autre bout eft terminé par un treffle qui fert comme de manivelle à l'inftrument.

PLANCHE 97.

On commence par faire la canule en forgeant une lame de fer bien corroyé & doux, de 8 ou 9 pouces de longueur, d'un pouce de large, & d'une bonne ligne d'épaiffeur: on la plie fur un mandrin rond, & on la brafe bien dans toute fa longueur; enfuite on forge une platine de fer où l'on réferve une forte embafe à chaque bout. *Voyez la Fig. 5*. On perce avec la tranche la partie *h* à jour; & enfin ayant bien dreffé cette piece à la lime, on fait deux trous au foret, l'un en *j*, l'autre en *K*, de façon que tous les deux foient en ligne droite & au milieu de la fenêtre *h*; après cela il faut brafer le bout *E*, *Fig. 4*, de la tige, dans le trou *j*, *Fig. 5*, enfuite tarauder le trou *K*. Ce qui étant exécuté, on lie & on brafe ces deux pieces, pour qu'elles n'en faffent plus qu'une.

On forge en acier fin la tige *Fig. 6*, qui eft la partie la plus effentielle de l'inftrument; après l'avoir forgée de longueur & de groffeur convenables, comme l'indique la Fig. 6, on difpofe le treffle en faifant trois trous 1, 2, 3, foit au foret ou au poinçon à chaud: on taraude la partie *L L* fur le même pas de vis *K*,

Fig. 5 ; après cela on se dispose à faire les filets de la pointe *i i*, qui est la partie la plus intéressante de l'instrument. Cette vis est de figure conique & à double filet.

Prenez une lime propre à faire des filets, représentée par le n°. 5, *Pl.* 17, premiere Partie ; posez la pyramide sur le bois à limer, serrez-le dans l'étau : voyez la position de ceci, *Fig.* 13, *Pl.* 17, premiere Partie. Posez la lime en croix sur la pyramide, en suivant la direction de la ligne *m n*, *Fig.* 7 ; alors creusez le filet tout autour de la pyramide, en la faisant tourner dans la main à chaque coup de lime : en travaillant ainsi, vous arriverez réguliérement au bout de la ligne *p*, ce qui fera un filet indiqué par la ligne pleine ; or, pour faire le double filet, après que le premier est fini d'un bout à l'autre, posez la lime entre les filets que vous venez de faire sur la ligne ponctuée *o o* ; poursuivez ce dernier comme le premier, pour finir le filet au bout *q* de la ligne ponctuée ; après cela on a soin de faire terminer les deux filets chacun par une bonne pointe, comme elle est représentée en *i i*, *Fig.* 6, & qu'elles soient bien semblables, afin qu'elles puissent mordre bien réguliérement dans le plomb ; il faut tremper cette vis couleur de cerise & la recuire à la couleur d'eau, ou tout au moins gros bleu.

L'intention de l'Opérateur est que cette vis puisse mordre dans le plomb en tournant le treffle, tandis que le bout *e* de la canule *Fig.* 4, garde la vis comme une gaîne, & préserve la plaie de toutes les contusions & meurtrissures que cette vis pourroit faire si elle n'étoit pas renfermée. Ce Tire-balle est du prix de 18 liv.

ARTICLE TROISIEME.

Du Tire-balle à trois branches.

LA description du Tire-balle à vis que nous venons de faire, abrégera beaucoup celle du Tire-balle à trois branches, parce que la canule est la même, ainsi que la platine qui porte la canule & la vis, tout comme le treffle qui sert de manivelle.

La différence de ces deux instruments consiste en ce qu'au premier, c'est une vis qui s'ouvre un passage dans la balle, & au second ce sont trois cuillerons qui embrassent la balle pour l'extraire de la plaie. Pour ne point répéter les opérations, supposons donc avoir fait la canule & le porte-écrou, *Fig.* 5, & qu'ils sont brasés ensemble en *F*, *Fig.* 4.

Il faut forger une tige d'acier quarrée, de la longueur représentée par la Fig. 8, à compter de *Q* jusqu'en *P* ; qu'elle soit limée quarrément depuis *R* jusqu'à 7 ou 8 lignes près du bout *Q* : ces 7 ou 8 lignes doivent être limées triangulairement. Il faut ensuite forger trois branches d'acier corroyé d'une ligne d'épaisseur, & dont la longueur, la largeur & la forme sont représentées par la Fig. 9 : il faut leur donner la forme d'une cuiller, & les ajuster chacune sur une face de la partie triangulaire *Q* , *Fig.* 8 , affemblées de maniere que le côté concave du cuilleron foit en dedans , & le côté convexe en dehors : on les lie toutes trois enfemble fur la tige avec du fil d'archal , & on les brafe ; enfuite il faut les dreffer , les mettre bien paralleles entr'elles , & leur donner de la *bande* , c'eft-à-dire , donner un écartement réciproquement égal aux trois pieces , comme l'on voit en 4 , 5 , 6 , *Fig.* 8 , mais que le coude le plus fenfible de cette courbure ne commence que fur la ligne *H H* ; enfuite il faut les lier à l'endroit de la brafure avec du fil d'archal , afin qu'elles ne fe *débrafent* pas , & les mettre au feu , les tremper couleur de cerife , & les recuire à la couleur bleue.

On forge le treffle , fervant de manivelle , d'un acier bien fain , tel que le repréfente la Figure 11 ; & après l'avoir taraudé , on perce un trou bien au milieu de *S* en *r* , c'eft-à-dire , de toute la longueur de la tige taraudée ; c'eft dans ce trou qu'on ajufte le bout de la tige *R P* , *Fig.* 8 , de maniere que le bout *S* , *Fig.* 11 , s'ajufte bien avec la partie *R.* Or , tout étant ainfi , il faut monter l'inftrument ; à cet effet il faut préfenter le bout de la tige *P* , *Fig.* 8 , au bout de la canule *X* , *Fig.* 12 , recevoir le bout *P* dans le treffle , & fur ce bout taraudé on viffe un écrou fait en poire , repréfenté par la Fig. 10 , & vu en fa place en *z* , *Fig.* 12. Cette Figure repréfente l'inftrument tout prêt à être introduit dans la plaie , ce qui eft très-facile , vu que le bout eft olivaire , pourvu que les trois branches foient bien ajuftées ; lorfqu'on eft près de la balle , on tourne la vis de droite à gauche , la tige monte & fait fortir les trois branches qui , par leur élafticité naturelle , s'écartent à mefure qu'elles fortent , & forment un triangle ouvert comme le fait voir la Fig. 13 , en *y y y*. Il eft à remarquer qu'il faut que leur ouverture foit plus évafée que la circonférence de la balle , & par conféquent que la plaie eft dilatée ; alors par un mouvement on tâche de faifir la balle entre fes trois branches ; & lorfqu'on la fent , on fait marcher la vis de gauche à droite , les branches rentrent dans la canule jufqu'à ce que l'on fente une réfiftance modérée , alors on préfume que la balle eft fuffifamment ferrée pour être tirée ; on ceffe de tourner la vis , & fans peine on tire la balle hors de la plaie.

Le méchanifme de cet inftrument eft fimple : il fait très-bien fon effet. Sa longueur de 12 ou 13 pouces , ne lui ôte rien de la folidité qu'il doit avoir. Il feroit à fouhaiter que le nom de fon Auteur fût connu ; il n'eft cependant pas fort ancien , car il n'en eft point fait mention dans Dionis : on ne le voit que dans Garengeot , mais fans le nom de celui à qui on le doit. Il eft certain que ce Tire-balle à trois branches a fait abandonner plufieurs efpeces de Tire-balles , fur-tout celui qu'on appelloit *Alfonfin* , qui avoit auffi trois branches que l'on ferroit au moyen d'une bride , & d'autres qui font rapportés par Scultet & par Dionis. Ce Tire-balle à trois branches vaut 36 liv. lorfqu'il eft bien fait.

✻✿✻

ARTICLE QUATRIEME.

Du Bec-de-corbin, du Bec-de-cane, du Bec-de-grüe, pour l'extraction des balles & d'autres corps étrangers.

INDÉPENDAMMENT des Tire-balles que nous venons de décrire, il y a encore trois inftruments appellés *Bec-de-corbin*, *Bec-de-cane*, & *Bec-de-grüe*, qui font d'un ufage affez familier pour tirer non-feulement des balles, mais encore de fortes échardes entrées dans des endroits charnus, comme dans les molets des jambes, aux cuiffes, aux bras, &c; des clous entrés par accident dans les pieds, &c.

La Figure 14 repréfente le Bec-de-corbin : il eft compofé de deux branches unies enfemble par une jonction paffée : on y joint un reffort de renvoi, & le dedans de la pince ou du bec *X*, eft taillé en façon de lime bâtarde à grains fins, ce qu'on fait avec la quarre d'une lime triangulaire ; les faces intérieures du bec font limées à plat, mais tout l'extérieur eft rond ; au refte, on peut confulter la maniere de faire le Davier, *Chap. XXXVIII*, parce qu'il fe fait fur les mêmes principes, auffi bien que les deux que nous allons expliquer.

La Figure 15 repréfente le Bec-de-grüe ; il differe du Bec-de-corbin, en ce qu'il eft plus long de deux tiers, & un peu plus étroit : il eft deftiné à pénétrer dans un trou profond pour y faifir un corps étranger. Pour cet effet l'intérieur du bec *Z*, eft non-feulement taillé avec des dents, mais encore on y pratique une gouttiere de la profondeur d'une ligne & demie.

La Figure 16 repréfente le Bec-de-cane : il eft à peu-près femblable au Bec-de-corbin ; cependant il eft plus long d'un pouce ou environ du bec ; il eft courbé plus en équerre en *Y* : le bout du bec au lieu d'être taillé en lime, eft creufé comme au Tire-balle : voyez la Figure *A*, *Fig. 2*.

Ces trois derniers inftruments doivent être faits d'acier, mais point trempés, à l'exception des refforts, qui doivent l'être.

Nous n'avons pas encore indiqué la maniere de faire le cuilleron *A A*, *Fig. 2*, du bec du Tire-balle. On prend un cifelet fait en gouge, & l'on en creufe de la profondeur de 2 lignes ; enfuite on emporte les faux coups avec une fraife ronde par le bout, & taillée en façon de lime : voyez *h*, *Fig. 17, Pl. 98* ; ce qui fe fait à coups d'archet, comme fi on vouloit faire un trou au foret ; enfuite pour polir on prend un morceau de bois de noyer : on lui donne la forme de la fraife : on l'ajufte dans une boîte à foret, & enfin on la fait tourner dans le trou avec l'archet, ayant foin d'y mettre un peu d'émeri clair ; c'eft ainfi qu'on polit toute piece concave toutes les fois que la concavité eft ronde. Le Bec-de-grüe, *Fig. 15*, eft du prix de 8 liv. & le Bec-de-corbin, ainfi que le Bec-de-cane, 6 liv. chacun.

Article Cinquieme.

Des Instruments pour tirer les corps étrangers arrêtés dans les Œsophages.

Personne n'ignore combien on est incommodé lorsqu'on a avalé par mégarde un os, une arête de poisson, une épingle, ou lorsque tout autre corps à-peu-près semblable s'arrête dans l'œsophage, au-delà du larinx ; ceux qui sont longs & pointus, sont difficiles à tirer ou à repousser, parce qu'ils se placent presque toujours en travers ; & ce qui rend cette opération difficile encore, c'est qu'il n'est pas possible que le Chirurgien juge de sa position ; cependant il est de sa prudence de décider s'il doit tirer le corps étranger, ou s'il faut le repousser.

La Figure 18 représente une Pince à tirer les corps étrangers, appellée par Paul, par Hildet, &c, *Acanthabolon.* Elle est courbée en quart de cercle, par rapport à la conformation du gosier.

Cet instrument est composé de deux branches semblables, unies à jonction passée ; l'extrémité est d'un tiers plus large que le reste de la branche, & d'une ligne plus épaisse, pour faciliter la prise du corps étranger, ainsi que pour en diminuer le volume. Ces deux bouts sont faits en cuilleron, & par conséquent creusés comme l'extrémité du Tire-balle *A a*, *Fig.* 2 ; plus, on y fait deux anneaux semblables à ceux des Ciseaux, pour procurer de la prise tant pour chercher le corps étranger, que pour le tirer des œsophages. Cet instrument se vend 6 liv.

La Figure 19 représente une *Curette* à deux fins ; c'est une tige d'acier limée à 8 pans dans le milieu seulement : les deux bouts sont faits à cuiller, comme on le voit en *q p* ; de plus on fait de petites dents de rapes, mais d'un côté, comme on voit en *q*, & l'autre côté est uni & poli. Avec cet instrument, on tire plusieurs especes de corps étrangers, comme, par exemple, un osselet dans le gosier, qui n'auroit pas passé le larinx ; un pois dans le nez, un os dans l'oreille, une balle dans le bras, dans la jambe, &c. Cette Curette se vend 2 liv. 10 f.

La Figure 20 représente un Repoussoir des corps étrangers dans les œsophages, & qui ont passé le larinx : il est fait d'un morceau de baleine limé en rond & bien poli d'un bout à l'autre, de 2 lignes de grosseur, & de 8 pouces de tige, non-compris 4 pouces de poignée. L'extrémité est évuidée avec une lime demi-ronde, ainsi qu'on le voit en *u u*, & cela sert à lier fermement, avec un fil fort, un morceau de fine éponge de la grosseur d'une noisette : on la perce en travers pour y loger le bout de la tige, & on la retient en la liant ensuite un peu ferme & par son milieu seulement, sur la ligne *u u*.

Cet instrument est très-simple, & c'est ce qu'il y a de meilleur pour repousser un os, une arête & autres corps semblables. J'ai prêté cet instrument à plusieurs Chirurgiens, entre les mains desquels il a toujours bien réussi. Comme la baleine

PLANCHE
98.

est liante & souple, elle se prête à la forme des œsophages. Ce Repoussoir se vend 3 *liv.*

Quelques Chirurgiens ont un Repoussoir fait avec une petite boule d'ivoire de la grosseur d'une noisette, rivée au bout d'un fil d'acier ou d'argent d'une ligne de grosseur, & de 10 ou 12 pouces de longueur. Je crois fort inutile d'en rapporter la figure, vû sa simplicité.

La Figure 22 représente le Repoussoir d'arêtes de feu M. Petit, propre à tirer ou à repousser les corps étrangers arrêtés dans les œsophages. Le corps est une canule flexible de *T* en *t*, ce qui s'exécute avec un fil d'argent travaillé sur un mandrin rond : voyez la maniere de faire les Algalies flexibles, *Chap. XLVII.* L'extrémité *T V x*, *Fig. 22*, est un bout de canule d'argent non-flexible, mais qui est soudé à l'étain au bout de la canule spirale en *T* : on perce un œil en *v*, pour assujettir une éponge qui tient avec la canule & avec le stylet de baleine. La partie *R t y*, est aussi un bout de tuyau soudé à l'étain en *t*, qui sert à assujettir la canule avec le stylet ; or, cette union se fait par un méchanisme à peu-près semblable à la douille d'une bayonnette qui s'ajuste sur le fusil : en *y* est une piece de rapport soudée sur la canule *t*, à laquelle il y a une encoche qui, après qu'elle a passé par l'autre encoche *i*, n'exige que de tourner l'une des pieces ou à droite ou à gauche, pour qu'elles tiennent ensemble.

La Figure 21 représente le stylet séparé de l'instrument : il est fait d'un morceau de baleine arrondi & poli, & ajusté un peu gai dans la canule d'argent : depuis *s* jusqu'en *r*, c'est un bout de canule d'argent, qui ne tient au stylet que par le seul ajustement. L'embase *u*, est un anneau soudé sur la canule, ensuite entaillé pour faire l'encoche de jonction, laquelle encoche se voit sur la ligne ponctuée *z*.

On voit que l'instrument est droit ; mais la canule étant faite en spirale, & le stylet étant de baleine, qui est bien souple & bien liante, permettent à l'instrument d'obéir à la configuration du gosier ; de plus, le stylet n'est joint à la canule que par le moyen de l'ajustement, pour laisser la facilité à l'Opérateur de l'ôter à volonté : c'est-là l'intention de l'Auteur. Mais je crois être obligé d'avertir de ne pas risquer de tirer le stylet de sa canule dans le temps de l'opération ; car, il est moralement certain que la canule s'alongeroit de 2 pieds de longueur avant que le bout pût sortir de sa place, & cela par la seule résistance de l'éponge. Pour s'en convaincre, il ne faut qu'examiner que cette canule est faite d'un fil d'argent d'une ligne de diametre, qui est tortillé autour d'un mandrin jusqu'à la longueur de 6 pouces de spirale ; ce tuyau est donc composé de 72 lignes courbes qui se redresseront infailliblement par l'écartement, si une ligne droite & massive ne les soutient toutes ensemble, & c'est précisément le stylet de baleine qui donne toute cette force ; il ne faut donc pas le séparer de l'instrument : il faut au contraire attacher l'éponge non-seulement avec la canule, mais encore avec le stylet, & cela par le moyen de l'œil *v*, par où l'on peut passer plusieurs fils. Cet instrument vaut 50 liv.

La

La Figure 23 repréſente encore le bout d'un inſtrument pour tirer des corps étrangers de l'œſophage; c'eſt une tige de baleine comme la Fig. 20; mais à l'extrémité *A* on rapporte un anneau entré à vis, & à cet anneau on joint 8 ou 10 chaînons d'argent, qui doivent entraîner les corps étrangers en tirant l'inſtrument dehors, après l'avoir fait entrer dans l'œſophage; du moins il fait changer la diſpoſition d'une arête de poiſſon ou d'une épingle. Ce dernier eſt de 9 liv.

La Figure 24 repréſente auſſi un ſemblable inſtrument, mais dont la tige, au lieu d'être de baleine, eſt d'argent. Pour le faire on prend un fil d'argent de 3 pieds de long; on le ploie en deux par le milieu *d*: on prend deux pinces à main, on embraſſe les deux fils enſemble à la diſtance d'un chaînon, comme on voit de *a* en *b*: on fait faire un tour aux pinces en ſens contraire pour tortiller l'argent, & de l'un à l'autre on fait des chaînons de toute la longueur du fil rond: on ajuſte à un bout les chaînes de la Fig. 23. Ce dernier eſt du prix de 15 liv.

CHAPITRE QUARANTE-UNIEME.

Des Inſtruments propres à l'opération de la Hernie.

L'opération de la Hernie regarde tous les Chirurgiens; mais ceux qu'on appelle *Herniers* ou *Bandagiſtes*, n'exercent, à proprement parler, que l'Art de faire & poſer les Bandages. Nous pourrions entrer dans le détail de la fabrique de ces Bandages, en ce qui regarde la partie d'acier élaſtique qui entre dans leur compoſition; mais il convient de laiſſer traiter cet Art à celui qui s'occupera de ſa deſcription. Nous allons parler ſeulement des Inſtruments qui ne ſont que du reſſort du Coutelier, & deſtinés à l'opération de la Hernie.

ARTICLE PREMIER.

De la Sonde ailée.

La Figure 1 repréſente la Sonde ailée & cannelée: elle ſert à conduire les Biſtouris & les Ciſeaux dans l'opération de la Hernie.

Planche 99.

Cet inſtrument eſt ou d'acier ou d'argent. Pour l'exécuter, on commence par faire la Sonde ſur les mêmes indications déja données pour la Sonde creuſe, *Fig. 15, Pl. 83, Chap. XXXVII.* Cette Sonde ailée eſt cannelée dans toute ſa longueur depuis *d* juſqu'en *e*; à ce bout la cannelure doit être fermée, afin que le Biſtouri s'arrête & ne puiſſe pas paſſer outre; on réſerve ſur piece deux petites chevilles en deſſous, qui ſervent à fixer la platine *B B*, qui eſt du même métal dont on fait le corps de la Sonde. Cette platine a une demi-ligne d'épaiſ-ſeur: on l'ajuſte avec la Sonde, en faiſant deux trous qui reçoivent les deux chevilles : on les rive un peu ; on brafe enfuite le tout enfemble : on finit la piece à la lime, & on la polit : il ne faut point la tremper.

La platine *c c*, qui eft faite en cœur, fert à tenir l'inftrument pendant qu'on opere : fon épaiffeur eft à peu-près d'une ligne & demie. La platine du milieu *B B*, eft ce qui fait les ailes de la Sonde ; l'ufage de ces ailes eft de contenir les inteftins, afin qu'ils ne fe préfentent pas au tranchant du Biftouri pendant qu'on fait l'incifion & la dilatation de l'anneau.

La perfection de cet inftrument dépend 1°. d'employer la matiere bien nette & point pailleufe ; 2°. que tous les angles foient parfaitement arrondis & polis, tant ceux de la Sonde que ceux de la platine ; 3°. l'extrémité *e* doit être olivaire : c'eft elle qui commence à pénétrer l'étranglement ; on juge aifément qu'elle doit couler avec toute la douceur poffible, & que la moindre paille, ou la plus petite quarre vive, écorcheroit & déchireroit l'anneau au lieu de le dilater.

Le prix de la Sonde ailée, en acier, eft de 2 livres ; en argent, c'eft 4 liv. de façon, & le poids à part, qui va à 9 ou 10 gros.

A R T I C L E   S E C O N D.

Des Biftouris fimples pour l'opération de la Hernie.

Planche
99.

La Figure 2 repréfente le Biftouri fermant, courbe & boutonné ; fon tranchant eft à fa partie concave, & la lame fe ferme dans la châffe, qui eft d'écaille, ainfi que le Biftouri de l'Etui portatif, *Chap. XXXVII* ; il ne differe du Biftouri courbe, qu'en ce qu'il a un bouton olivaire au bout *a* ; pour cet effet quand on le forge, on laiffe un peu d'épaiffeur à la pointe, pour donner la facilité d'entailler avec la lime ce bouton, qui, au refte, ne porte qu'une ligne d'épaiffeur étant tout fini.

La Figure 3 repréfente auffi un Biftouri boutonné pour la même opération, mais un peu plus courbe & plus étroit que le précédent ; le tranchant ne commence qu'en *A*, & continue jufqu'au bouton. La lame ne fe ferme point, elle eft fixe fur fon manche ; en ce cas elle eft ajuftée à queue, & cimentée comme un couteau à gaîne.

Il eft effentiel que ces Biftouris coupent bien. Le défaut qui eft ordinaire prefqu'à tous, c'eft de ne pas être parfaitement tranchants contre le bouton : cependant pour le bien de l'opération, cela eft indifpenfable ; car, fitôt que le bouton a pénétré, le tranchant doit incifer avec toute la douceur & la vivacité poffibles. Et pourquoi ce défaut eft-il commun ? c'eft parce que le coup de meule & le coup de pierre font très-difficiles à être exécutés ; or, pour bien y réuffir, il faut les émoudre fur une meule mince réduite à un pouce d'épaiffeur, & faire les quarres vives : moyennant qu'on appliquera le coup de meule avec dextérité, on fera venir du morfil au raz du bouton, & l'on réfervera le bouton dans toute la forme qu'on lui aura donnée à la lime : on doit affiler ces Biſtouris ſur les pierres à Lancettes , *Chap. XXXV.*

Une choſe eſſentielle & qu'il ne faut pas négliger , regarde le bouton ; il eſt entaillé vivement par rapport au tranchant , par conſéquent il eſt ſujet à ſe caſſer pendant l'opération , & même en gliſſant ſur la Sonde. Pour prévenir cet accident , lorſqu'on a trempé le Biſtouri , & qu'il eſt recuit par-tout à la couleur d'or , il faut faire rougir une paire de tenailles , en ſaiſir le bouton du Biſtouri , & le recuire juſqu'à la couleur bleue , & même anticiper de demi-ligne ſur la lame.

La Figure 4 repréſente le Biſtouri boutonné à tranchant mouſſe , ce qui lui a fait donner le nom de *Biſtouri fait à la lime* , par feu M. Petit , qui en eſt l'Auteur. Son uſage eſt de dilater & non de couper ; par conſéquent le tranchant doit être émouſſé. Cet inſtrument doit être fait comme les précédents ; & lorſqu'il eſt fini de meule & de poliſſoire , au lieu de l'affiler pour le faire couper , il faut au contraire lui arrondir le tranchant avec la pierre à l'huile , de maniere qu'il gliſſe ſur la peau de la main , au lieu de la couper ; du réſte , le Biſtouri eſt emmanché à queue comme un Couteau à gaîne.

Ces trois Biſtouris boutonnés ſont du prix de 2 liv. piece.

A R T I C L E   T R O I S I E M E.

Des Ciſeaux courbes ſur le côté , & de ceux qui ſont courbes ſur les plats.

Les deux paires de Ciſeaux que nous allons décrire , ſervent à faire pluſieurs opérations de Chirurgie , & ſont employés à celle de la Hernie.

La Figure 5 repréſente les Ciſeaux courbes ſur le côté , dont quelques Praticiens Anglois font uſage pour la Fiſtule à l'anus (*). La courbure des lames eſt en *f* & ſur le côté ſeulement ; du reſte elles ſont droites juſqu'à leur pointe. Cette forme de Ciſeaux eſt très-convenable pour gliſſer dans la cannelure de la Sonde ; les branches ſont un peu coudées en *I* , afin que les deux doigts ne touchent point la Sonde : les anneaux ſont auſſi jettés ſur le côté , par ce moyen ils ne ſont pas ſujets à être accrochés ni à la platine de la Sonde , ni au pouce qui la tient. Les pointes doivent être mouſſes ; & il convient qu'il n'y ait point de bouton au bout , mais qu'elles ſoient bien arrondies avec la pierre à l'huile.

Planche 99.

La maniere de faire cette eſpece de Ciſeaux , ne differe point de celle que nous avons donnée au Chapitre XXV ; ils ont cependant beſoin d'être plus parfaits , ce que nous allons expliquer.

Suppoſons les Ciſeaux forgés d'acier pur & bien ſain , comme , par exemple , avec de l'acier fondu , & qu'ils ſoient limés avec préciſion ; prenez ces Ciſeaux pour les tremper ; liez les lames enſemble avec du fil d'archal , pour les faire chauffer enſemble dans un feu de charbon de bois allumé dans la poële ; lorſqu'elles ſeront parvenues à la couleur de roſe , il faut les éteindredans l'eau

(*) Voyez le Traité des Opérations de M. Sharp , Anglois , Traduction Françoiſe.

fraîche : voilà fans doute le moyen de tremper deux lames au même degré de chaleur.

Il eft d'une auffi grande conféquence de les recuire avec beaucoup d'égalité, que de les bien tremper. Pour les bien recuire, il faut les délier & les récurer ; ayez enfuite de la braife bien petite & bien allumée ; pofez les lames l'une auprès de l'autre fur le feu ; ayez la plus grande attention à obferver les couleurs ; tâchez de ne pas manquer la couleur d'or, & que la nuance des deux lames foit la même ; la meule finira le refte.

Il faut évider le dedans des lames fur une meule de 8 ou 9 pouces de hauteur, enfuite lever un petit bifeau pour bien dreffer le tranchant & faire venir un petit morfil ; mais après il faut emporter ce bifeau en aminciffant le tranchant jufqu'à la confiftance de celui du Canif ; enfuite poliffez bien ces lames, & les affilez comme un Canif.

Je propofe donc, pour ces Cifeaux, de donner aux deux lames un tranchant fin & égal en dureté, afin qu'elles puiffent opérer avec douceur & couper vivement. Il eft certain qu'étant faits avec les attentions que j'indique, ils rempliront ces conditions exactement. Pour s'affurer fi ces Cifeaux coupent bien, on les effaiera fur du canepin.

Il faut n'employer de tels Cifeaux qu'à certaines opérations de Chirurgie, qui font par elles-mêmes délicates, je veux dire à couper des chairs éloignées des os, & même des nerfs ; il faut encore pouffer l'attention au point de ne pas ouvrir les lames mal à propos, afin d'éviter les frottements des tranchants, de crainte que des ordures ne leur occafionnent quelque breche. Or, de tels Cifeaux faits avec les attentions indiquées, valent 12 liv. autrement ils ne valent que 4 liv. c'eft-à-dire, lorfqu'ils feront faits fur les indications communes à tous autres Cifeaux, & d'acier inférieur à celui qui eft connu fous le nom d'*acier fondu*.

Les Figures 6 & 7 repréfentent les Cifeaux courbes fur les plats. Pour qu'ils foient parfaitement bien faits, il faut qu'ils foient exécutés fur les regles prefcrites pour les précédents, tant pour la trempe que pour le recuit & l'émouture ; cependant il faut leur laiffer les tranchants plus forts, mais en arrondiffant ; car, ces Cifeaux ne doivent point avoir de bifeau : il faut effentiellement l'arrondir un peu de loin.

Leur courbure fe fait après qu'ils font limés ; & même pour faciliter le coup de meule, il faut les émoudre en dedans, non-feulement avant de les tremper ; mais même avant de les courber ; & lorfque la courbure eft donnée fur le plat en demi-cercle, on les émout fur une meule mince, & dont la face qui aiguife foit arrondie en dos-d'âne, c'eft-à-dire, pour la lame courbe en dedans ; car, pour celle qui eft courbe en dehors, il faut que la face de la meule foit plate. Les poliffoires fuivent la même regle.

Il y a deux opérations effentielles à expliquer, parce que faute de les connoître, on ne parviendroit pas du premier coup à faire ces Cifeaux de façon qu'ils

puffent

puiſſent couper : 1°. c'eſt qu'en courbant ces deux lames ſur leurs plats, l'une ſe met à la coupe, & l'autre la perd. (voyez cette expreſſion au Chapitre XXV. *Mettre les Ciſeaux à la coupe.*) La lame vue par *K*, *Fig.* 6, ſe met d'elle-même & naturellement à la coupe en la courbant en dehors ; & celle qui eſt vue par *j*, perd la coupe en la courbant en dedans. Pour remédier à cet inconvénient, on eſt obligé de faire en ſorte que la lame qu'on courbe en dedans faſſe l'aile de moulin au double plus qu'à l'ordinaire ; & celle qui eſt courbe en dehors doit être entiérement dégauchie, c'eſt-à-dire, qu'il ne faut pas qu'elle faſſe l'aile de moulin. 2°. C'eſt qu'en courbant ces lames, le dos *K* de la courbe en dehors tire, ſe raccourcit & fait jetter la lame en arriere ; à l'autre lame au contraire, le tranchant ſe raccourcit en lui donnant la courbure, & la lame ſe jette en devant ; pour obvier à ces deux inconvéniens, en limant les Ciſeaux il faut leur donner une légere courbure ſur le côté, telle que l'indique la lettre *G*, *Fig.* 7. Les Ciſeaux courbes ſur les plats ſont du prix de 6 livres ; mais étant faits ſur les principes des précédens, ils valent bien 15 liv.

Article Quatrieme.

Du Biſtouri caché, appellé Attrape-lourdeau, *& des Biſtouris cachés, à hernier.*

La Figure 8 repréſente le premier Biſtouri caché, appellé par Scultet & pluſieurs autres, *Attrape-lourdeau*, en ce que la lame tranchante eſt renfermée dans une gaîne. Planche 99.

Cet inſtrument eſt compoſé de trois pieces ; 1°. ſon corps *h H h*, qui ſert de gaîne ; 2°. une lame de Biſtouri *K I* ; 3°. un reſſort *j*, qui tient la lame enfermée dans la gaîne. Le tranchant du Biſtouri eſt dans la partie concave *K* ; une platine *i*, qui fait corps avec le Biſtouri, ſert de piece de pouce pour faire ſortir la lame de la gaîne ; l'un & l'autre ſont ajuſtés enſemble par le moyen d'une charniere en *H*, & le reſſort eſt fixé à la gaîne par une vis en *j*. Nous verrons bientôt la maniere de faire ce Biſtouri. Le prix eſt de 6 liv.

A ce premier Biſtouri caché, a ſuccédé le Biſtouri caché à hernier, repréſenté par la Figure 9, imaginé par M. *Bienaiſé*. Cet inſtrument eſt compoſé, comme le précédent, d'une gaîne, d'un reſſort & d'une lame de Biſtouri portant la piece de pouce ; de plus il eſt emmanché en *L* pour le tenir plus ſolidement dans la main ; & de plus encore, la gaîne porte une platine faite en cœur *n m*, braſée avec la gaîne à la partie de deſſous ; or cette platine eſt faite pour ſervir de ſauve-garde aux inteſtins ; par ce moyen cet inſtrument renferme l'un des Biſtouris boutonnés & la Sonde ailée, *Fig.* 1, & enfin l'*Attrape-lourdeau*, *Fig.* 8 : le tranchant eſt de même à la partie concave. Son prix eſt de 12 liv.

A ce ſecond Biſtouri en a ſuccédé un troiſieme : c'eſt celui que repréſente la

Fig. 10. Il differe des autres principalement dans sa longueur : il a un pouce de plus de longueur de lame, & autant au talon : il a également un ressort de renvoi. Comme nous n'avons encore rien décrit qui approche de la figure de ces *Bistouris*, nous allons enseigner la maniere de les faire, & principalement celle de forger la gaîne.

Ayant pris une barre d'acier bien sain, de 7 à 8 lignes de largeur, & d'environ 4 lignes d'épaisseur, on commence par donner une chaude grasse ; on enleve premiérement la gaîne en entaillant en *p*, *Fig.* 11, sur la quarre de l'enclume, ensuite en *q* ; & par ces deux entailles on réserve l'éminence entre *p q*, ce qui fera la charniere. On étire ensuite la tige des deux côtés de la longueur qu'il la faut, 3 pouces & demi de *p* en *Q*, & 18 lignes de *q* en *P* : là on entaille quarrément pour réserver la queue, laquelle servira à emmancher l'instrument.

Ayant pris soin de forger bien quarrément la tige de *p* en *Q*, & sur-tout qu'il n'y ait point de pailles, ayez un bon ciseau de 10 ou 12 lignes de largeur de tranchant, & de 7 ou 8 pouces de longueur (voyez *Fig.* 11, *Pl.* 5) faisant chauffer la tige presqu'à blanc, & la faisant tenir par un Aide posée bien à plat sur l'enclume ; portez ensuite le ciseau bien perpendiculairement sur le milieu de la tige *N*, *Fig.* 12, & fendez-la à jour depuis N jusqu'en *o*.

Il est aisé de juger que si l'acier n'étoit pas bien net, la piece ne pourroit jamais souffrir cette opération (*) sans risquer de la perdre. Aussi-tôt que la tige est fendue, il faut l'ouvrir en écartant les deux branches, comme le font voir les deux lignes ponctuées *g g*, & cela pour avoir la facilité de bien nétoyer & bien adoucir le dedans avec des limes plates, ensorte qu'il n'y reste aucune crasse, aucune paille, ni aucun feu de forge ; après cela on a un mandrin qui est fait exactement de l'épaisseur que la lame du Bistouri doit avoir, mais quatre fois plus large ; ayant fait chauffer la gaîne à la couleur de bronze seulement (pour éviter qu'il ne s'y leve des écailles), on place le mandrin dans la fente de la gaîne, & l'on applatit la gaîne sur le mandrin ; ce dernier étant froid, soutient sa forme, & la gaîne étant chaude, se modele sur le mandrin ; mais il faut donner de petits coups de marteau & les frapper avec vîtesse, pour ne pas donner le temps au mandrin de s'échauffer.

Quelques Artistes ayant de mauvais principes, fendent cette gaîne (ou d'autres pieces à peu-près semblables), la refendent, dis-je, sur sa longueur, en fourchette, & cela pour avoir moins de peine à limer le dedans ; mais par cette méthode on est obligé de rapporter un entre-deux, comme, par exemple, ici au bout *o*, *Fig.* 12, de le percer, de le clouer, & de braser le tout avec la gaîne,

---

(*) Ceux qui croient accélérer l'ouvrage, cherchent à faire cette tige avec du fer, & cela pour avoir moins de peine à la lime, & avoir plutôt fini l'instrument. Ils sont souvent trompés dans leur attente ; car, la piece étant finie, se trouve ne rien valoir, parce qu'il s'é-leve de petites pailles & des filandres qui se succedent les unes aux autres ; or, l'acier est toujours préférable, parce que ses parties sont bien mieux liées & plus homogenes que celles du fer.

ce qui ne fait jamais une gaîne solide; l'ébranlement des coups de lime tour-
mente cette brasure, & au moment que l'on ne s'y attend pas, le choc du ressort
fait enlever l'entre-deux & séparer les deux branches. Ainsi pour avancer l'ouvrage ils ne font que de mauvaise besogne.

Après qu'on a disposé la gaîne, on ajuste la lame bien d'épaisseur & de longueur
dans la fente; on l'assujettit par le moyen de la vis, qui est l'axe de l'instrument;
ensuite on ajuste le ressort, & on se dispose à adoucir le tout.

Avant de tremper la lame (par rapport à l'action du ressort & à la minceur de
la lame, qui n'a qu'une ligne d'épaisseur), on la trempe couleur de cerise, & on
lui donne le recuit à la couleur de cuivre rouge.

Il faut être bon Emouleur pour bien émoudre cette lame, parce qu'elle est
mince & courbe: elle peut être gâtée par un seul & mauvais coup de meule appliqué un peu à faux. On choisit une meule de 9 ou 10 pouces de diametre, de 14
ou 15 lignes d'épaisseur, on l'arrondit bien (la polissoire également); on donne
les coups de meule vivement & bien d'à-plomb, & on donne à ce tranchant la
consistance de celui du Canif: il faut aussi l'affiler de même & sur les mêmes
pierres.

La gaîne est susceptible d'être gâtée en la finissant; & pour prévenir bien des
accidents, il faut avoir l'attention de ne pas donner un seul coup de marteau, ni
un coup de lime, ni même un seul coup de bois à polir, sans que la lame du
Bistouri soit dans sa case, c'est-à-dire, qu'elle doit toujours garnir le vuide de la
fente; & au défaut de la lame, on doit y mettre un modele de fer; sans cette
attention la gaîne se casseroit dans l'étau, ou elle se courberoit au point de ne
pouvoir pas la redresser.

La Figure 10, *Pl.* 100, représente l'instrument fini; les lignes ponctuées
ddd, font voir la position de la lame lorsqu'elle est sortie de la gaîne par la
pression du pouce qu'on appuie sur la queue de la lame *S*, qui est appellée
piece de pouce, & que l'on conduit sur le manche en *D*, qui est le battement.
Ce Bistouri caché est du prix de 9 liv.

ARTICLE CINQUIEME.

Du Bistouri - Gastric, de M. Morand.

LA Figure 13 représente le Bistouri-gastric, imaginé par M. Morand, de
l'Académie Royale des Sciences, &c, pour l'opération de la hernie. Il est composé de deux branches: l'une fait fonction de Sonde, & l'autre est un Bistouri; ces branches ont chacune un anneau semblable à ceux des Ciseaux, &
on doit le forger sur les mêmes indications expliquées au Chapitre XXV. En *R*
est une charniere réservée sur piece, laquelle doit être forgée de la maniere déja
indiquée à l'Article précédent, en *p q*, *Fig.* 11, *Pl.* 99; on la laisse pleine de

PLANCHE 100.

la forge, & l'on creufe la rainure, où doit entrer le charnon mâle, à coups de cifelet fait en bec-d'âne, après avoir tracé la place avec une lime plate d'une ligne d'épaiffeur ; la branche faifant Biftouri, eft fixée à la branche femelle par le moyen de la charniere, & le tranchant fe trouve en dehors fur le côté *t t t*, lequel eft fait fur les principes du Biftouri à panfement, *Chap. XXXVII*.

La branche femelle eft arrondie d'un bout à l'autre ; il importe beaucoup que fon extrémité *T* foit olivaire, bien arrondie fur tous les fens & bien polie, parce que c'eft elle qu'on introduit la premiere, & qui commence à dilater l'anneau. Le prix du Biftouri-gaftric eft de 6 liv.

ARTICLE SIXIEME.

Du Biftouri de M. Ledran.

Les Figures **14** & **15** repréfentent le Biftouri caché & ailé de M. Ledran ; la gaîne eft faite d'argent : elle eft vue par *x x X* ; elle eft armée de quatre platines de même métal & d'une demi-ligne d'épaiffeur, qui forment quatre ailes qui doivent fervir de fauve-garde aux inteftins. L'une des platines eft vue en *y y*, *Fig.* 14 : elle eft foudée au-deffous de la gaîne ; les deux autres ailes font foudées fur le côté de cette même gaîne : l'une eft en *u u*, l'autre en *v v* ; on leur fait prendre la forme d'un demi-rond, comme l'indique la ligne circulaire, ponctuée *z z z*, *Fig.* 15. Deux de ces ailes cachent une partie du Biftouri, c'eft-à-dire, toute la charniere *Z* ; on peut faire mouvoir l'inftrument fans que l'élévation de la charniere *Z*, puiffe bleffer les parties malades, parce que les deux ailes fupérieures cachent la charniere.

Pour bien exécuter cet inftrument, prenez une platine d'argent d'une ligne d'épaiffeur, de 6 lignes de large par le bout *x x*, 10 lignes de large pour l'autre bout *X*, & de 5 pouces & demi de longueur en tout. L'argent étant bien recuit, on le ploie à froid fur un mandrin fait d'acier, d'une ligne d'épaiffeur depuis *M* jufqu'en *N*, *Fig.* 16, & de la forme exacte que doit avoir la tige à l'égard de la largeur de *N* en *M* ; mais à cette derniere lettre doit commencer une élévation qui aille en arrondiffant & groffiffant jufqu'au bout, afin de pouvoir faire une douille au bout de la gaîne *X*, qui fert à fixer le manche à l'inftrument par une queue qui entre bien jufte dans la douille, & que l'on fixe par deux petits clous paffés à travers la gaîne & le manche, & rivés fur la gaîne. Quand la gaîne eft ployée, qu'elle eft bien modelée fur le mandrin, qu'elle eft entaillée des deux côtés pour réferver la charniere fur la ligne *a*, on ajufte & on foude un entredeux au bout, ce qui eft vu par la ligne *r r*, *Fig.* 17, laquelle figure ne repréfente que la moitié d'un bout de la gaîne ; cette moitié va encore nous fervir à expliquer une autre partie intéreffante de l'inftrument.

La lame du Biftouri n'eft fixée à la bafcule ou piece de pouce, que par une

charniere

charniere vue en *Z* , du reste la lame est en liberté dans sa gaîne ; or , elle sortiroit de sa place si elle n'étoit contenue par un moyen que voici.

On réserve un bouton rond appellé *larme transverfale* , laquelle on réserve au bout de la lame sur la ligne *o* , *Fig.* 18 , en lui donnant une ligne de grosseur. Pour faire la loge de ce bouton , il faut resserrer les bords de l'ouverture de la gaîne , par une forte bavure ; pour cet effet on abat les quarres du mandrin depuis *N* jusqu'en *P* , & l'ayant placé dans la fente de la gaîne à petits coups de marteau appliqués sur les bords ou joues de la gaîne , on fait abattre toute l'épaisseur sur les quarres abattues du mandrin ; ce quié tant fait , on retire le mandrin de la gaîne , & l'on trouve les joues abattues au point de former ce qu'on appelles des *galleries rabattues* , propres à contenir une larme transverfale : on voit ce rebord abattu en *R* , *Fig.* 17.

Pour avoir la facilité de sortir le mandrin de la gaîne , après avoir rabattu les galleries , il faut non-seulement avoir oint le mandrin d'un peu d'huile d'olive ; mais encore il faut qu'il soit bien dressé , quant à l'épaisseur & la largeur , & bien adouci en long avec une lime douce usée.

Quand les galleries sont bien faites & bien unies , qu'il n'y reste aucune irrégularité qui puisse accrocher la larme transverfale , & que de l'autre côté cette derniere est bien arrondie & polie , il est certain que l'instrument jouera bien , sans que les parties puissent être gâtées. Mais pour prévenir un accident , (celui où le bouton casseroit dans les galleries ,) après avoir trempé le Bistouri & l'avoir recuit à la couleur de cuivre rouge , il faut aussi recuire le bouton & le faire venir bleu , en le pinçant avec des tenailles rougies au feu.

On place un ressort de renvoi en *G* , *Fig.* 15 , & on le fixe avec une vis. Ce ressort sert à tenir l'instrument fixe , de maniere que le Bistouri ne puisse pas sortir de sa gaîne sans que l'on porte le pouce sur *f* , aux lignes ponctuées , ce qui fait descendre la piece de pouce vers le manche , comme il est indiqué en *G*. La lame tranchante doit être faite & affilée comme un Bistouri *Chap.* *XXXVII.* Le prix du Bistouri caché & ailé de M. Ledran , est de 36 liv.

ARTICLE SEPTIEME.

Du Dilatatoire de M. le Blanc , pour l'opération de la Hernie.

Le dernier instrument qui ait paru pour l'opération de la hernie , a été imaginé par M. le Blanc , Chirurgien à Orléans. C'est un Gorgeret dilatatoire , représenté de face par la Fig. 19 , & vu de côté par la Fig. 20 , qui représente la courbure qu'il doit avoir.

PLANCHE 100.

Cet instrument ressemble assez au Gorgeret dilatatoire pour la taille , selon la méthode de M. Foubert ; cependant il en differe essentiellement.

Jusqu'ici tous les instruments pour la Hernie , sont indiqués à tranchant , &

par conféquent *ils* tendent à incifer ; il faut pourtant en excepter le Couteau fait à la lime, de M. Petit ; or M. le Blanc propofe dans fa nouvelle méthode feulement de dilater l'anneau, & fon inftrument remplit très-bien cette intention : il eft compofé de deux branches exactement femblables, jointes par une charniere en *B*. Les lames ont chacune la forme d'un croiffant, & jointes enfemble, elles forment les deux tiers d'un cercle, de forte que le doigt indice fe cache prefque entiérement dans la gouttiere. Les deux branches fupérieures fe terminent à l'extrémité *b*, par un bouton olivaire, arrondi fur tous les fens, & elles font ajuftées avec telle précifion, qu'elles femblent n'être qu'une feule piece : il faut que toutes les quarres foient par-tout bien abattues & généralement bien polies ; car on doit comparer l'effet de cet inftrument à celui d'un coin, auquel il reffemble affez par fa forme. On commence par introduire le bout olivaire *b*, dans l'anneau : il s'ouvre un paffage dans l'étranglement, & peu-à-peu on l'introduit jufqu'au milieu de la gouttiere ; alors on commence la dilatation en introduifant le doigt pour faire rentrer l'inteftin, &c.

Pour exécuter cet inftrument, il faut prendre une barre d'acier bien faine, d'environ 8 lignes de largeur, fur 4 d'épaiffeur ; on donne une chaude graffe pour étirer la branche fupérieure, & entailler la charniere *B*, comme nous l'avons indiqué pour la gaîne du Biftouri caché, *p q*, *Fig.* 11, *Pl.* 11, &c.

Quand les deux branches font forgées & recuites, on commence par difpofer la charniere fur les indications données pour le Valet à patin, *Chap. XXXIV*, *Pl.* 75 ; on ajufte les deux branches enfemble, en laiffant un peu de jour entre-elles au milieu & en bas, afin de pouvoir mieux joindre les deux extrémités en *b*, qui doivent être parfaitement bien ajuftées : on dreffe l'épaiffeur des branches en les limant enfemble ; on leur donne la courbure indiquée par la Fig. 20, & on fait la gouttiere. Pour fe rendre maître des deux branches, & avoir la facilité de les limer commodément, il faut fixer l'extrémité *b* avec un étau à main, ou avec du fil d'archal, de maniere que les coups de limes ne faffent pas plier & baiffer une lame plus que l'autre ; car on auroit bientôt gâté la piece. Cet inftrument fe finit à la lime & au poli à la main ; on n'emploie point la meule, & même il ne doit point être trempé.

M. le Blanc avoit d'abord imaginé un reffort placé entre les deux branches, qui fervoit à les contenir fermées & jointes pour l'introduction de l'inftrument dans l'anneau ; mais après l'avoir fait entrer, il falloit, d'un coup de pouce, faire partir le reffort de fa place, parce que pour lors il nuifoit à la dilatation qu'on doit faire avec ménagement ; mais ce reffort étant hors de fa place naturelle, étoit lâche, il vacilloit, & par-là gênoit l'opération. M. le Blanc, à cet égard, a fait une correction à l'inftrument qui eft fort heureufe : il a fait fupprimer le reffort & rapporter une traverfe en portion de cercle qu'on voit en *c* : elle eft fixée à la branche *d*, & mobile dans la branche *E*, *Fig.* 19, traverfant cette derniere au moyen d'une fenêtre que l'on voit en *e*, *Fig.* 20 ; de forte que pour tenir l'inftrument fermé, on donne un tour à la vis *F*; la pointe preffe par le bout fur la traverfe *c*; alors l'inftrument eft tenu auffi fixe qu'avec le reffort; & fi l'on craint qu'il ne tienne pas affez ferme, on n'a qu'à faire un trou de demi-ligne de profondeur à la traverfe, pour recevoir le bout de la vis; alors fi peu qu'elle pénétrera le trou, il ne fera plus poffible d'ouvrir les branches fans defferrer la vis.

Cette traverfe donne encore une perfection à l'inftrument que le reffort ne pouvoit pas abfolument lui donner: la charniere qui joint les deux branches eft très-petite; elle n'eft pas d'affez grande furface pour contenir les deux branches enfemble avec leurs extrémités toujours bien égales; au contraire, l'une baiffoit & l'autre hauffoit, & la variation ou le jeu de l'épaiffeur d'un cheveu à la charniere *B*, fuffifoit pour donner plus d'une ligne d'inégalité au bouton; au lieu que la traverfe placée en *c*, à 7 ou 8 lignes de diftance de la vis, qui fait le centre du mouvement de la charniere, cette traverfe, dis-je, foutient les deux branches au point d'empêcher toute variation irréguliere, parce qu'étant bien ajuftée, elle équivaut à une charniere qui auroit 10 lignes de furface, au lieu que celle qu'on fait ordinairement à cet inftrument, n'a que 4 lignes.

Le Dilatatoire de M. le Blanc eft du prix de 12 liv.

CHAPITRE QUARANTE-DEUXIEME.

Des Trois-quarts pour la Paracentefe, pour l'Hydrocele, pour le Périnée, pour la Bronchotomie, pour les Contre-ouvertures; du Pharingotome; de plufieurs Inftruments pour les maladies de la bouche, des amygdales, &c; du Speculum oris; du Speculum ani; du Speculum nazi; du Speculum matricis, & des Dilatatoires fervant à plufieurs opérations.

Ce Chapitre fera un peu étendu, puifque nous y renfermons un nombre d'Inftruments qui ont tous quelques rapports entr'eux, par les fonctions qu'on leur a données. Mais en fuivant l'ordre que nous nous fommes prefcrit, nous le diviferons en autant d'Articles qu'il fera néceffaire pour éviter la confufion, & nous commencerons par les Trois-quarts.

En Chirurgie on appelle *Trois-quarts*, un inftrument compofé d'un manche, d'une tige d'acier, & d'une canule d'argent. Cet inftrument a été imaginé d'abord pour l'hydropifie ou paracentefe, enfuite pour l'hydrocele; mais depuis un fiecle il a été approprié à d'autres opérations.

M. Foubert s'en eft fervi pour l'opération de la taille, enfuite à la ponction au périnée. M. de la Faye l'a appliqué à l'opération de la taille par le *haut appareil*.

Le Frere Côme l'a mis auffi en ufage dans le même cas. Enfin le Trois-quarts a été appliqué à l'opération de la bronchotomie, pour faire entrer l'air dans les poulmons, en pénétrant la trachée-artere.

ARTICLE PREMIER.

Du Trois-quarts pour la Parencentefe à pavillon percé.

PLANCHE
101.

POUR faire un Trois-quarts, on commence par forger une tige d'acier pur & bien net (*) d'environ 2 lignes de groffeur, fur 3 pouces de longueur de tige, & 18 lignes de queue; on l'arrondit bien à la lime : on entaille la queue quarrément en *a, Fig.* 1, en diminuant jufqu'en *b*. Ayant bien arrondi & bien adouci la tige en long, on la fixe à un manche à l'aide du ciment : on fait le manche au tour, & on lui donne la forme d'une poire; on y ajufte une virole, finon on fait entrer une rofette plate qui fe fixe en *a* pour fervir de *mître* ou d'embafe; enfuite on cimente la tige avec le manche. *Voyez la Fig.* 2.

Pour faire la canule, prenez une lame d'argent planée de demi-ligne d'épaiffeur, de 6 lignes de largeur, fur 2 pouces & demi de longueur; ployez-la fur un mandrin cylindrique, *Fig.* 3; joignez bien les bords : mettez le paillon de foudure d'argent; liez le tout bien ferré avec le fil d'archal : *voyez la Fig.* 4; foudez enfuite ce tuyau. Voyez le Chapitre des Soudures, premiere Partie, *Chap. XX.*

Le pavillon fe fait enfuite d'une platine d'argent d'un pouce de diametre & de demi-ligne d'épaiffeur; ayant pris le centre d'un trait de compas, marquez le trou & la circonférence; arrondiffez la platine, & faites le trou en *B, Fig.* 5; pour l'ajufter au bout du tuyau *D, Fig.* 4 : percez les deux trous *c c* avec un poinçon d'une ligne de groffeur, & foudez le pavillon avec la canule, pour l'avoir comme le repréfente la *Fig.* 6. Quand les foudures font faites, il faut écrouir un peu la canule à petits coups de marteau fur le mandrin (**) : il faut auffi écrouir la platine, pour lui faire prendre une forme convexe du côté de la canule, & concave du côté du manche; après cela ajuftez la tige d'acier dans la canule, de façon qu'elle entre jufte; fixez la fortie de la tige à 4 lignes hors de la canule; & par des coups de lime donnés vivement, faites la pointe du dard à trois facettes, ce qui produit trois angles tranchants, dont la pointe fera bien au milieu : trempez enfuite le dard couleur de cerife, & recuifez-le à la couleur d'or : un demi-pouce de trempe lui fuffit. Il ne s'agit après cela que de polir la tige entre deux bois avec l'émeri; mais pour le dard, lorfque les facettes font

---

(*) C'eft un avantage de prendre du fil d'acier paffé à la filiere. Il fe vend à Paris 16 liv. la livre : on le choifit jufte à la groffeur qu'il le faut, & il n'a befoin que d'être poli.

(**) Il faut être muni de 12 ou 15 mandrins, qui different l'un de l'autre d'un très-petit degré de groffeur; mais on en fera beaucoup à peu de frais, en prenant environ un pied de longueur de fil de fer, appellé *fil d'archal*, de tous les degrés de groffeur : il fuffit de les adoucir un peu entre deux limes en long.

bien

bien adoucies & limées vivement, on n'a pas befoin de les paffer à la meule ; car
la poliffoire fuffit ; & la meule qui convient le mieux pour ces facettes de Trois-
quarts , c'eft le tour aux Lancettes : on lui fait une pointe bien aiguë , & on
l'affile fur les pierres à Lancettes. (Voyez le Chapitre **XXXV.**) Enfin pour
qu'un Trois-quarts opere bien , il faut qu'il entre dans le canepin fans cracquer ,
ainfi qu'une Lancette ; pour qu'il foit ainfi , il faut non-feulement que la pointe
& les tranchants foient parfaits , mais encore que le bout de la canule *E*, *Fig. 6* ,
foit bien aminci , & qu'elle fe termine à tranchant comme collée fur la tige ;
pour cet effet il faut diriger les facettes du dard jufqu'à la ligne *o o* , à une ligne
de diftance de l'extrémité de la canule *p p*.

Voici un expédient pour que la canule foit ajuftée fur la tige avec égalité & con-
venablement pour quantité d'opérations : faites un tuyau d'argent de figure conique , comme le repréfente exactement la fig. 8 , de l'épaiffeur de demi-ligne , qu'il
foit bien écroui fur un mandrin ; faites un trou dans le bout inférieur du manche
du Trois-quarts ; ajuftez & cimentez ce tuyau dans ce trou. Le tout eft repréfenté
par les lignes ponctuées *h H*, *Fig. 2* ; & lorfqu'on eft prêt à faire une opération ,
on préfente le bout de la canule *E*, *Fig. 6* , dans le trou *h*, *Fig. 2* : on donne
deux ou trois tours de frottement en tournant & appuyant un peu ; alors l'extrémité *E* qui eft mince , fe rétrécit comme en paffant dans une filiere , & par ce
moyen on donne toute la perfection néceffaire à cet inftrument (*).

Très-peu de Chirurgiens font munis d'un femblable Trois-quarts ou de ce
Porte-filiere , les uns parce qu'ils ne le connoiffent pas , les autres parce qu'ils ne
le regardent pas comme de conféquence , & qu'ils croient que quand un inftrument a été bien fait , il doit toujours être bon ; d'autres regardent trop au prix
qu'il coûte ; enfin quelques-uns ne trouvent bon & bien dirigé , que ce qu'ils
ont inventé eux-mêmes. Seroit-ce là le cas où il devroit y avoir de la partialité ?
Quand il s'agit de la fanté des hommes , ne devroit-on pas de bonne foi adopter
les meilleures idées & les inftruments les plus convenables , pour les foulager
dans leurs maux ?

Le Trois-quarts à pavillon percé & pour la paracentefe , fe vend *6 liv.* & le
petit pour l'hydrocele fe vend *5 liv.* Quand l'un ou l'autre porte la filiere , ils fe
vendent *1 liv. 10 f.* de plus.

(*) En donnant une figure conique à la filiere , | l'exception du Bronchotome , parce qu'il eft plat :
une feule peut fuffire pour tous les Trois-quarts , à | on appelle *filiere* , cette piece conique , *Fig. 8*.

ARTICLE SECOND.

Du Trois-quarts à gouttiere.

M. Petit a fait au Trois-quarts deux additions qui donnent beaucoup d'avantage à cet instrument; il a ajouté une gouttiere au pavillon, afin que l'eau puisse tomber dans une cuvette sans mouiller le ventre du malade; de plus, il a fait pratiquer une cannelure sur la longueur de la canule, pour servir de conducteur à la pointe d'un Bistouri, dans le cas où il faut faire une incision au sac pour attaquer le kiste.

Cette cannelure a encore un avantage que n'avoient pas les Trois-quarts anciens; c'est d'annoncer l'instant que la canule entre dans l'eau, parce qu'il en coule un peu dans cette cannelure. La Figure 7 représente le Trois-quarts à gouttiere complet, & la Figure 11 représente la canule séparée : *E e* fait voir la gouttiere, & la cannelure sur la canule, qui prend naissance sur le pavillon *j*, & continue le long de la canule jusqu'en *i*, à 2 lignes de l'extrémité.

La maniere de faire ce Trois-quarts, ne differe point de celle du précédent pour la tige; le dard & la canule; mais il differe pour la gouttiere & le pavillon; or, après avoir disposé & soudé la canule comme la Fig. 4 l'indique, on dispose la platine telle que la représente la Fig. 12, d'une ligne d'épaisseur; & pour faire la gouttiere, une platine de demi-ligne d'épaisseur, de la forme que représente la Fig. 13; on ploie cette platine en gouttiere sur une bigorne ronde, *Fig.* 14, (figurez-vous le gond d'une porte, bien arrondi & adouci); l'ayant ajustée sur la courbure du manche, il faut la lier & la souder sur la platine *Fig.* 12 : ici elle occupe la place des lignes ponctuées en demi-cercle; quand ils sont soudés ensemble il ne faut pas les délier, mais ajuster le bout de la canule *D*, *Fig.* 4, dans le trou *d*, *Fig.* 12, lier le tout, ainsi qu'il est représenté *Fig.* 15, & les souder ensemble; ensuite il faut délier le tout pour écrouir la gouttiere sur la bigorne : on l'ajuste avec le manche; on écrouit ensuite la canule sur le mandrin; & lorsque la canule est dégrossie à la lime bâtarde, il faut faire la cannelure; pour cet effet pratiquez un petit pan sur la canule; tracez la cannelure avec un burin pointu, & l'élargissez ensuite avec une échope; après cela finissez-la avec de petits riffloirs, ou une petite lime à queue de rat, dont le bout soit ployé en demi-cercle; mais pendant qu'on fait la cannelure, il faut toujours laisser la tige dans la canule, autrement on l'écraseroit.

La Figure 16 représente le petit Trois-quarts pour l'opération de l'hydrocele : il est à gouttiere & à cannelure, & ne differe qu'en grosseur & longueur de celui *Fig.* 7, qui est pour la paracentese.

On fait aussi des Trois-quarts pour l'hydrocele sans gouttiere & sans cannelure; alors on les fait avec le pavillon percé, représenté *Fig.* 10, & la canule avec le pavillon *Fig.* 9.

Quelques Chirurgiens, dans le deffein de procurer plufieurs iffues à l'eau, font faire un œil à la canule, comme le repréfente *G G*, *Fig.* 15. Cette méthode eft condamnée par plufieurs grands Maîtres; d'autres en la place de la fenêtre ou de l'œil, font faire quatre trous au bout de la canule; alors on le dirige fur les quatre faces de la canule : voyez *h*, *Fig.* 17, *Pl.* 102 ; c'eft la canule du Trois-quarts *Fig.* 18, inftrument recommandé par M. Sharp.

Le Trois-quarts à gouttiere pour la paracentefe, fe vend 9 livres; celui pour l'hydrocele à gouttiere, 8 livres; l'un & l'autre portant filiere, 1 liv. 10 f. de plus. Le Trois-quarts Anglois, *Fig.* 17 & 18, fe vend 8 liv.

ARTICLE TROISIEME.

Du Trois-quarts courbe pour le Périnée.

La Figure 19 repréfente le Trois-quarts courbe, pour faire la ponction au périnée; la tige eft repréfentée par la Fig. 20, la canule par la Fig. 21, & la platine par la Fig. 22; la longueur de la tige d'acier eft de 5 pouces : il doit être auffi jufte dans la canule, comme nous avons dit que devoit l'être le Trois-quarts droit. Cette courbure mettroit un obftacle à l'ajuftement ; car une ligne courbe ne peut pas entrer jufte dans une femblable, à moins que le cercle ne foit régulier, mais on a trouvé le moyen de lever cet obftacle: ce moyen eft unique ; le voici: ouvrez un compas de 8 pouces, pour donner un diametre de 16, & tracez un cercle.

PLANCHE 102.

Ayant difpofé la tige du Trois-quarts de la groffeur & de la longueur convenables, donnez-lui la courbure avec un petit marteau, pour l'ajufter au trait du compas; & quand la canule eft foudée, ajuftez-la fur le même trait; il eft certain que la tige entrera bien dans la canule : cependant fi elle étoit un peu gênée, on pourroit diminuer la tige du bas jufques vers le milieu, mais non pas du côté du dard; car il importe beaucoup que l'ajuftement foit régulier.

La platine eft repréfentée dans fa forme naturelle par la Fig. 22 : elle doit avoir près d'une ligne d'épaiffeur, & deux anneaux ou deux trous percés en *K K*, pour paffer un cordon de 2 lignes de groffeur. Ce Trois-quarts courbe eft du prix de 12 liv.

ARTICLE QUATRIEME.

Du Trois-quarts pour la Bronchotomie.

L'OPÉRATION de la Bronchotomie fe faifoit autrefois en ouvrant la trachée-artere avec un Biftouri ou avec une Lancette, pour introduire la canule repréfentée par la Fig. 23 : cette canule a une légere courbure repréfentée par la Fig.

PLANCHE 102.

24: elle eſt percée à ſes deux extrémités, parce qu'elle eſt deſtinée à introduire l'air dans les poumons ; au moyen des deux anneaux *l l*, on paſſe un cordon & on la fixe dans l'ouverture ; or, après l'ouverture de la trachée-artere, on a beaucoup de peine à introduire la canule, parce que le mouvement & la reſpiration font varier l'ouverture.

Pour faire cette opération plus diligemment, on a imaginé d'ajuſter un dard à cette canule, pour en faire une eſpece de Trois-quarts, avec lequel on puiſſe introduire la canule en même temps que le dard fait l'ouverture. La Figure 25 repréſente cet inſtrument ; la platine eſt repréſentée par la Figure 26, avec les anneaux *L L* ; & le trou du milieu donne l'épaiſſeur que doit avoir le dard. La Figure 27 fait voir la coùrbure de la canule ſur le côté ; cette courbure doit être ajuſtée ſur une portion de cercle d'un diametre de 3 pouces. La Figure 28 fait voir la canule de plat, avec un trou percé à jour en *M* ; & la Figure 29 repréſente la tige d'acier avec une queue *m*, pour l'ajuſter ſur un manche, de même qu'un Trois-quarts ordinaire, & comme il eſt repréſenté en *n n*, *Fig. 25*.

Les canules ſimples pour la Bronchotomie, valent 3 liv. piece ; & le Trois-quarts bronchotome vaut 6 liv.

ARTICLE CINQUIÉME.

Du Bronchotome de M. Bouchot, & de ſon conducteur.

M. Bouchot voulant faire entrer un plus grand volume d'air dans les poumons, a imaginé un Bronchotome qui produit plus d'effet : il eſt repréſenté par la Fig. 30. Ce Bronchotome n'a pas beſoin d'être courbé, parce que ſa canule & ſon dard n'ont que la longueur préciſe pour pénétrer dans les bronches. J'ai développé cet inſtrument dans les figures ſuivantes.

La Figure 31 fait voir la canule avec les deux anneaux *o o*. La Figure 32 fait voir le dard ; la ligne *p* indique le commencement des deux tranchants ; & la Figure 33 repréſente géométralement le plan de la platine qu'on ſoude ſur la canule : on voit par le trou allongé du milieu *P*, la forme exacte du trou, & l'épaiſſeur que le dard doit avoir.

La Figure 34 repréſente la forme du Conducteur vu de face ; la cavité *Q* eſt faite pour que l'inſtrument s'ajuſte au col. La courbure, ainſi que l'épaiſſeur, ſont repréſentées par la Figure 35 ; la ligne *r* répond à la ligne *R*, ce qui indique le lieu où il eſt coudé. Il peut ſe faire indifféremment d'acier ou d'argent ; tous les angles doivent être mouſſes & bien polis.

Le Bronchotome de M. Bouchot avec ſon Conducteur, ſont du prix de 9 liv. les deux.

ARTICLE

Article Sixieme.

Du Trois-quarts pour les Contre-ouvertures.

La Figure 36 repréfente le Trois-quarts pour les Contre-ouvertures, imaginé par M. Petit. Cet inftrument tient du Trois-quarts ordinaire, quant au dard & à la canule; par le bas *AAB*, il eft femblable au Pharingotome dont nous allons parler à l'Article fuivant; il n'en differe qu'en ce qu'il a deux anneaux en *aa*, un œil à l'extrémité de la canule *c*, pour y paffer une bandelette, & une cannelure pour fervir de fonde creufe à la pointe du Biftouri.

Nous avons repréfenté huit efpeces de Trois-quarts; cependant on en a fait de plufieurs autres, mais qui ne different qu'en longueur & en groffeur, & cette différence ne doit pas arrêter l'Ouvrier dans leur conftruction; car cela confifte feulement à fe munir de différents mandrins, & à choifir celui qui convient à la groffeur du Trois-quarts que l'on veut fabriquer. Pour faire la canule, on prend le diametre du mandrin avec un compas; or, trois fois le diametre de quelque piece ronde, donne affez jufte, pour notre objet, la mefure de la circonférence, à caufe qu'il faut écrouir l'ouvrage : on n'a donc qu'à ajufter une lame d'argent trois fois plus large que le diametre du mandrin, & l'on fera la canule du Trois-quarts diligemment & telle qu'on la demande.

Article Septieme.

Du Pharingotome.

Le nom de M. Petit eft fouvent répété dans cet Ouvrage : c'eft un hommage que nous rendons avec plaifir à un homme qui a été précieux à fa Nation, & qui a enrichi la Chirurgie de plufieurs inftruments de fon invention. On peut dire que celui qu'il a le mieux combiné, & qui a fouffert le moins de changement depuis qu'il l'a imaginé, eft le Pharingotome. Nous allons le décrire & en développer toutes les pieces.

La Figure 37 repréfente le Pharingotome complet, dont le dard eft renfermé dans fa gaîne par l'élafticité d'un reffort fpiral; & la Figure 38 repréfente l'inftrument dont le dard *D* eft dehors de fa gaîne, en fuppofant que le pouce foit appuyé fur le bouton *b*, & le doigt du milieu paffé dans l'anneau.

La Figure 39 repréfente la coupe longitudinale de la gaîne du dard, & de la boîte qui renferme le reffort; enfin on peut y examiner tout l'intérieur & l'épaiffeur de la matiere, &c. Toutes les pieces font faites d'argent, excepté le dard & le reffort.

La Figure 40 repréfente le dard ajufté fur fa tige d'argent viffée en *q*; c'eft fur elle qu'eft le reffort fpiral *G G*.

Coutelier. II. Part. Sect. I.   P 4

Planche 103.

Planche 103.

PLANCHE
103.

La Figure 41 repréſente la gaîne, qui eſt la partie *h H*; *i j* fait voir la boîte ſur laquelle eſt ſoudé l'anneau *L*, & *K* indique le couvercle de la boîte qui ſe viſſe en *j* : elle fixe l'inſtrument & lui donne toute la ſolidité néceſſaire. Pour faire le Pharingotome , on commence par la boîte ; elle s'éxécute en ſuivant les regles du Porte-pierre, *Chap. XXXVII*; mais avant de le mettre au tour , il faut y ſouder un diaphragme , comme il eſt repréſenté à moitié en *N*, *Fig.* 39 ; & lorſque la boîte eſt ſortie du tour , que les bouts ſont bien ajuſtés à vis , il faut ſouder l'anneau *L* bien en face du côté cave de la gaîne ; pour y bien réuſſir , lorſque l'anneau eſt ſoudé ſur la boîte , viſſez en ſa place la partie *H*, & ſur cette derniere on fait le trou *o*, *Fig.* 42 , qui doit recevoir la gaîne.

Pour faire la gaîne du dard, pren　une lame d'argent de trois quarts de ligne d'épaiſſeur, de 10 lignes de largeur , ſur 5 pouces de longueur ; ployez cette lame ſur un mandrin courbe, ajuſté ſur la ligne circulaire d'un cercle de 16 pouces de diametre ; ayant ſoudé cette gaîne dans ſa longueur , il faut l'ajuſter au trou du couvercle *o*, *Fig.* 42 , la laiſſant déborder de demi-ligne en dedans , & l'ayant ſoudée , il faut l'écrouir un peu ſur le mandrin.

Pour faire la tige qui doit porter le dard & le bouton , prenez un fil d'argent paſſé à la filiere , & qui ait 2 pouces de longueur , ſur 2 lignes de diametre ; ſoudez une platine au milieu *n*, *Fig.* 43 ; faites un trou en *m*, & le taraudez pour recevoir la queue du dard , & réſervez un pivot à l'autre bout *p*, que vous tarauderez auſſi pour recevoir le bouton *p*.

Pour faire le dard, prenez de l'acier pur & bien ſain ; forgez la lame d'une ligne d'épaiſſeur, de la forme qu'indique la Figure 40 , de *q* en *Q* ; il faut enſuite bien écrouir le côté du dard : limez-le juſte à la largeur & à l'épaiſſeur du trou de la gaîne ; arrondiſſez l'autre bout , & taraudez-le pour le viſſer dans la tige ; enfin trempez ce dard , & finiſſez-le entiérement comme une Lancette ; car ce bel inſtrument n'eſt autre choſe qu'une Lancette renfermée dans une gaîne , qui ſert à percer un abſcès dans la gorge. Il importe beaucoup que le reſſort de cet inſtrument ſoit bon & bien fait ; & comme nous n'avons pas encore parlé de cette eſpece de reſſort , il faut donner les moyens de le faire bien & à peu de frais.

Prenez 11 ou 12 pouces de reſſort de montre de 2 lignes de large ; faites-le recuire , & ſans autre façon préſentez un bout ſur un mandrin de figure conique & bien rond ; fixez un bout avec un étau à main ſur le mandrin & ſur la ligne *R R*, *Fig.* 44 ; roulez toute la longueur de cette lame d'acier ſur le mandrin ; obſervez que le bout que vous roulez , porte d'une demi-ligne au moins , ſur celui qui eſt roulé ; car le but que l'on a en faiſant ce reſſort , eſt que tous les rouleaux ſe logent mutuellement les uns dans les autres depuis la premiere ſpire juſqu'à la derniere. Le reſſort étant bien roulé , liez-le ſur le mandrin avec du fil d'archal pour le tremper ; pour cet effet faites-le chauffer au feu de charbon de bois dans la poële ; laiſſez chauffer lentement le reſſort & le mandrin , & lorſque le tout aura pris la couleur de cerise , trempez-le dans l'eau : essuyez-le pour l'oindre avec du suif ou avec de l'huile ; posez ensuite le gros bout du mandrin sur le feu ; si-tôt que vous verrez que le gros bout sera un peu échauffé , prenez-le avec des pinces ; portez le bout où est le ressort sur le feu , & tournez-le continuellement , afin que le tout s'échauffe avec égalité ; enfin quand la matiere approchera de la couleur de cuivre rouge , & que l'huile commencera à fumer , elle s'enflammera ; alors retirez la piece du feu : laissez brûler toute l'huile à l'air ; & si-tôt que vous la verrez s'éteindre , plongez la piece dans l'eau ; déliez enfin ce ressort : il est fini.

Pour monter le Pharingotome , commencez par ôter le bouton *E* , *Fig.* 41 , pour passer le couvercle *K* , qui est percé à cet effet ; lorsqu'il est passé comme on le voit ponctué en *S s* , vissez le bouton , ensuite mettez le ressort dans la tige *G G* , que le petit bout porte sur la platine de la tige *g* , & vissez le dard en *q* , sur la tige ; après cela présentez le dard *Q* à la partie *T* de la gaîne *Fig.* 41 , en conduisant la pointe avec précaution , pour passer le diaphragme sur lequel va s'appuyer le gros bout du ressort ; présentez ensuite la pointe du dard *Q* , à la partie *Z* de la gaîne ; faites-le couler tout le long , pour visser la partie *Z H* dans *i* ; ensuite vissez *j T* dans *K* , & l'instrument sera monté. Pour le démonter , il faut commencer par où nous avons fini , & finir par où nous avons commencé.

Le Pharingotome se vend 24 liv.

A R T I C L E   H U I T I E M E.

De l'Aiguille , de la Sonde , & de l'Instrument à deux anneaux ,
pour l'extirpation des Amygdales.

La Figure 45 représente la Sonde servant à envelopper les glandes aux Amygdales ; c'est une tige d'acier non-trempée , à laquelle on fait un œil en *A* ; & à commencer par la ligne *a a* , jusqu'à l'extrémité , on y fait des sillons avec la quarre d'une lime , à peu-près comme les filets d'une vis , mais faits irréguliérement , afin que le fil ciré puisse se loger & tenir.

PLANCHE
104.

La Figure 46 représente l'Aiguille de M. Chesseldem , pour faire la ligature des Amygdales : *c c* est un petit manche sur lequel est cimentée l'Aiguille d'acier *B b* : elle est ronde dans tout son corps ; mais en *b* elle est ovale applatie : on y fait un trou au foret , pour y passer un cordon. La pointe n'est ni aiguë ni tranchante ; l'un & l'autre sont mousses.

La Figure 47 représente l'instrument à deux anneaux , pour faire la ligature des Amygdales. C'est une tige d'acier non-trempée , à laquelle on fait deux trous au foret , un à chaque bout ; après cela on les rend un peu ovales en les limant avec une queue de rat ; au reste il doit être bien arrondi sur toutes les parties : il a été imaginé par Fabrice de Hilden. Scultet rapporte entr'autres , un instrument imaginé par un Payfan de Norwege, pour couper la luette. J'ai eu plufieurs fois le deffein de l'exécuter, pour en donner la defcription ; mais puifqu'on le regarde comme totalement inutile , j'ai cru devoir le fupprimer ; d'ailleurs il eft très-compliqué, & la defcription qu'il en donne n'eft pas fort claire. Voyez Scultet , Table XI , *page 25* , Edition Françoife.

Ces trois inftruments , *Fig.* 46 , 47 & 48 , font du prix de 2 liv. piece.

Article Neuvieme.

De l'Abaiffeur de la langue , & du Gloffocatoche.

Pour opérer facilement dans la bouche avec tous les inftruments que nous venons de détailler , il faut des inftruments auxiliaires , foit pour tenir la bouche ouverte , ou pour contenir la langue fixe fur la mâchoire inférieure.

La Figure 48 repréfente l'Abaiffeur de la langue. On le fait indifféremment d'argent ou d'acier ; la partie *d d* pofe fur la langue : les deux coudes *E E* , donnent un vuide de 4 lignes de hauteur , afin que les dents foient à leur aife , & ne gênent pas pour le placer , ni pour placer un autre inftrument. La partie *ff*, qui eft applatie , lui fert de manche & de poignée ; quelquefois il faut faire des fcarifications fur la langue : alors on fait une fenêtre au milieu de la plaque , comme il eft repréfenté en *e*. Plufieurs préferent d'y ajouter deux fenêtres ; alors on lui en fait une fur chaque bord plus étroite. Voyez *F F*, *Fig.* 49. La poignée eft limée à huit pans applatis ; la partie du coude *E E*, eft arrondie en amande ; la partie qui doit pofer fur la langue eft un peu concave , & le deffus eft convexe. Voyez la coupe tranfverfale , *Fig.* 50 : *G* eft le côté concave , & *g* eft le convexe.

La Figure 51 repréfente le Gloffocatoche , compofé de deux branches ajuftées à *jonction paffée*. Il eft deftiné à tenir la bouche ouverte & la langue fixée fur la mâchoire inférieure ; pour cet effet on place la branche fupérieure *h* dans la bouche , pour faire l'office de l'Abaiffeur de la langue , tandis que la mâchoire inférieure *j j* de l'inftrument , qui eft faite en fourchette , embraffe le menton par-deffous. Il fuffit d'expofer fon ufage , pour faire fentir que les branches doivent être arrondies fur tous les fens & bien polies.

On fait cet inftrument fur les principes du Davier , *Chap. XXXVIII.* Pour faire la fourchette *j j*, voici comment on procede : lorfqu'on a entaillé l'entablure mâle, on applatit le bout & on fend la fourchette à chaud avec un cifeau ; mais comme on ne pourroit pas paffer cette fourchette dans la branche femelle pour exécuter la jonction paffée , à caufe de fa largeur , on eft obligé de la paffer par la branche *I* ; alors on laiffe cette branche quarrée pour la conferver étroite ; mais lorfqu'elle eft paffée , on l'élargit par une chaude , pour lui donner la forme qu'elle doit avoir en *I*.

L'Abaiffeur

L'Abaisseur de la langue, *Fig.* 48, vaut 3 livres ; & le Glossocatoche, *Fig.* 51, est du prix de 9 liv.

ARTICLE DIXIEME.

*De l'Obturateur du palais, du Souffle-poivre à la luette,
& de l'Entonnoir au bouillon.*

QUELQUES maladies, telles que les vénériennes & le scorbut, font des ravages au palais, en rongent l'os & y laissent un trou préjudiciable à la voix, en ce qu'une partie du son se perd en passant par le nez. Pour remédier à cet inconvénient, & à d'autres dont nous ne parlerons point, on applique un instrument appellé *Obturateur du palais*, représenté à-peu-près par la Figure 52 : je dis à-peu-près, parce que toutes les configurations des palais ne sont point semblables en concavité, de même que les caries sont différentes ; par conséquent il faut ajuster chaque Obturateur sur la personne même qui en a besoin : on le fait souvent à vue d'œil & au hasard ; mais j'ai toujours proposé au Chirurgien, pour mieux répondre à ses intentions, de modeler l'Obturateur avec de la cire réduite en platine de l'épaisseur de 2 lignes ou environ, de 18 lignes de diametre & ovale ; alors en portant cette plaque de cire sur le pouce, le présentant sur le haut du palais, directement où il convient de placer l'Obturateur, il faut appuyer du pouce sur la plaque, & sur deux ou trois sens s'il le falloit ; en retirant la cire légérement, on trouvera l'Obturateur bien modelé ; ensuite avec des ciseaux on peut couper l'excédent tout autour ; après cela on prend une platine d'argent de trois-quarts de ligne d'épaisseur, & après l'avoir recuit, on lui donne exactement la forme de la cire, tant du côté concave que du convexe : on soude ensuite une tige d'argent aussi sur le milieu de la partie convexe *K* ; on taraude le bout *L* pour le fixer avec l'écrou *M* ; on arrondit bien tous les angles ; on polit entiérement l'instrument : c'est au Chirurgien ensuite à le garnir d'une éponge, &c, & à le placer.

On voit des gens qui, après une trop forte salivation, ont les deux mâchoires bridées l'une contre l'autre ; alors pour soulager ces infortunés, il faut se servir d'un Entonnoir représenté par la Figure 53, au moyen duquel on fait passer du bouillon ou quelqu'autre liqueur convenable, en faisant entrer le petit bout du tuyau *l*, dans la bouche, à la place d'une dent arrachée, sinon par derriere les dernieres molaires : on fait l'Entonnoir *N* un peu large, dans lequel on vuide le bouillon.

Pour faire cet instrument, prenez une lame d'argent d'une ligne d'épaisseur, de 6 lignes de large par le petit bout, d'environ 28 ou 30 lignes pour l'Entonnoir, & de 5 ou 6 pouces de long ; ployez cette lame sur un mandrin, & la soudez : rapportez un anneau pour donner de la force aux bords de l'Entonnoir, & lui ajouter un peu d'élégance ; & après avoir dégrossi le tuyau, on lui fait faire

PLANCHE
104.

les deux coudes, & moyennant que l'argent fera au titre, il obéira entre les doigts fans s'écrafer.

Cet inftrument fert auffi dans l'apoplexie, & aux perfonnes qui ont eu la mâchoire luxée trop long-temps.

La Figure 54 repréfente le Porte-poivre à la luette; c'eft un tuyau d'argent, au bout duquel eft foudé une petite cuiller, & dont le bout *o* releve un peu, de maniere que lorfqu'on a mis le poivre dans la cuiller, on la porte fous la luette : on fouffle par le bout *p*, & le poivre tombe & s'applique entiérement fur la luette.

L'Obturateur du palais ne peut point avoir un prix fixe, puifqu'il eft fufceptible d'avoir des formes différentes qui en font varier l'épaiffeur & la grandeur ; mais pour l'indiquer du fort au foible, le moins eft 9 liv. & le plus 15 liv. en argent. Le Souffle-poivre fe vend 6 liv. & l'Entonnoir à bouillon 12. liv.

ARTICLE ONZIEME.

Du Speculum oris.

PLANCHE 105. LA Figure 55 repréfente le Speculum oris, pour forcer la bouche à fe tenir ouverte au point qu'on le veut: *R R*, *r r*, *s s*, eft comme la cage de l'inftrument ; *P* eft une platine fixée au bout de chaque branche *t t* ; *Q* eft une platine parallele à l'autre, mais mobile dans les deux branches : elle n'eft fixée qu'à l'extrémité de la vis, & encore n'y eft-elle fixée que par un écrou en bonnet, qui lui laiffe la facilité de tourner dans le trou ; ce bonnet ne porte que 2 lignes d'épaiffeur, dont une partie fe trouve noyée dans une fraifure de la platine *P*, afin de laiffer les deux platines libres de fe toucher, au point de n'en faire qu'une, pour avoir la facilité de les introduire dans la bouche, en forçant les dents des deux mâchoires à lui faire place, comme, par exemple, dans l'apoplexie. Il eft encore d'un grand fecours dans les vaiffeaux qui vont à la traite des Negres : ces Sauvages ne veulent rien prendre, préférant fans doute la mort à l'efclavage ; ou crainte de quelque poifon, ils tiennent les dents fi ferrées, qu'on a recours au fpeculum oris pour leur ouvrir la bouche, la tenir ouverte jufqu'à ce qu'ils aient avalé les boiffons & les aliments qu'on leur donne, ce qu'on répete jufqu'à ce qu'ils aient changé de réfolution. La vis de cet inftrument eft taraudée d'un double pas, pour viffer & déviffer diligemment : on le taraude avec une filiere double. *Voyez la Fig.* 1, *Pl.* 75. Cette vis eft mife en mouvement par le treffle *T*, qui lui fert de manivelle : c'eft la noix *y* qui eft taraudée ; de forte qu'on peut ouvrir cet inftrument depuis un quart de ligne jufqu'à 6 pouces ; cependant on ne l'ouvre jamais plus de 12 à 14 lignes ; mais il faut le refte de la longueur de la cage, pour tenir l'inftrument d'une main, tandis qu'on fait mouvoir la vis de l'autre.

Les deux platines font taillées avec des dents femblables à celles d'une écouene, & dans la direction des deux Figures 56 & 61 ; la supérieure *P* est taillée en dessus, & l'inférieure l'est en dessous de la lettre *Q*, par conséquent les dents ne sont point visibles. Le plus difficile à faire de cet instrument, c'est la cage. Pour la forger diligemment, prenez du fer corroyé d'un pouce de largeur, sur 5 à 6 lignes d'épaisseur ; à 3 pouces du bout, faites une double entaille en *u V*, *Fig.* 57, pour réserver la noix : laissez cet endroit fort & quarré en *x V*, *u X*, pour faire les consoles indiquées par *r r*, *s s*, *Fig.* 55, & étirez en rond depuis *x*, *Fig.* 57, jusqu'à l'extrémité ; cette branche étant finie, faites de même pour l'autre ; alors la noix *q* se trouvera réservée au milieu : laissez *x X* quarré, le reste arrondi, & coupez la piece à la longueur de 14 pouces. Pour faire les coudes, commencez par ceux qui sont les plus près de la noix *s s*, ensuite les deux autres *r r*, & cela en les faisant chauffer une fois pour chaque coude, & à chaque chaude serrant la piece dans l'étau, en faisant plier la matiere à coups d'un marteau moyen : on a toujours plus d'avantage à laisser un peu plus de force qu'il n'en faut aux endroits que l'on veut couder, parce que la matiere se corrompt toujours un peu dans les angles, & l'on est souvent en risque de perdre une piece à moitié finie. La Figure 58 représente le bout de la vis avec l'écrou *N*, vissé en sa place : il est clair que l'espace désigné par la ligne *M*, est occupé par l'épaisseur de la platine, en passant par le trou *i*, *Fig.* 56. Les deux trous *e e* reçoivent les deux branches *R R* de la cage *Fig.* 55. Il n'y a pas une seule piece de cet instrument qui exige d'être trempée ; mais en général toutes doivent être bien polies & toutes les quarres arrondies.

Ce Speculum oris vaut 18 liv.

ARTICLE DOUZIEME.

Du Speculum ani, & du Speculum nasi.

LA Figure 59 représente le Speculum ani, destiné à dilater l'anus par l'introduction de la partie *Z z* ; lorsqu'on serre les branches *s s*, l'instrument fait la bascule, parce que l'axe est en *p*, & que les branches sont unies par une charniere placée entre les deux branches tenues fermées par le moyen du ressort placé dans l'intérieur des deux branches.

Pour forger cet instrument, prenez du fer corroyé d'un pouce en quarré ; commencez dès la premiere chaude à enlever la partie *Z z* de 4 pouces de long, de 10 lignes de large, & de 2 lignes d'épaisseur, & disposez-vous à les ployer en équerre en *z* ; pour cet effet laissez de la force en cet endroit, & de la hauteur en *o*, parce qu'il n'y en a jamais trop pour l'angle vif : ployez donc quarrément en *z* & à coups de la pane du marteau, faites allonger l'angle *o* ; ensuite faites-le chauffer couleur de cerise : portez la lame dans l'étau ouvert à 5 ou 6 lignes, & à petits coups d'une pane étroite, ployez en long cette lame pour en faire une gouttiere

PLANCHE 105.

dans la forme d'un demi-cercle ; cela étant exécuté, forgez la branche en réfer-vant la charniere en *p* : percez la femelle avec un poinçon plat, fuivant ce que nous en avons dit au Chapitre XXXIV, *Pl.* 75, *Fig. PP.*

La partie *z Z* qui dilate, doit être bien ajuftée & de maniere que les deux demi-cercles faffent un cercle entier, régulier & bien joint ; car il faut que le bout foit fermé pour en rendre l'introduction facile dans l'anus. Pour cet effet fixez fortement dans l'étau un petit tas à tête ronde ; rabattez les bouts *z* en douceur de dehors en dedans, pour faire un bec-de-cane ; ajuftez-les enfuite encore à la lime : finiffez tout l'inftrument en le limant & lui donnant le poli, de maniere que toutes les vives-arêtes foient arrondies. Cet inftrument n'a pas befoin d'être trempé.

La Figure 60 repréfente le Speculum nafi : on le fait fur les mêmes principes que le précédent ; il n'en differe qu'en force & en grandeur : il fert à dilater, dans le cas d'un polype ou de quelque abfcès, les narines, & pour dilater les oreilles dans le cas de quelque abfcès, & dans celui où quelque corps étranger s'y trouve logé, comme un pois, un grain de bled, &c.

Le Speculum ani, *Fig.* 59, eft du prix de 15 livres ; & le Speculum nafi, *Fig.* 60, vaut 6 liv.

A R T I C L E   T R E I Z I E M E.

Du Speculum matricis.

L E s différentes maladies auxquelles les femmes font fujettes dans le vagin & dans la matrice, ont porté les anciens à imaginer un dilatatoire différent encore de tous les autres, afin qu'avec cet inftrument non-feulement le Chirurgien puiffe voir dans les parties, mais encore y porter les remedes avec la main ; c'eft le Speculum matricis, repréfenté par la Figure 1, qui remplit ces deux objets.

Cet inftrument eft compofé de trois branches, dont deux exactement fembla-bles *a a* ou *A A, Fig.* 2, & d'une branche tranfverfale *b b b, Fig.* 2, & *B B, Fig.* 1 ; ces trois branches font mifes en mouvement par la vis *d d, D,* de la maniere que nous allons l'expliquer, en développant les pieces qui compofent cet inftrument, ce qui deviendra plus intelligible en décrivant la maniere d'en exécuter chaque piece.

Il eft très-effentiel de prendre de bon fer, & de le corroyer avec attention : on commence par forger les deux branches femblables *a a, Fig.* 1, ou *A A, Fig.* 2, chacune d'une feule piece (*), & comme nous avons dit à la forge du

---

(*) Pour accélérer les opérations, quelques Artiftes brafent plufieurs pieces à cet inftrument, ce qui eft bien préjudiciable & pas affez folide. Je dis donc qu'il ne faut à cet inftrument aucune brafure, parce qu'il doit fupporter des efforts affez confidérables pour faire craindre qu'il ne puiffe pas y réfifter fans fe caffer, lorfqu'il y a des pieces brafées.

Speculum

Speculum ani, pliez quarrément les lames en *F f, Fig.* 1 ; réfervez la force en
F, pour faire l'angle vif, & réduifez les lames en gouttiere ; ces deux branches
étant forgées, il faut les ajufter enfemble au moyen d'une charniere repréfentée
par la Figure 3. Voyez la maniere de faire les charnieres, *Chap. XXXIV, Pl.*
75. La piece la plus difficile à forger, c'eft la branche tranfverfale vue en *B B,*
G G e, Fig. 1, & repréfentée à part par la Fig. 4 ; pour y réuffir, prenez du fer
de la largeur de 16 ou 18 lignes, fur prefqu'autant d'épaiffeur. Suppofons la
largeur par les lignes ponctuées *a a, Fig.* 4 ; dès la premiere chaude on enleve
la partie *h h H,* & à coups de la pane mince du marteau, faites le dégagement
j j fur la bigorne de l'enclume, en réfervant toute la largeur du fer pour faire
les ailes *K K.* Le dégagement étant fait, enlevez la noix : à cet effet portez la
noix en deffous ; préfentez *t* fur la quarre de l'enclume, & à coups redoublés,
entaillez & alongez la branche *K.* Ce côté étant fait, répétez la même manœuvre
pour l'autre ; alors la piece fera la croix : prenez enfuite la tranche ou un cifeau
pour couper la piece fur la ligne ponctuée *l l* ; elle fera *enlevée* : il faut enfuite
prendre la partie *H* dans les tenailles, & par de petites chaudes parez & ragréez
la piece en alongeant les ailes *K K* ; il faut auffi bien dégager la noix en la portant entre les mâchoires de l'étau, pour l'entailler le plus vivement qu'il eft
poffible. Quand la noix & les ailes font finies, on fe difpofe à faire la gouttiere
à l'aide de l'étau : en même temps on fait le coude *h h* ; après cela c'eft la lime
qui doit finir tout l'ajuftement.

La branche tranfverfale eft ajuftée aux deux autres paralleles par une fente *n n,*
faite jufte à l'épaiffeur des deux branches *a a, Fig.* 1, ou *A A, Fig.* 2, ne lui
laiffant que le jeu qu'il lui faut pour que la vis puiffe la faire mouvoir & la faire
gliffer aifément ; il faut donner dans l'intérieur de cette fente ou emboîture, la
forme qu'indique la ligne ponctuée *S S.* Pour fermer le bout extérieur de ces
deux emboîtures, on ajufte deux pieces vacillantes, dont la forme eft repréfentée
par les Figures 5 & 6, & vues en leur place en *G G, Fig.* 1 : elles ne font tenues
que par une goupille ou petite vis, ainfi ajuftées librement, afin qu'elles fe
prêtent aifément aux deux configurations du dehors des branches, lefquelles
font cintrées en dedans en *x x, Fig.* 2, & bombées en dehors *ʒ ʒ.*

La Figure 7 repréfente la noix inférieure taraudée en *L,* qui porte la vis *d d,*
Fig. 1 : on voit cette noix en fa place en *D.*

La Figure 8 repréfente la forme des deux platines portant 3 lignes d'épaiffeur,
vues en leur place en *m o, Fig.* 1. Elles fervent 1°. à cacher la charniere qu'on
voit repréfentée féparément en *T, Fig.* 3 ; 2°. elles fixent la noix à l'inftrument
de cette maniere : *m* a le trou quarré pour recevoir le quarré de la noix *M,*
Fig. 7, & l'empêcher de tourner. L'autre platine de deffous *O, Fig.* 4, fert
d'écrou à la noix, & fe viffe au bout de la vis *N, Fig.* 7. La grande vis *d d, Fig.*
1, ne tient aux branches que par la noix taraudée *D* ; fon bout fupérieur, qui
eft fait en pivot, tient à la branche tranfverfale dans le trou fimple de la noix *e,*

PLANCHE
106.

y étant arrêtée en deſſus par un écrou en bonnet *P* ; or en tournant la vis tantôt à droite & tantôt à gauche , le bonnet ſe déviſſeroit , & toutes les pieces ſe ſépareroient ; mais voici comment on ſe garantit de cet inconvénient.

La Figure 9 repréſente l'écrou en bonnet. Les Figures 10 & 11 repréſentent deux molettes que je fais toujours en cuivre (*) , en plaçant ces molettes l'une par-deſſus & l'autre par-deſſous la noix, & percées d'un trou à 8 pans, afin qu'elles ne puiſſent pas tourner : l'une occupe l'eſpace *q*, limé à 8 pans ; l'autre l'eſpace *r*, limé également à 8 pans ; de cette maniere la noix ſe trouve entre ces deux molettes, qui roulent au-deſſus & au-deſſous de la noix , & non pas ſous le bonnet ; conſéquemment le bonnet reſte toujours ſtable au point où on l'a mis.

En tournant la vis par le treffle de gauche à droite, la branche tranſverſale monte, approche & fait approcher les deux autres , de ſorte que quand *GG* ſe trouve en *a a*, les trois branches *B B*, *F f g*, ſont jointes exactement, & ne forment qu'un corps rond : notez que l'extrémité des trois branches *yy* ſont ployées de dehors en dedans, pour former le bec-de-cane ; de ſorte qu'étant unies, elles forment un bout olivaire , pour rendre l'introduction facile ; lorſqu'il eſt introduit, on détourne la vis de droite à gauche ; elle fait deſcendre la branche tranſverſale de *G G* en *R* ; alors les trois branches ſont ouvertes triangulairement , & au point de pouvoir y paſſer la main. On juge bien que pour une telle opération, cet inſtrument mérite d'être fait avec toutes les attentions poſſibles ; il exige ſur-tout que les angles ſoient obtus , bien arrondis & bien polis , ſans cette précaution, ils couperoient & déchireroient en dilatant. Aucune piece ne doit être trempée.

Le Speculum matricis eſt très-compoſé ; il faut y employer bien du temps pour le faire parfaitement. Il ſe vend 96 livres.

ARTICLE QUATORZIEME.

De cinq Dilatatoires particuliers à différentes opérations.

Tous les Speculum que nous venons de détailler, ſont des inſtruments dilatatoires ; il convient donc de continuer dans ce Chapitre , la deſcription des autres Dilatatoires dont on fait auſſi uſage dans diverſes opérations.

La Figure 1 repréſente un ancien Dilatatoire ; il eſt compoſé de deux branches unies par un tenon fait en forme de charniere ; le dedans des branches eſt limé à plat, & le dehors eſt arrondi : tous les angles ſont mouſſes , & les extrémités étant approchées, forment un bouton olivaire : cette régle eſt générale pour tous les Dilatatoires. Ce dernier eſt du prix de 6 liv.

La Figure 2 repréſente l'ancien Dilatatoire à anneaux, compoſé de deux branches ſemblables ajuſtées à charniere ; & leſquelles ſont tenues fermées par

____

(*) On ſait que les frottemens du fer & du cuivre ſont toujours plus doux & plus coulants.

le moyen du reſſort placé en *Z* , qui cependant doit être doux & liant. Cet inſtrument vaut 9 liv.

La Figure 3 repréſente le Dilatatoire corrigé ſur l'ancien, *Fig.* 2 , par M. Le Cat ; il eſt, comme on le voit, compoſé de deux branches paralleles unies dans leur milieu par une charniere qui tient les branches écartées l'une de l'autre, dans l'intention de placer un doigt entre les deux branches, afin de dilater avec tel ménagement, que la preſſion des branches ſur le doigt, annonce la réſiſtance de la partie qu'on dilate ; de plus la charniere eſt placée bien au milieu, de ſorte qu'en regardant l'extrémité qu'on tient dans la main, on juge aiſément du dégré où en eſt la dilatation interne ; une des extrémités eſt encore courbée légérement pour ſervir ſelon les cas ; par exemple, dans l'opération de la taille, M. Le Cat s'en ſervoit pour dilater les proſtates, quand il jugeoit la pierre un peu forte. Ce Dilatatoire vaut 6 liv.

La Figure 4 repréſente un Dilatatoire à anneaux, & fait en gouttiere comme un gorgeret ; au bout d'une des branches *Q* , eſt une petite crête pour conduire l'inſtrument le long d'une Sonde cannelée : les deux branches ſont unies à *jonction paſſée.* Ce Dilatatoire en gorgeret vaut 10 liv.

La Figure 5 repréſente le Dilatatoire compoſé, prêt à être introduit par le bout *A* ; & la Figure 6 le repréſente ouvert & comme ayant dilaté, en faiſant approcher les branches *ff, Fig.* 5 , comme on le voit en *F F, Fig* 6. Cet inſtrument a une force ſinguliere ; les deux maîtreſſes branches *a a, B B, Fig.* 6 , renvoient les deux branches auxiliaires *c D, d E* , avec la force du Levier du premier genre. Cet inſtrument ancien eſt des plus curieux , en ce qu'il renferme les quatre eſpeces d'*ajuſtements* différents : en *C E* , il eſt ajuſté à charniere ; en *G* , il l'eſt par entablement : (voyez *g g, Fig.* 7 & 8) ; en *d D, Fig.* 6 , il eſt ajuſté à couliſſe en queue d'aronde ; & en *K L* , il l'eſt à jonction paſſée : voyez *l l, Fig.* 7 , qui eſt la branche mâle, & *j, Fig.* 8 , qui fait voir la femelle.

La Figure 9 repréſente une branche auxiliaire vue de côté, qui laiſſe voir la charniere mâle en *i* , laquelle s'ajuſte en *E, Fig.* 6 ; le tenon à queue d'aronde *M, Fig.* 9 , eſt celui qui ſe place en *d, Fig.* 6 , dans une rainure vue en *e, Fig.* 11.

La Figure 10 fait voir la branche auxiliaire vue à plat, qui indique le tenon *n* au milieu de l'épaiſſeur, ainſi que le charnon mâle *o* ; les charnons femelles ſont vus en *r r, Fig.* 7 & *Fig.* 8 , qui ſont les mêmes qu'en *C E, Fig.* 6.

Quand on a forgé cet inſtrument en acier, on commence par dégroſſir l'entablement *g, Fig.* 8 ; enſuite on ajuſte la jonction paſſée de façon que la branche mâle *K, Fig.* 6 , paſſe dans la femelle *L* ; on cloue enſuite les branches par leur entablure , & on égaliſe la longueur des branches ; l'Ouvrier ajuſte enſuite les charnieres *C E* ; après quoi il lime les tenons *M N, Fig.* 9 & *Fig.* 10 , pris ſur piece ; & pour faire les loges de ces tenons, voici comme il s'y prend : il fait un trou en *N, Fig.* 11 , de 3 lignes de profondeur, avec un foret de 2 lignes de large , & fait un ſemblable trou en *e* ; après cela il taille au ciſelet (fait en

Planche 108.

bec-d'âne) l'entre-deux de ces trous, pour en faire une feule rainure qui aura 2 lignes de large fur 9 de long, & 3 de profondeur : il s'agit alors de retrécir l'entrée de cette rainure pour en faire une couliffe à queue d'aronde. Pour cet effet, après avoir laiffé dans cet endroit une bonne ligne d'épaiffeur de plus qu'il ne faut, on abat les quarres par un pan fait de chaque côté, comme le fait voir la Figure 12 : on laiffe une entrée dans toute fa largeur, pour former un paffage au tenon, comme le fait voir la lettre N, *Fig.* 11, & à coups d'un petit marteau, on rabat les deux angles *uu*, *Fig.* 12, comme pour les jetter dans la rainure ; & lorfqu'ils feront applatis, l'on aura une queue d'aronde repréfentée par la Figure 13.

Pour démonter cet inftrument, il faut ôter les deux goupilles en *C E*, *Fig.* 6, ce qui débarraffe les charnons, & qui fait gliffer les tenons de *D* en *S*, *Fig.* 6, où fe trouve le trou qui lui donne l'entrée & la fortie. Ce que nous venons de dire pour apprendre à démonter l'inftrument, inftruit affez de la maniere de remonter fes deux branches auxiliaires ; au refte les deux maîtreffes branches font tenues par le clou qui unit les entablures, & par la jonction paffée qui les unit & les retient dans cette pofition. Ce dernier Dilatatoire vaut 30 liv.

Les cinq Dilatatoires que nous venons de décrire, doivent être faits d'acier pur & net ; aucune des pieces ne doit être trempée : il fuffit de les écrouir ; mais il convient effentiellement que toutes les quarres foient arrondies & bien polies, afin qu'ils ne faffent pas un déchirement au lieu de la dilatation qu'ils doivent opérer.

A R T I C L E   Q U I N Z I E M E.

*Des Inftruments pour la Fiftule à l'anus ; du Syringotome,
& du Biftouri Syringotome.*

La Figure 4 repréfente le Syringotome ; c'eft un Biftouri courbe fait d'acier pur, & qui a la forme d'un fer à cheval tranchant dans fa cavité *F F g* ; fon dos eft fur la partie convexe *D D D*, à l'épaiffeur de 2 lignes : il doit être émoulu bien vivement ; car le tranchant doit plier fur l'ongle comme celui d'un Rafoir ; le tranchant commence en *F*, & finit en *g* : là commence un ftylet d'argent fervant de fonde à l'inftrument, laquelle fonde doit être flexible & recuite, pour prendre la configuration de la fiftule. La longueur du ftylet, qui doit être de 7 ou 8 pouces, rendroit cet inftrument très-difficile pour l'émoudre & le polir ; mais on évite cette difficulté par le moyen que voici :

Faites le Biftouri pour ce qui eft de la forge & de la lime ; entaillez-le en *E*, *Fig.* 5 ; limez-le vivement jufqu'en *G* ; laiffez un peu plus de force dans le colet *E*, qu'en G ; faites enfuite trois trous qui ferviront à affujettir le ftylet ; après cela trempez ce Biftouri : recuifez-le couleur d'or, & ne manquez pas de détremper la partie *E G*, à l'aide d'une paire de tenailles rougies au feu ; finiffez-le
enfuite

enfuite fur la meule & avec la poliffoire, en vous fervant des tenailles en bois pour le tenir fur la meule.

Pour faire le ftylet, forgez une tige d'argent comme la repréfente la *Fig. 6*; enfuite avec une lime à refendre, faites le bout en fourchette : voyez *h*; après cela ajuftez cette fourchette au bout du Biftouri *E G* : fraifez les trous de l'argent, & clouez les deux pieces enfemble par trois clous d'acier; étant bien rivés, ils équivaudront à la foudure : limez enfuite la fonde; laiffez-la un peu ovale fur la partie *g*, *Fig.* 4; mais tout le refte doit être rond jufqu'à l'extrémité *b*, où la fonde fe termine par un bouton olivaire.

K L, *Fig.* 5, repréfente le manche de l'inftrument faifant corps avec lui, limé à 8 pans & ayant la forme d'une S. Le manche de la Figure 4 eft fait différemment; c'eft une lame d'argent de demi-ligne d'épaiffeur, fur 4 de large : on la ploye par fon milieu; on lui donne la forme d'un anneau femblable à celui d'un tirebouchon, & on fixe les deux bouts au Biftouri par le moyen d'une vis.

La Figure 7 repréfente un femblable Syringotome (*), fait fur les mêmes principes; mais il eft plus parfait, en ce qu'il eft ajufté fur une châffe de Biftouri *m n*, propre à renfermer le tranchant, qui, à caufe de fa fineffe, feroit fufceptible de s'égrainer; or, rien ne peut mieux le conferver qu'une châffe d'écaille. On voit par la Figure 8, la difpofition du talon; la lentille *p*, fixe l'ouverture de l'inftrument, comme on le voit en *q*, *Fig.* 7. Chaque Syringotome vaut 12 liv.

La Figure 9 repréfente le Biftouri dont la lame fe renferme dans un anneau d'argent ou d'or : il eft à tranchant dans fa partie cave, & fe loge dans l'anneau qui eft fendu; on réferve un bouton en *R*, qui fert à ouvrir le Biftouri, ce qu'on fait avec un des ongles des doigts. Ce Biftouri à anneau vaut 6 liv.

Article Seizieme.

Des Inftruments à percer les oreilles.

On perce les oreilles aux Demoifelles, de plufieurs façons; mais voici les inftruments les plus commodes pour faire cette opération.

PLANCHE 109.

La Figure 1 repréfente une efpece de petit Trois-quarts ajufté dans une canule d'argent ou d'or; la tige d'acier avec fon dard, eft repréfentée par la *Fig.* 2. Le tranchant du dard commence en *a*, & fe termine par une pointe aiguë : *A* indique l'entaille de la tige, qui eft faite ronde pour s'ajufter dans le trou de la canule. Au bout de la canule *B* ou fonde, eft un bouton qui fert comme de manche à l'inftrument; il eft percé par le bout pour pouvoir repouffer la tige dans le cas où elle tiendroit trop jufte.

La Figure 3 repréfente les Pinces fervant à faire l'opération : elles font faites

(*) C'eft avec un femblable que M. Maréchal fit l'opération à Louis XIV.

d'une lame d'acier, ou d'argent ou d'or; on ploye la lame en deux : on l'écrouit bien enfuite pour lui donner de l'élafticité. On lui donne la forme que l'on veut ; mais il faut laiffer la tête ronde : on fait un trou au milieu *C*, de 2 lignes de diametre ; on fend la tête pour faire une fortie au trou, telle que l'on voit en *e*.

Voici la maniere d'opérer avec ces deux inftruments : prenez une plume & de l'encre, marquez, par un point, l'endroit où il faut percer l'oreille ; faififfez enfuite l'oreille avec la Pince, en découvrant le point par le trou *C* ; portez enfuite la pointe du dard fur le point ; percez l'oreille, en paffant outre, jufqu'à la ligne *d* ; faites fortir alors le dard de la canule ; préfentez le bout du plomb ou le bout même de la boucle d'oreille, dans le trou de la canule : retirez la canule du trou de l'oreille, en contenant toujours la boucle dans le trou, de forte que cela faffe l'effet d'une lardoire ; quand la canule eft fortie, la boucle a paffé le trou, & fe trouve auffi avoir traverfé l'oreille. Je décris le manuel de cette opération, parce qu'il y a des Demoifelles craintives, que le nom feul de Chirurgien étonne au point de fe faire un monftre de la plus petite opération, & qui fouvent s'expofent à reffentir plus de mal, en préférant, pour leur percer les oreilles, des mains peu adroites & point faites à ce travail.

Le Trois-quarts & la Pince, faits d'argent, font du prix de 15 liv. les deux.

ARTICLE DIX-SEPTIEME.

Des Inftruments pour l'opération du Cancer.

LA Figure 1 repréfente les Pinces à cancer, compofées (*) de deux branches femblables, unies à jonction paffée, ayant chacune un anneau. Les extrémités fupérieures *A* fe terminent par deux pointes bien horifontales, ou bien en ligne droite. Ces Pinces font du prix de 5 liv.

La Figure 2 repréfente les Pinces en moraillon ; ce font deux branches femblables ajuftées à charniere en *B*, & terminées à l'autre extrémité par deux anneaux. Avec cet inftrument on embraffe la mamelle entre les branches *a a*, pour la relever & en faire la ligature ou l'incifion. Ces deux derniers inftruments doivent être faits d'acier pur, les quarres arrondies ; ils doivent être bien polis, & n'ont pas befoin de la trempe. Le prix eft de 5 liv.

La Figure 3 repréfente la Pique fimple (**) pour traverfer & foutenir la mamelle. C'eft une tige d'acier emmanchée comme un Couteau à gaîne ; la tige eft ronde jufqu'en *b* : là elle prend la forme d'un ovale applati ; les bords font à tranchant mouffe, & la pointe *C* eft pointue ; cependant elle a une pointe folide. Cet inftrument vaut 3 liv.

La Figure 4 repréfente la double Pique ou la Fourche pour le cancer. Cet

(*) Imaginées par Helvetius, ainfi que la *Fig.* 2 qui fuit celle-ci.
(**) Inventée par *Bidloo* ; Heifter l'appelle *efpece de Glaive.*

inſtrument ne differe du précédent, qu'en ce qu'il a deux branches, pour, en traverſant la mamelle, la ſoutenir plus parfaitement avant de l'amputer.

Pour faire cet inſtrument, un Forgeron habile prend une barre d'acier de 4 ou 5 lignes en quarré, qu'il forge au point de faire les deux branches d'un ſeul morceau *d d*, *E E*; il laiſſe le double de force qu'il en faudroit en *G*; il ploie enſuite la piece en *E E*, & rapporte une tige à *chaude portée* pour faire la queue; alors l'inſtrument eſt forgé. Si l'on ſuit l'autre méthode, il faut prendre une barre d'acier de 4 lignes d'épaiſſeur, ſur 8 ou 9 de large, & au moyen de la tranche à main, on refendra la partie juſqu'en *G* pour faire la fourchette. On ouvre enſuite les deux branches en croix pour les forger & les parer au marteau; enſuite on les ploye pour leur donner la forme convenable; enfin ces deux inſtruments doivent être trempés & recuits au bleu. Ces quatre inſtruments ſont les auxiliaires de l'opération. La double Pique ou Fourche vaut 6 liv.

La Figure 5 repréſente l'inſtrument pour faire l'amputation de la mamelle; c'eſt proprement dit un Raſoir fixe, emmanché comme l'eſt un couteau à gaîne: il faut bien ſe garder de faire le dos auſſi fort que celui d'un Raſoir ordinaire, comme quelques-uns le prétendent, parce qu'on ne ſeroit pas maître de diriger le tranchant en faiſant l'opération; malgré l'Opérateur, le tranchant ſuivroit la premiere direction. Ce tranchant doit être fin comme celui d'un Raſoir ordinaire; il faut lui donner une ligne & demie d'épaiſſeur du dos, l'émoudre ſur une meule du diametre de 20 pouces, bien arrondie, & émoudre bien en *planche* (*); alors le tranchant ſera bon, & l'Opérateur le conduira à ſa volonté, ſans que le dos puiſſe s'oppoſer à ſes deſirs. Ce Raſoir vaut 3 liv.

La Figure 6 repréſente un inſtrument qui ſuffit ſeul pour faire l'opération de l'amputation de la mamelle, c'eſt-à-dire, que les auxiliaires ſont ajuſtés à l'inſtrument tranchant: il eſt compoſé de trois branches, dont une d'acier *l l l*, qui eſt le Biſtouri; d'une branche ſimple *h h h*, qu'on peut faire de cuivre jaune, & d'une double branche ſemblable *j j j j*, de cuivre auſſi, qui eſt le point d'appui de la mamelle, tandis que le Biſtouri en fait l'inciſion. Pour en expliquer tout le méchaniſme, je dis que la mamelle ſe trouve entre les deux branches de cuivre *h h h* & *j j j j*, pour être élevée & ſéparée des chairs qu'il ne faut point couper. Ayant donc détaché la mamelle, on n'a plus beſoin de la branche ſimple; on la dégage en lui faiſant faire un demi-tour, pour prendre la poſition des lignes ponctuées *m m m*, & qu'un Aide tient: à l'inſtant que cette branche ſort de deſſous la mamelle, la branche d'acier prend ſa place, & l'on fait l'inciſion en faiſant paſſer la queue *L* dans la double branche en *g*, le manche ſort en *N*, & l'on ſuit la direction de la ligne ponctuée *o*, & enfin juſqu'à l'entiere amputation de la mamelle.

Pour faire cet inſtrument, on prend une lame de cuivre de 16 ou 17 pouces de longueur pour faire la branche double: on lui donne la forme du demi-cercle; enſuite on la ploye en deux par le milieu, pour imiter la forme que repréſente la

PLANCHE
109.

(*) Terme de l'Art, qui ſignifie *plane & d'un ſeul trait.*

Figure 7, & la branche simple comme la Figure 8 ; par ces deux figures, on voit l'épaisseur des deux branches.

La Figure 9 représente séparément la lame d'acier ; le tranchant est dans sa partie concave (*) *p r r q*, lequel doit être aussi fin que celui d'un Rasoir, cependant afilé un peu ferme. L'épaisseur du dos est d'une bonne ligne ; la meule pour l'émoudre doit être de 17 ou 18 pouces, bien ronde ; & de plus, par rapport à la courbure, on fait la meule bien bombée, c'est-à-dire, d'un dos d'âne arrondi ; le tranchant finit en *p*, & de là jusqu'en *R*, c'est le manche de l'instrument : en *q* est un trou pour assujettir le Bistouri avec les branches de cuivre, comme on le voit en *K*. La place du Bistouri est dans la gaîne double en *i*, *Fig. 7* ; & la branche simple se place en dessous en *o* ; le tout est arrêté & fixé par un écrou, comme il est vu en *K*,

La Figure 10 représente le clou à vis, & la Figure 11 l'écrou ailé, destiné à serrer les lames à volonté.

Cet instrument est de l'invention d'un Chirurgien Hollandois, dont Heister(**) ne dit pas le nom ; mais il lui a été communiqué par le Docteur Tabor. Cet instrument vaut 30 liv.

La Figure 13 représente l'Aiguille pour faire un séton transversalement ; c'est une tige d'acier emmanchée comme un couteau, & dont la pointe est faite en pique, à deux tranchants séparés par une vive-arête ; au bout de la tige est un trou en *X*, pour passer le cordon : ce trou doit être fait du côté de la largeur des tranchants, comme on le voit en *V*, *Fig. 12*, laquelle Figure fait voir la courbure que l'instrument doit avoir sur le côté. Il ne doit être trempé que jusqu'au trou *V* : le recuit doit être violet en bas, & couleur d'or à la pointe. On finit l'instrument à la meule & à la polissoire ; la pointe doit être bien aiguë, les tranchants bien vifs, & l'on doit affiler cet instrument comme un Canif. Cet instrument vaut 3 liv.

(*) Il s'est glissé une erreur dans l'Encyclopédie, dans la description de cet instrument : on y lit, *que le tranchant est à sa partie convexe* ; c'est au contraire à sa partie concave : car autrement il feroit de nul effet pour l'opération.

(**) Voyez Heister, *Pl. 33*, & page 96, Edition Françoise, *in-quarto*. Tome II.

CHAPITRE QUARANTE-TROISIEME.

Des Instruments pour les Polypes.

On appelle *Polypes*, des excroissances de chair qui surviennent dans le nez, dans la gorge, dans le vagin, dans la matrice, &c. La Chirurgie a cherché les moyens d'en faire l'opération, & à les en tirer selon la nature des Polypes ; tantôt par la *ligature*, tantôt par l'*extirpation*, & tantôt par l'*incision* ; c'est le Coutelier qui fournit les instruments au Chirurgien pour opérer dans ces trois cas : ce sont ces instruments que nous allons décrire.

ARTICLE PREMIER.

Des Pinces droites & courbes pour les Polypes du nez.

La Figure 1 représente une paire de Pinces droites ; ce sont deux branches semblables unies à jonction passée. L'extrémité supérieure *A*, est percée d'un œil, afin que le polype puisse s'y loger en partie, & porter moins de volume. Depuis *A* jusqu'en *a*, on creuse l'intérieur des branches au ciselet pour former une gouttiere ; & pour donner plus de prise, on fait de petites dents dans toute la concavité de la gouttiere ; ces dents sont comme celles d'une rape fine : on en voit à peu près la quantité & l'ordre qu'on leur donne, par la Figure 2, en *B C*. Cette derniere figure représente la branche mâle d'une Pince courbe qui ne differe de la droite, *Fig.* 1, que par la courbure de la branche *B C*. Chacune de ces pinces est munie de deux anneaux à l'extrémité des branches *Q Q Q*, qui servent à donner de la prise à l'instrument pour arracher le polype. Chacune de ces pinces se vend 3 liv.

M. Levret, Accoucheur de Madame la Dauphine, s'est beaucoup appliqué à guérir cette maladie (*), & a inventé plusieurs instruments que nous allons détailler.

PLANCHE 112.

ARTICLE SECOND.

Du Bistouri à gaîne, pour couper les Polypes du nez.

La Figure 3 représente le Bistouri destiné à être introduit dans le nez, la gaîne embrassant toute la partie tranchante de la lame.

La Figure 4 représente le Bistouri séparé de la gaîne ; le tranchant commence en *E* dans la cavité : il doit couper parfaitement, sur-tout du milieu & de la

PLANCHE 110.

(*) Voyez les Observations sur la cure radicale de plusieurs Polypes, par M. Levret, chez Didot le jeune, Quai des Augustins.

COUTELIER. II. Part. Sect. I.   **T 4**

pointe. La gaîne eft repréfentée par la Figure 5 : elle eft faite d'une platine d'argent ployée pour faire la cafe du Biftouri, & fe termine par un rouleau *n*, qui fert comme de poignée pour l'appliquer & l'ôter de fa place ; cette gaîne tient au Biftouri par un méchanifme particulier que voici.

La Figure 6 repréfente une virole ouverte en *H*, pour donner paffage à la queue de la gaîne ; de forte que lorfqu'elle eft entrée par cette ouverture, on fait tourner la virole à l'aide de la cheville *j*, qui eft faite dans ce deffein, & qui fait partie de cette piece ; lorfque la virole a fait un demi-tour, la gaîne & la lame tiennent enfemble ; cette virole eft percée à jour : elle reffemble, comme on le voit, à un trait de fcie ; cette fente reçoit une cheville *c*, *Fig. 4*, qui eft viffée fur la queue de la tige du Biftouri ; de forte que cette cheville retient la virole, & cependant lui laiffe la liberté de tourner de toute la longueur de la fente ; la mître ou l'embafe de la poire *G*, empêche auffi la virole de fortir de fa place.

Le manche eft fait d'ébene : on y pratique une rainure en *K*, pour loger la queue de la gaîne.

La Figure 7 repréfente le Biftouri à croiffant & à gaîne, prêt à être introduit dans le nez ; le tranchant eft dans fa concavité *I* ; & les pointes, qui font comme deux cornes, font mouffes & arrondies.

La Figure 8 repréfente la gaîne féparée de l'inftrument ; elle ne tient à la tige qu'à la faveur d'une gouttiere *F g*, qui reçoit la tige du Biftouri, qui eft de figure cylindrique. La queue de la gaîne s'étend depuis *g* jufqu'en *l* : elle fert à la tenir pendant l'opération. Cette gaîne eft d'argent, faite d'une feule platine, & fans aucune foudure : on la ploye fur fa largeur pour faire la gouttiere. Ces deux inftruments, avec leur gaîne d'argent, font du prix de 9 liv. chacun.

ARTICLE TROISIEME.

Des Pinces à poulies, appellées Porte-anfes *ou* Serre-nœuds.

PLANCHE 112.

Les Pinces à poulies font repréfentées par la Figure 9 ; elles font compofées de deux branches femblables, unies à jonction paffée. Les anneaux font fendus fur leur largeur *Q Q*, avec une lime à refendre de trois quarts de ligne d'épaiffeur, pour y loger le fil. Près la jonction *M M*, font deux porte-poulies viffés & rivés fur les branches.

La Figure 10 repréfente un de ces porte-poulies vu de côté, où l'on découvre la loge de la poulie. Cette fenêtre fe fait par trois trous percés au foret, équarris enfuite avec de petites limes. La Figure 11 repréfente la poulie.

A l'extrémité fupérieure de la Pince *N N*, *Fig. 9*, font encore placées deux poulies. La Figure 12 fait voir la fenêtre en *n m*, ce qui indique auffi l'épaiffeur de la branche, & la maniere dont la poulie eft ajuftée. Ces poulies font de cuivre jaune, & faites au tour à l'archet ; elles font pofées à l'inftrument par une goupille qui entre jufte au trou de la branche ; mais elle doit avoir du jeu dans le trou de la poulie, afin que cette derniere puiffe tourner librement.

Ces Pinces portent 8 pouces de long, longueur convenable pour le vagin ; mais il en faut une plus petite d'un tiers de volume pour lier les polypes du nez ; & par rapport à la petitesse des branches, on n'y met point de poulies : alors on ne fait que deux trous en *N N, Fig. 9*, & deux petits pitons qu'on rive en *M M* ; ces trous n'ont qu'une ligne de diametre. Cette Pince se vend 12 liv.

La Figure 13 représente une Errhine double, pour contenir certaines glandes ou polypes, afin d'en faire la ligature. Le manche est fait au tour : on y ajoute un agrément en *P*, qui devient cependant utile au Chirurgien lorsqu'il n'a point d'Aides ; car pour lors il porte le bout du manche à la bouche, & par là soutient l'instrument. Cette double Errhine vaut 2 liv.

La Figure 14 représente les Pinces pour lier les polypes, imaginées par M. Le Cat. Ce sont deux branches semblables, unies à jonction passée ; l'une des branches *q q*, est armée d'un petit crochet pris sur l'épaisseur de la branche ; & sur leur largeur *s s*, sont percés deux trous d'une ligne de diametre, pour passer le fil ; en *o* est un trou fait à travers le clou, pour donner aussi passage aux deux fils. Cette Pince serre-nœud vaut 6 liv.

PLANCHE 113.

ARTICLE QUATRIEME.

<h4 style="text-align:center">*Du Verticille.*</h4>

La Figure 15 représente un instrument proposé par M. Levret, qu'il appelle *Verticille* ; c'est une espece de lime pour user un polype muqueux, en passant un bout par le nez, & le faisant sortir par la bouche. Le corps de l'instrument est composé d'une tige de fil d'acier d'environ 4 pieds de long, & de demi-ligne d'épaisseur ; après l'avoir fait recuire, il faut le tortiller sur un mandrin de fer rond de 2 lignes de diametre, en observant que les écartements soient égaux, que la figure spirale soit réguliere dans le corps, mais que ceux des deux bouts soient approchés comme on le voit en *Q S*, pour les souder à des tuyaux, comme nous allons l'expliquer. Un bout du fil est arrêté dans le manche *R*, parce que le bout du fil s'engage à vis en *S* sur une queue de fer taraudée : cette queue n'est point *cimentée* ; mais elle est fixée par une vis en *R* : l'autre bout du corps spiral est soudé sur un tuyau d'argent en *Q S* ; mais on pense bien que le fil en spirale s'allongeroit en opérant avec cet instrument : il a donc fallu rapporter une tige continue placée dans l'intérieur du Verticille, qui étant fixée aux deux bouts, ne permet point aux lignes courbes de se redresser : on voit cette tige pleine (qui est d'argent) à travers les lignes courbes qui composent la spirale.

Pour passer le bout *S* par le nez & le faire sortir par la bouche (*), il faut un méchanisme particulier que voici : on voit une fenêtre en *y* ; elle est destinée à recevoir un tenon faisant l'effet d'un loquet. La Figure 6 représente un ressort

PLANCHE 113.

____

(*) Voyez le manuel de l'opération, à la page 320 de l'ouvrage de M. Levret cité ci-devant.

double, plein en *x X*, & de forme cylindrique en cet endroit : il eſt percé au bout *X* & taraudé, pour être fixé au manche par une vis, comme on voit en *V*; le trou du manche eſt ſuffiſamment évaſé pour contenir le reſſort double, & même ayant du jeu pour laiſſer agir l'élaſticité des deux branches. Suppoſons donc qu'il ſoit placé, & qu'il faille joindre l'inſtrument au manche ; préſentez le bout olivaire *S* au bout du reſſort *T*, preſſez-le d'entrer ; alors la branche du reſſort *p* obéit, s'écarte juſqu'à ce que le tenon *t* ſe trouve vis-à-vis de la fenêtre *y*; alors ils s'engrainent l'un dans l'autre, & ſont tenus avec aſſez de fermeté pour ne pouvoir point ſe déſunir.

Pour les ſéparer l'un d'avec l'autre, on voit une vis tranſverſale en *Z*, qui eſt viſſée ſur la branche *p*, & qui eſt très à l'aiſe dans l'autre branche ; or, on n'a qu'à appuyer du pouce ſur la tête de la vis *Z* (on la voit en ſa place en *u*) ; alors la vis repouſſe la branche *p*, qui, s'éloignant de l'autre, élargit le paſſage du bout *S*; par ce moyen on dégage le tenon de ſa fenêtre, & les pieces ſe trouvent ſéparées. Cet inſtrument vaut 15 liv.

A R T I C L E   C I N Q U I E M E.

Des Pinces briſées, & des Pinces en forceps, pour contenir les Polypes.

Pour faire la ligature des polypes volumineux, il faut des inſtruments auxiliaires pour contenir ces maſſes de chair pendant qu'on en fait la ligature : voici des Pinces inventées à cet effet par M. Levret.

La Figure 17 repréſente deux branches unies à jonction paſſée ; en *A B*, elles ſont dentelées extérieurement comme une ſcie, afin qu'étant liées avec un cordon, elles puiſſent tenir ferme & ſans lâcher. Les extrémités ſupérieures des deux branches *a a*, ſont percées au foret d'un trou d'une ligne & demie de diametre, & l'on a équarri ce trou à l'aide d'un ciſelet, pour former le quarré & le rendre uni ; enſuite on s'eſt ſervi d'un mandrin quarré pour unir ce trou, en l'enfonçant à pluſieurs repriſes à coups de marteau ; le mandrin ſort aiſément, pourvu qu'on l'ait frotté avec une goutte d'huile, avant de l'avoir mis en place. Ce trou eſt deſtiné à recevoir les queues quarrées des deux branches *b b*, *Fig.* 18 & 19, qu'on aſſujettit par les vis ailées *G G*, *Fig.* 17. Ces deux branches doivent être exactement ſemblables ; les mâchoires *C D*, *Fig.* 18 & 19, ſont faites en cuilleron ; la convexité eſt en dehors, & la concavité en dedans ; & pour procurer une priſe conſtante, toute la concavité eſt garnie de dents ſemblables à une rape à grains fins, dans l'ordre qu'on les voit en *C*, *Fig.* 18.

La Figure 19 repréſente la branche vue en dehors ; le long de cette branche *E e*, regne une gouttiere faite au ciſelet, qui ſert à conduire les inſtruments qui doivent être introduits immédiatement après, & nommément le *Porte-anſe*.

La Figure 20 repréſente une eſpece de Bracelet, fait de deux pieces jointes

à

à charniere : on voit un ruban attaché à une des branches , lequel ruban porte un piton à vis *F*, qui unit le bracelet à l'une des branches *A* ou *B*, *Fig.* 17, selon que le cas le requiert ; pour cet effet les deux branches sont terminées en charniere & prennent la forme qu'indiquent les points. Ces Pinces brisées valent 18 l.

La Figure 21 représente la Pince ou petit Forceps à polype : il est destiné aux mêmes fins que la Pince brisée que nous venons de voir. Cet instrument est composé de deux branches semblables depuis *h* jusqu'en *H*, unies par *entablement* ; depuis l'entablement jusqu'au bas, les branches different entr'elles : celle *H K* porte une bride qui est vissée en *K* ; la branche *L O* a des dents comme une scie , auxquelles s'accroche le bout de la bride *m* : cette bride est vue en face dans la Figure 23 ; de sorte que *K*, *Fig.* 21, est le même bout que *k*, *Fig.* 23, & l'extrémité supérieure *M*, est la même que *m*, *Fig.* 21 ; enfin quand le polype est tenu en *N*, la bride *m* s'accroche à l'une des dents de la branche depuis *O* jusqu'en *L*, selon le volume du polype.

La Figure 22 représente une branche de l'instrument vue à plat : on voit la largeur de la branche supérieure, & l'épaisseur de la branche inférieure ; au milieu du vuide de la branche supérieure, regne une branche auxiliaire *i i* ajustée à queue d'aronde aux deux extrémités, & ensuite brasée : elle suit, comme on le voit, la courbure de la branche ; en même temps elle est cannelée au ciselet d'une extrémité à l'autre, mais à l'extérieur de l'instrument, de maniere à pouvoir servir de conducteur à ceux qui succedent à la Pince.

L'évidement de la branche *i i*, n'est pas utile si l'on veut ; mais il est destiné à rendre l'instrument plus léger & plus maniable ; or , cette partie évidée se fait à la forge, à l'aide de la tranche ; mais comme le Forceps pour l'accouchement est plus grand que celui-ci, l'ajustement & le méchanisme, qui dépendent du clou & de la jonction, quoiqu'en tout semblables, deviendront beaucoup plus faciles à comprendre, & nous renvoyons le Lecteur au Chapitre XLVIII *des Accouchements*, Article 12 *du Forceps*, & *aux Mains de Palfin*. Ce Forceps à polype se vend 24 liv.

ARTICLE SIXIEME.

Du Conducteur de l'Anse.

LA Figure 24 représente le Conducteur de l'Anse ; c'est lui qui porte le fil au pédicule du polype, pour en faire la ligature : on voit distinctement le stylet dans la Figure 27, lequel est ici représenté hors de sa loge ou de la rainure, afin d'en mieux faire concevoir le méchanisme ; depuis *A* jusqu'en *a*, *Fig.* 24 : c'est le manche (d'ébene) fait à 8 pans, creusé assez profondément, c'est-à-dire, de 7 lignes, pour recevoir la queue de la tige fixée par deux vis *e i*, dont la tête est saillante en *goutte de suif* au-dessous du manche ; par-dessus la queue *e*, se trouve la place du ressort, représenté par la *Fig.* 25.

COUTELIER. II. Part. Sect. I.   V 4

PLANCHE
114.

La tige de l'inftrument eft faite d'acier bien net ; la queue eft féparée de la tige par une mître *a*, furmontée d'une poire : là commence la tige, qui va fe terminer par un bouton olivaire, & percé d'un trou à jour de 2 lignes & demie de diametre. La forme de la tige eft ovale d'un bout à l'autre : voyez-en la forme *Fig.* 26. Depuis *a* jufqu'en *b*, *Fig.* 24, regne une gouttiere faite au cifelet, d'une ligne & demie de profondeur : (voyez *l*, *Fig.* 26) ; cette gouttiere eft la loge du ftylet vu dans la Figure 27, dont le bout *h* entre dans le reffort en *k*, *Fig.* 25 ; de *B* en *d*, la gouttiere eft percée à jour pour recevoir le tenon *L*, *Fig.* 27, lequel tenon a fon extrémité taraudée, & déborde la tige en deffous pour recevoir l'écrou vu *Fig.* 28 : cet écrou fert ici de poignée au ftylet. L'élafticité du reffort doit retenir la pointe du ftylet toujours fixe au bout *f*; alors l'écrou eft fixé en *B*, *Fig.* 24 ; & le faifant defcendre en *d*, le ftylet defcend auffi pour lâcher l'Anfe qu'il tient, laquelle Anfe fort par le trou *b* ; le reffort renvoie le ftylet auffi-tôt qu'on a lâché l'écrou : cependant la pointe du ftylet fortiroit de fa loge & blefferoit fortement quelque partie ; mais l'Auteur, avec le génie qui lui eft propre, a pourvu à cet inconvénient, en faifant fouder une languette d'acier ajuftée à queue d'aronde, & foudée fur le travers de la tige en *c*, de maniere qu'elle laiffe le paffage au ftylet, & lui en défend la fortie : c'eft un *ponton*.

Comme cet inftrument eft fujet à fe falir, il a fallu imaginer les moyens de pouvoir le démonter facilement pour le nétoyer ; à cet effet il eft compofé d'une bride repréfentée par la Fig. 29, & qu'on voit en fa place *Fig.* 24 ; en *a*, la ligne ponctuée *M*, fait voir une cheville qui facilite la prife de la bride pour la faire tourner ; enfin pour tenir le reffort en fa place, le ftylet en fon lieu, & cacher le vide du manche, il faut ajufter une platine propre à fermer toute l'ouverture ; cette platine eft repréfentée en *o p*, *Fig.* 24 : elle tient au manche par une vis *p* ; cela étant ainfi, on la fait tourner fuivant la ligne ponctuée, jufqu'à ce que le bout *o* fe loge dans le vide de la bride *u*, où étant entré, on fait faire un demi-tour à la bride, ce qui fuffit pour que le tout foit contenu folidement.

Ce Conducteur de l'Anfe porte 6 pouces de longueur de tige ; c'eft la longueur qu'il faut pour opérer dans le vagin ; mais pour le nez, il ne doit avoir que 3 pouces & demi tout au plus. La tige doit être d'un tiers plus petite ; d'ailleurs la conftruction & le méchanifme font les mêmes. Il eft bien effentiel que toutes les quarres & tous les angles foient bien arrondis & polis, qu'il n'y ait aucune afpérité tant à la tige qu'au ftylet. Le Conducteur de l'Anfe vaut 18 liv.

Article Septième.

Du Conſtricteur de M. Levret.

La Figure 30 repréſente le Conſtricteur inventé par M. Levret, pour ſcier un polype par la ſeule preſſion d'un reſſort double, qui, par ſon élaſticité, ſerre continuellement le nœud qui eſt fixé au pédicule du polype, & le ſerre avec telle force, qu'en 16 heures de temps il a fait tomber des polypes aſſez forts.

Planche 112.

Cet inſtrument eſt compoſé de deux branches ſemblables PQ, pq, d'un reſſort double rRr, lequel eſt repréſenté ſéparément par la Figure 31, & d'un écrou fait en cœur & percé à jour, repréſenté par la Figure 28.

Les deux branches de cet inſtrument ſont unies à charniere en S; chaque branche a deux charnons dirigés comme le font voir $y\chi$, *Fig.* 32 & 33; de maniere que les charnons y ſont mâles dans Z, & en même temps ſont femelles, parce qu'ils reçoivent le charnon du reſſort V, *Fig.* 31; le tout eſt aſſemblé en S, *Fig.* 30, & tenu par une vis qui traverſe le tout. Au bout du charnon du reſſort u, *Fig.* 31, eſt un pivot pris ſur piece, & taraudé pour recevoir l'écrou qu'on voit placé en χ, pour que le reſſort ne ſorte pas de ſa direction; en rr, on réſerve deux tenons ſur piece, qu'on lime à queue d'aronde commé on voit en nn, *Fig.* 31. Voici comment on travaille les loges de ces tenons. Quand on a percé le trou à jour en m, *Fig.* 32, on fait une rainure d'une ligne de profondeur avec un ciſelet: voyez i; on rabat enſuite les bords pour retrécir l'entrée & former la queue d'aronde.

Ce reſſort eſt fort difficile à faire: j'en ai vu caſſer juſqu'à quatre avant d'en rencontrer un bon; parce que quand il faut placer cet inſtrument dans le vagin, les deux extrémités s'approchent au point de ſe toucher, comme le font voir les lignes ponctuées *Fig.* 34; il faut enſuite qu'une vive élaſticité force le nœud à ſerrer continuellement juſqu'à l'entier étranglement: or, ce reſſort court deux riſques, l'un de caſſer dans l'opération, & l'autre de ne pas faire ſon effet dans le cas qu'il perdroit ſa bande. Je crois ne devoir point réſerver les moyens de les faire bons du premier coup ſans en manquer un ſeul: j'avoue que je ſuppoſe toujours parler à un Ouvrier qui forge bien, qui manie bien la lime, qui réfléchit ſur ſon ouvrage, ſur la nature de ſon acier & ſur la trempe; prenez une barre d'acier d'Allemagne, appellé *Etoffe de Pont*; que cet acier ſoit bien ſain par lui-même, qu'il ſoit ſans pailles & ſans aucunes gerçures; étirez-le en lames de 8 ou 9 lignes de large, & de 2 lignes d'épaiſſeur; pliez cette lame en trois (*), & ſoudez-la avec toute l'attention poſſible, ſuivant ce que nous en avons dit au Chapitre XII, Sect. I, de la premiere Partie.

(*) On pourroit m'objecter qu'elle ſeroit meilleure à 5 ou 7; mais je réponds qu'il faudroit trop d'attentions en chauffant 5 ou 7 lames minces, afin que les deux qui embraſſent les autres, ne ſe ſurchauffent pas avant que celles du milieu ſoient aſſez chaudes pour ſe bien paîtrir enſemble.

L'ayant foudée proprement, forgez le reſſort en étirant les deux branches, & réſervant une éminence entr'elles ſur l'épaiſſeur de la piece, pour faire le pivot & le charnon *u V*, *Fig.* 31 ; après cela aminciſſez les branches du reſſort à coups de marteau, de maniere qu'il vous reſte peu à emporter ſur l'épaiſſeur avec la lime ; donnez enſuite la courbure qu'elles doivent avoir ; & pour ne point dilater les pores, ne le faites pas recuire dans un braſier, faites-le ſeulement rougir, & le laiſſez refroidir de lui-même ; ajuſtez enſuite le reſſort avec les branches, ainſi qu'il doit l'être, & portez toute votre attention à limer les deux branches d'une épaiſſeur exactement correſpondante d'une branche à l'autre : c'eſt une obſervation d'une grande conſéquence. La partie la plus épaiſſe eſt, au pli *R*, d'une ligne tout au plus, & de demi-ligne en *r* ; mais cette diminution de demi-ligne de *R* en *r*, doit être parfaitement réguliere, & parfaitement correſpondre (je le répete encore) d'une branche à l'autre ; donnez enſuite la bande & la courbure que les branches doivent avoir : l'écartement de *r* en *r*, *Fig.* 30, eſt de 3 pouces : après cela il faut le tremper, comme nous allons l'expliquer. Dans la poële, allumez du charbon en ſuffiſante quantité ; mais que la braiſe ou le charbon ſoit ſeulement de la groſſeur d'une noiſette : mettez le reſſort au milieu ; agittez l'air avec un écran & légérement, afin qu'il chauffe d'un bout à l'autre lentement & avec égalité : ſi-tôt qu'il eſt couleur de ceriſe, trempez-le dans l'eau, & qu'elle ne ſoit ni tiede ni bien fraîche.

Il faut une grande attention pour donner le recuit égal à une piece de cette forme : c'eſt là le point eſſentiel, & cependant c'eſt le plus ſuſceptible de défaut ; c'eſt auſſi celui qui a fait l'objet de mes recherches depuis 15 ou 16 ans ; je ſentois toute la néceſſité du recuit. Il eſt conſtant que tout reſſort qui ne ſera pas recuit bleu avec égalité d'un bout à l'autre, ne réuſſira jamais bien ; il caſſera à l'endroit où il ne ſera qu'à la couleur d'or, & ployera à l'endroit qui aura paſſé le bleu & ſera devenu couleur d'eau. Pour parvenir au point de perfection, j'eſſayai de recuire ce reſſort deux fois ; & de cette maniere, après l'avoir frotté d'un peu de ſuif, je le poſai ſur de la braiſe ardente applatie, & toujours ſur de petits charbons ; ſi-tôt que le ſuif fut enflammé par-tout, j'ôtai le reſſort du feu avec de petites pinces ; je laiſſai éteindre le ſuif à l'air ; & auſſi-tôt je plongeai le reſſort dans l'eau : étant refroidi, je l'eſſuyai, je le refrottai de ſuif ou d'huile, cela eſt indifférent, & je l'expoſai ſur le feu pour lui donner un ſecond & ſemblable recuit au premier ; mais en obſervant de ne pas expoſer ſur le feu les deux fois le même côté, c'eſt-à-dire, que le côté qui avoit été ſur les charbons au premier recuit, devoit être expoſé au côté de l'air au ſecond, moyennant quoi les deux côtés recevoient le même degré de recuit.

Voici le raiſonnement qui m'a toujours conduit dans ce travail. Je penſe que l'acier mis ſur le feu, juſqu'à 20 fois ſi l'on veut, ſi la couleur de la ſeconde fois n'excede pas celle de la premiere, l'acier reſtera toujours au même degré de dureté. Selon ce principe, que l'on doit regarder comme très-certain, il n'y a

pas

pas d'inconvénient à recuire l'acier plufieurs fois, pour en mieux égalifer le degré de dureté. Dans le cas préfent, la forme du reffort dont il s'agit, eft un obftacle à un premier recuit bien égal & bien régulier. Au premier que l'on fait, il fe trouve des endroits qui ne viennent qu'à la couleur d'or, & la preffion fait caffer infailliblement le reffort dans quelqu'un de ces endroits. Le fecond recuit répare les imperfections du premier ; la couleur d'or deviendra bleue fans changer ni altérer les endroits qui étoient fortis bleus après le premier recuit. Ce Conftricteur vaut 15 liv.

A R T I C L E H U I T I E M E.

Des Tuyaux ou *Canules.*

L ES derniers inftruments que M. Levret a imaginés pour les polypes, font les Canules d'argent repréfentées par les Figures 35 & 36.

PLANCHE 114.

La Figure 35 eft compofée d'un feul Tuyau, muni de deux anneaux en *ss* ; à l'extrémité fupérieure *f*, eft une traverfe d'argent de 4 lignes de long, foudée aux parois intérieures du Tuyau, pour contenir un fil d'argent qui embraffe le pédicule du polype : on peut tortiller ce fil à volonté, moyennant qu'il eft affujetti en *g*, ou bien roulé fur les anneaux *s s* : ce fil eft paffé à la filiere ; il eft d'argent fin & bien au titre : il porte 3 quarts de ligne de diametre, & eft de 18 ou 20 pouces de long ; de plus, il doit être recuit, afin qu'il ne fe caffe pas en le tortillant. Cet inftrument, qui porte près de 4 pouces de long, eft pour les polypes du nez.

La Figure 36 doit avoir 8 pouces de long ; il fert pour les polypes utérins de la matrice : il eft compofé de deux tuyaux faits de deux lames d'argent de demi-ligne d'épaiffeur, foudées chacune féparément. Pour faire un feul inftrument compofé de deux tuyaux, on ajufte ces deux tuyaux enfemble longitudinalement, & on les foude bien ; enfuite on ajufte & on foude les anneaux, un de chaque côté & bien vis-à-vis l'un de l'autre.

Le fil d'argent qui occupe les lignes ponctuées, doit être de 3 quarts de ligne de diametre ; la longueur doit être de 3 pieds au moins ; au refte ces inftruments doivent être bien polis, & tous les angles doivent être bien mouffes. Pour exécuter cet inftrument, voyez le Chapitre XX, *des Soudures*, premiere Partie. La Canule pour le nez, *Fig.* 35, fe vend 9 livres ; & la double Canule pour la matrice, *Fig.* 36, 24 liv.

ARTICLE NEUVIEME.

De l'Aiguille, de l'Anneau à gouttiere, & du Porte-anse.

PLANCHE
115.

LA Figure 37 repréfente l'Aiguille d'Heifter, pour faire la ligature des polypes ou du farcome : elle eft faite d'acier. En *a A*, eft une platine un peu ovale, qui fert de manche à l'inftrument ; la tige commence en *a*, & va en diminuant jufqu'en *b*, où elle eft coudée pour prendre la forme d'un demi-cercle ; la tige eft ronde jufqu'à l'œil, ou plutôt elle a la forme d'un ovale applati ; mais les tranchants, ainfi que la pointe, font mouffes. Cet inftrument fe vend 2 liv.

La Figure 38 repréfente l'Anneau à gouttiere. Cet Anneau eft forgé comme une branche de cifeau ; on laiffe une tige de 4 pouces de longueur ; on la coude en *C* : toute la face de cet inftrument, tant l'Anneau que la branche, eft cannelée, ou porte une gouttiere faite au cifelet : c'eft cette cannelure qui fert de conducteur au Porte-anfe repréfenté par la Figure 39, qui n'eft autre chofe qu'une tige d'acier, dont l'extrémité eft percée d'un trou. Ces deux inftruments valent 4 liv. les deux.

ARTICLE DIXIEME.

Du Conftricteur de M. de la Faye.

PLANCHE
115.

LA Figure 40 repréfente le Conftricteur imaginé par M. de la Faye, pour étrangler les polypes utérins. En *E*, font deux demi-cercles qui embraffent le pédicule, de maniere qu'en tournant la clef *F*, le pivot de la vis entre dans le trou en *G*, fait éloigner les branches & ferrer en même temps les demi-cercles jufqu'au point d'étrangler le pédicule.

La Figure 41 repréfente l'inftrument qui, dans la fituation où il eft, a fait une grande partie de l'opération, puifqu'il ne refte que 2 lignes de vuide entre les deux demi-cercles.

L'axe de l'inftrument qui unit les deux branches, eft en *H*, *Fig.* 41, à deux pouces des demi-cercles ; cet axe eft fixé à la branche antérieure, & mobile à la poftérieure : on voit que celle-ci eft *fenêtrée* depuis *H* jufqu'en *h*, pour faire defcendre l'axe *H* jufqu'en *h*, afin de faciliter l'introduction de l'inftrument. Les lignes ponctuées *j j j K j j* de la Figure 42, font voir l'inftrument dans la pofition où il doit être pour que l'introduction en foit aifée, & que la premiere branche foit placée au pédicule du polype avant d'y approcher la feconde.

La Figure 43 repréfente l'inftrument vu de côté, où l'on remarque les épaif-feurs des branches : *l l* fait voir la faillie de la tête de l'axe, & celle de l'écrou ; en *m*, (de même qu'en *M*, *Fig.* 41), c'eft le piton taraudé où fe fixe la vis ou clef F de l'inftrument, qui fait écarter les branches ; ce piton eft mobile dans la branche, pour fe prêter au mouvement & aux différentes directions de la vis ; mais il ne peut pas fortir de fon trou, parce que la branche eft fraifée pour loger la rivure du piton. La Figure 44 fait voir le piton féparé.

La Figure 45 repréfente l'axe, & la Figure 46 l'écrou.

La Figure 47 démontre la courbure précife que les demi-cercles doivent avoir à leur face ; & l'on voit en *N N, Fig.* 43, la courbure qu'ils doivent avoir fur le plat.

L'intérieur du demi-cercle eft un tranchant arrondi : voyez la coupe tranfverfale en *P, Fig.* 47, en fuppofant que *r* foit l'intérieur du demi-cercle. Cet inftrument eft tout d'acier bien poli & non-trempé, malgré que les branches font de forme méplatte, & par conféquent formant quatre angles ; néanmoins ces angles ne doivent point être vifs ; il faut les abattre avec la lime-bâtarde & la douce, enfuite les polir entre deux morceaux de bois. Cet inftrument vaut 15 liv.

CHAPITRE QUARANTE-QUATRIEME.

Des Inftruments pour l'opération de la Cataracte.

L'opération de la Cataracte a fubi bien des changements dans ce dernier fiecle, depuis qu'on a imaginé la méthode de la faire par l'extraction du cryftallin (*), laquelle a été perfectionnée d'abord par MM. Teylor & Daviel, & depuis eux, par beaucoup d'autres habiles Oculiftes François. Nous allons décrire dans ce Chapitre, les inftruments inventés pour faire cette opération ; néanmoins nous n'expoferons que ceux qui ont été applaudis & reçus des Académies.

ARTICLE PREMIER.

Des Aiguilles pour abattre la Cataracte.

Les Anciens qui pratiquoient cette opération, fe font toujours fervis d'Aiguilles emmanchées, & dont les formes ont très-peu varié : on les voit repréfentées par les cinq Figures fuivantes.

Planche 114.

La Figure 1 repréfente la double Aiguille ; c'eft un manche fur lequel eft cimentée une Aiguille aux deux bouts *e, e* ; *b, b*, font deux couvercles creufés intérieurement pour fervir d'étui aux Aiguilles en les viffant en *e e* ; *a*, eft la partie maffive fur laquelle font cimentées les Aiguilles.

(*) Cette méthode a été long-temps douteufe & long-temps critiquée. *Voyez* Heifter, *Chap.* 50, *Tome* I. Edition Françoife.

Le manche eſt fait au tour, ou en ébene ou en ivoire; les Modernes qui pratiquent cette opération par abaiſſement, ſe ſervent auſſi d'un ſemblable inſtrument. L'Aiguille *A* eſt un grain d'avoine qui eſt la premiere forme, & celle *B* eſt un grain d'orge qui eſt la ſeconde: voilà deux formes différentes.

Les Figures 2 & 3 ſemblent repréſenter le même inſtrument; cependant ils different eſſentiellement: car dans la Figure 2, depuis *c* juſqu'à la pointe, c'eſt une partie concave de la forme d'une gouge; cette concavité eſt faite pour recevoir la convexité repréſentée dans la Figure 3: ces deux parties ſe joignent enſemble au point que ces deux inſtruments n'en font qu'un. Or, lorſqu'on a fait la ponction au globe de l'œil avec l'Aiguille concave, on introduit l'autre juſques dans la chambre intérieure, à la faveur de la concavité de la premiere (*). Ainſi pour bien exécuter l'opération par cette méthode, il faut que l'Aiguille concave ſoit pointue comme une Lancette, par conſéquent elle doit être repaſſée & affilée ſur les mêmes enſeignements.

L'autre Aiguille, quoiqu'elle ſoit aiguë, ne doit point piquer vivement ni couper finement par ſes tranchants, parce qu'elle n'eſt deſtinée qu'à faire deſcendre le cryſtallin dans la chambre baſſe de l'œil. Lorſqu'on a repaſſé cette Aiguille ſur le tour, qu'on a dreſſé la pointe & les tranchants, il faut l'affiler un peu de court, afin d'émouſſer un peu la vivacité de la pointe & celle des tranchants, ce qui s'exécute ſur la troiſieme pierre à Lancette, qui eſt la plus dure & la plus douce.

La cinquieme eſpece d'Aiguille a été imaginée par M. Briſſeau, Médecin François à Tournai en Flandres, & eſt repréſentée par la Fig. 4. Elle eſt ſemblable à une gouge: elle eſt à tranchant ſur tous les côtés, & tout autour de la gouge elle eſt très-large & telle que la repréſente Heiſter; mais toutes celles que je fais pour ceux qui operent par cette méthode, ſont plus petites & ſemblables à la Fig. 5; la concavité de la gouge prend naiſſance en *F*, de plus loin que celle de la Fig. 4, cela lui procure le tranchant plus fin; en *f* eſt un petit bouton circulaire fixé à 9 lignes de l'extrémité pour ſervir de guide à meſure que la pointe fait du progrès dans la chambre de l'œil: on obſerve d'émouſſer légérement un des tranchants de la gouge; pour cet effet il faut un inſtrument pour chaque œil. Toute la tige eſt ronde; le manche eſt d'ivoire taillé à 8 pans; en *E*, eſt un morceau d'écaille incruſté, pour reconnoître promptement le côté concave de la gouge, ainſi les Figures 2, 3, 4, doivent être emmanchées comme nous les avons fait deſſiner dans la Fig. 5. Pour ne point répéter à chaque piece les perfections qu'on doit leur donner, je dis ici que toutes celles que nous venons d'expoſer, & celles dont nous parlerons dans les Articles ſuivants, deſtinées à l'opération de la cataracte, doivent être faites ſur les principes de la Lancette, établis au Chapitre XXXV, tant pour la bonté & la pureté de l'acier, que pour la délicateſſe des pointes & des tranchants; en un mot les pointes doivent entrer

(*) Cette méthode eſt rapportée dans Solingen, & l'inventeur eſt Smalſius, Oculiſte Hollandois.

dans

dans le canepin sans le faire crier, ce qui ne peut s'effectuer qu'en travaillant ces instruments avec les mêmes attentions que l'on doit donner à la Lancette, & les repassant avec les mêmes outils qui servent aussi à la Lancette.

Article Second.

Maniere de faire des Bistouris pour l'opération de la Cataracte.

Comme nous avons plusieurs sortes d'instruments à représenter, nous allons enseigner la maniere d'en faire un ; cela suffira pour tous les autres, moyennant que nous indiquerons ce que chacun d'eux a de particulier, à mesure qu'ils se présenteront.

Planche 116.

Tous ceux qui ont un dos & un tranchant, sont appellés *Bistouris*, auquel nom on ajoute celui de l'Auteur : ainsi on dit *Bistouri de M. de la Faye*, *Bistouri de M. Tenon*, & ainsi des autres.

Pour forger un de ces Bistouris, prenez une barre d'acier étiré d'environ 4 lignes en quarré. Supposons la Figure 6 ; après avoir donné une chaude à la pointe, entaillez en *g* sur la quarre de l'enclume ; étirez la lame, & amincissez le tranchant sur le côté G ; ensuite, sans le séparer de la barre, faites-en la queue de cette maniere : portez *h* sur la quarre de l'enclume en avant ; donnez des coups de la pane du marteau parallélement sur la quarre de l'enclume, & en 14 ou 15 coups de marteau la queue sera faite : coupez-la sur la tranche ou d'un coup de quarre sur la ligne *g*.

Disposez ensuite un manche, soit d'ivoire, ou d'ébene ou de nacre ; mettez-le de la façon que le représente la Fig. 7 ; placez la virole ; percez le trou en *H*, pour loger la queue de cet instrument ; & comme il y a plusieurs instruments auxquels il faut mettre une marque pour que l'Opérateur distingue d'un coup d'œil le côté concave du convexe, il faut entailler en *jj*, & y ajuster une piece d'ébene quand le manche est d'ivoire, une d'ivoire quand il est d'ébene, & une d'écaille, quand au contraire il est de nacre, &c, afin que la différence entre l'une & l'autre de ces couleurs, serve à faire distinguer promptement ces deux parties de l'instrument. Quand on a ajusté la piece à queue d'aronde des deux bouts, on la colle à la colle forte. La queue s'ajuste sur le manche comme celle d'un Couteau à gaîne, *Chap. XXIII*, premiere Partie ; on dresse le Bistouri, on lui donne la forme qu'il doit avoir ; ensuite on le trempe : on le recuit à la couleur d'or, & on cimente la queue dans le manche ; après cela on l'écorche sur la meule ; on le finit au tour à Lancette, & on l'affile sur les mêmes pierres, comme nous l'avons expliqué en parlant de la Lancette, *Chap. XXXV*.

Les Figures 8 & 9, représentent deux lames de Bistouri, dont l'une est dans un sens, l'autre dans le sens contraire ; le dos est sur la partie droite, & le tranchant sur la partie convexe : il commence en *KK*, & se termine par une pointe aiguë *L L* ; le dos est très-arrondi jusqu'en *m* : là commence un tranchant qui se perd avec la pointe , & c'est ce qui fait la perfection de la pointe.

Expliquons pourquoi il faut absolument un dos aux Bistouris. L'œil a toujours un mouvement dans son orbite : il y roule contre le gré même de celui que l'on opere ; on n'a pas trouvé d'autres moyens pour assujettir l'œil sans le comprimer, (ce qui le feroit vuider) que de faire un dos à cet instrument ; parce qu'en perçant l'œil transversalement au milieu de la cornée transparente , le tranchant incise en en-bas , tandis que le dos soutient le coup en en-haut. On sent bien que s'il y avoit deux tranchants , l'Opérateur ne seroit point maître de diriger ainsi l'incision. La Figure 1 de la Planche 118 , donne une idée de cette opération. Cette même Figure servira à établir les perfections que doivent avoir ces instruments : on voit que le tranchant *a* , n'a plus qu'une ligne d'espace à parcourir pour terminer la section. Elle fait voir aussi à quel point le dos doit être arrondi & poli ; la moindre aspérité & le plus petit trait écorcheroit , irriteroit la partie , & lui occasionneroit une inflammation ; de plus , on voit que la pointe *B* est presqu'arrivée à l'angle interne , & qu'elle est prête de le piquer ; pour obvier à cela , il faut donner une courbure sur le plat du Bistouri pour faire relever la pointe : voyez-en la forme par la Fig. 18 , *Pl.* 116.

Un objet important pour faciliter la section , c'est de faire le côté courbe en dedans , un peu concave *M N* ; & le côté courbe en dehors *o o* , convexe ; pour cet effet il faut émoudre le concave sur une meule de 6 pouces de hauteur , & l'évuider. Voyez la coupe transversale , *Fig.* 19. Je propose de donner à l'ins-trument cette forme , parce que le côté convexe étant en dedans de l'œil , fait incliner le tranchant , & cette inclinaison le fait sortir en le renvoyant en de-hors : cette figure donnée à la lame , termine la section directement sur la ligne qui sépare les deux cornées. J'ai imaginé de donner cette forme à l'instrument , après m'être convaincu moi-même de son utilité sur le cadavre ; je l'ai propo-sée à plusieurs Eleves étrangers , qui l'ont tous adoptée. Il faut indispensablement un Bistouri pour chaque œil , puisque les courbures doivent être en sens con-traires : ainsi la Figure 8 est pour opérer de la main gauche sur l'œil droit , & la Figure 9 pour le gauche avec la main droite.

A R T I C L E   T R O I S I E M E.

Description de plusieurs especes de Bistouris propres à faire la section
de la Cornée transparente.

PLANCHE
116.

L A Figure 10 représente celui de M. de la Faye : il a un dos & un tranchant ; il a une légere courbure sur le plat , & il en faut deux quand on opere par cette méthode , c'est-à-dire , un pour chaque œil.

La Figure 11 représente celui de M. Tenon ; c'est celui de M. de la Faye corrigé ; il n'en diffère qu'en ce qu'il est plus étroit d'une ligne & plus court de quatre, pour se mieux proportionner à l'étendue de la chambre antérieure de l'œil : il en faut également un pour chaque œil.

La Figure 12 est destinée à représenter la courbure sur le plat, de ces deux derniers Bistouris : on voit aussi que l'épaisseur du dos ne porte pas plus de demi-ligne dans sa plus grande épaisseur près du manche, & diminuant insensiblement jusqu'à sa pointe, où elle se termine par un tranchant de deux lignes de long (*).

La Figure 13 représente celui de M. Vinsel ; il differe des autres en ce qu'il est droit, plus épais du double, & plus large d'une ligne que celui de M. de la Faye ; son tranchant est sur sa partie *p* : entre le dos & le tranchant on voit une vive-arête ; la ligne ponctuée *q*, *Fig.* 14, indique cette vive-arête destinée à éloigner l'iris. Il en faut un pour chaque œil.

La Figure 15 représente un Bistouri qui tient le milieu des précédents : il est imaginé par des Eleves de l'Ecole-pratique de Paris. Le tranchant commence en *r*, & continue jusqu'à la pointe ; le dos est arrondi un peu de loin & de chaque côté, pour former une espece de vive-arête, mais arrondie des deux côtés de la lame. Il est tout droit & sans courbure ; en ce cas il n'en faut qu'un pour opérer les deux yeux de la main droite. Pour opérer l'œil droit, il faut se placer der-riere le malade comme pour arracher une dent.

La Figure 16 représente le Bistouri dont se sert M. Tenon pour fendre la capsule du crystallin ; c'est une petite Lance à grain d'orge, tranchante d'un seul côté : elle n'a qu'une ligne de longueur de tranchant ; le reste doit être émoussé en douceur.

Tous les Bistouris pour l'opération de la cataracte, que nous venons de citer, doivent être trempés à la couleur de cerise claire, & recuits à la couleur d'or. Or, il est essentiel de recuire ces petits instruments avec les tenailles. *Voyez le Chap. XIV*, qui instruit de la trempe & du recuit.

La Figure 17 représente l'instrument de M. Poyet ; c'est une Lancette à grain d'orge fixe sur le manche ; à 2 lignes de la pointe, est un petit trou fait à jour pour recevoir un fil ; comme ce trou affoiblit beaucoup l'instrument, il convient de lui donner le recuit à la couleur de cuivre rouge & presque violet, sans quoi l'instrument casseroit dans l'opération.

La Figure 18 représente le *Secteur* des vaisseaux sanguins : il est imaginé par M. Tenon. Cet instrument est à tranchant dans sa partie concave, & son dos est à la partie convexe ; il est extrêmement mince, & la pointe est aussi aiguë que celle d'une Lancette ; d'ailleurs il doit être emmanché semblablement à la Figure 12.

Toutes les Aiguilles & les Bistouris que nous avons décrits pour la cataracte,

---

(*) Les instruments de M. Tenon ont une propriété de plus que celle d'opérer la cataracte. Je m'en suis servi, avec tout le succès possible, sur un chat, à qui j'ai fait l'opération de séparer les paupieres, étant né sans aucune distinction de séparation aux paupieres. J'ai détaillé le ma-nuel, les observations & le succès de cette opé-ration dans un Mémoire lu à l'Académie Royale des Sciences, Année 1772.

dans les trois Articles précédents, font du prix d'une liv. 10 f. la piece ; ainfi la double Aiguille, *Fig.* 1, vaut 3 liv.

ARTICLE QUATRIEME.

Des Inftruments de M. Daviel, pour l'opération de la Cataraĉte par extraĉtion du cryftallin.

PLANCHE 117.

M. Daviel, qui fit l'opération de la cataraĉte avec un grand fuccès, multiplia les inftruments qui pouvoient la faciliter. Nous allons les décrire dans cet Article.

Il imagina d'abord pouvoir diriger la feĉtion fur la ligne même qui fépare la cornée tranfparente, & rien ne lui parut plus convenable que des Cifeaux, auxquels il donna deux courbures, une fur le plat, comme le repréfente la Fig. 1 ; & l'autre fur le côté, comme on le voit dans la Figure 2. Ces deux différentes courbures exigent deux paires de Cifeaux, l'une pour l'incifion à gauche, & l'autre pour la droite : voyez *Fig.* 2 & *Fig.* 3. Une troifieme paire lui convenoit en certains cas : voyez la *Fig.* 4 ; ils font courbes fur les plats feulement, comme l'indique la Fig. 1.

Lorfqu'on fait précéder les Cifeaux par un autre inftrument, ils operent parfaitement ; il eft vrai que l'opération eft plus longue, & de plus ces Cifeaux font fujets à être mal faits ; & c'eft peut-être la plus forte raifon qui les a fait abandonner par bien des Oculiftes. On a d'abord reproché à ces Cifeaux de ne pas couper net, mais qu'ils hachoient : cela a pu arriver fouvent ; mais, comme nous l'avons remarqué plufieurs fois, fi les Cifeaux font faits fans bifeau fur le tranchant, que ces tranchants foient de la confiftance de celui du Canif, on aura de bons inftruments qui ne hacheront pas, mais au contraire qui couperont avec netteté & avec douceur.

La maniere de faire ces Cifeaux, eft femblable à celle déja décrite pour tous autres. Voyez le *Chap. XXV*, premiere Partie, ainfi que l'Article des Cifeaux courbes fur les plats, *Chap. XLI* : mais voici les qualités qu'ils doivent avoir. Ils doivent être faits d'acier pur ; les lames doivent être trempées enfemble & avec précifion : le recuit doit être à la couleur d'or, le dedans des lames émoulu bien vivement fur une meule de 8 ou 9 pouces de hauteur. Le dehors des lames doit être fait en amande pour former un tranchant fans bifeau, mais qui ne plie pas fur l'ongle ; les pointes doivent être un peu émouffées avec la pierre à l'huile : l'épaiffeur des deux lames eft de 2 lignes & demie près de l'axe, & doit fe terminer en pointe bien infenfiblement, cependant pointe un peu émouffée.

La Figure 5 repréfente une *Langue de carpe*, à tranchant mouffe.

La Figure 6 repréfente *la Curette* du côté concave, avec laquelle on releve la cornée pour couper la membrane cryftalline & prendre le cryftallin.

La

La Figure 7 repréfente la petite Lance ou Kiftitome, pour faire la fection de la membrane cryftalline ; & la Figure 8, un Biftouri pour la même opération.

La Figure 9 repréfente la Langue de carpe à tranchant fin fur les côtés, mais dont l'extrémité *a* doit être émouffée.

La Figure 10 donne la forme d'une Lance pour faire la fection entiere à la cornée : elle porte le nom de MM. Daviel, de Lafaye & Grandjean. La Figure 11 en repréfente une d'une autre forme, qui eft plus allongée, & que préferent plufieurs Oculiftes. Ces fept inftruments font repréfentés vus à plat, & il leur faut à tous une courbure à la tige femblable à la Fig. 12. Comme cette courbure eft effentielle, elle mérite d'être faite avec des précautions que nous allons détailler.

On fait l'inftrument avec la tige droite, pour ne la courber qu'après qu'il eft fini ; l'attention principale doit être, lorfqu'on le trempe, de ne pas durcir la tige. Pour cet effet, faites chauffer de fortes tenailles droites prefqu'à blanc ; pincez toute la partie tranchante dans ces tenailles jufqu'à la ligne *A A*, *Fig.* 11 : laiffez la tige dehors, elle ne rougira point ; mais fitôt que la lame fera rouge, ce qui eft très-prompt, trempez - la dans l'eau, enfuite recuifez - la couleur d'or. Enfin la lame étant finie pour ce qui dépend du tour & des pierres, vous la ployerez aifément feulement avec le fecours des doigts ou avec des pinces à main.

Tous les inftruments décrits dans le préfent Article, de la méthode de M. Daviel, font du prix de 36 livres, y compris une boîte façon de chagrin, dans laquelle font placés tous les inftruments, ladite boîte doublée en foie, & faite par un Gaînier.

ARTICLE CINQUIEME.

Des Inftruments de MM. Berenger, Pope & Favier.

M. Berenger a imaginé deux formes de Biftouri qui ont beaucoup de fuccès. La Figure 2 en repréfente un ; fon tranchant eft fur fa convexité. La Figure 1 repréfente l'inftrument faifant l'opération felon ce que nous en avons dit ci-devant, *Art. II* ; nous avons auffi détaillé les qualités que doit avoir l'inftrument. Il en faut deux, un pour chaque œil.

Le même Auteur a auffi imaginé deux autres inftruments auxiliaires dans cette opération ; c'eft la Figure 3, qui repréfente une double Errhine, dont les deux pointes *i i* font fuffifamment aiguës pour pénétrer un peu le globe de l'œil, & le contenir.

La Figure 4 repréfente une petite Pince ou *Valet à patin* ; il eft compofé de deux branches femblables, unies par une charniere ; fur l'une des branches eft fixé un reffort qui tient les branches ferrées, faifant la pince en *M*, & l'intérieur eft armé de dents comme celles d'une lime douce à petits grains. L'Errhine double, *Fig.* 3, vaut 2 livres ; & la Pince, *Fig.* 4, fe vend 4 liv.

Comme la fixation de l'œil est un des plus grands avantages dans l'opération de la cataracte, chacun a cherché à le contenir & à concourir à cette découverte. M. Pope a imaginé un instrument représenté par la Fig. 5 ; il est composé de deux branches, qui, ajustées ensemble par *entablement*, & unies par une vis A; composent une paire de pinces très-déliées : la branche $E\,e$ est coudée en $b\,c$, pour faire écarter suffisamment les branches D, afin de pouvoir placer le doigt index entr'elles pour gouverner la pression de la Pince sur la cornée transparente.

La Figure 6 représente la branche dont l'extrémité $h\,h$ est faite en pointe de Lancette à grain d'orge, pour faire la ponction à la cornée. Sur la ligne $h\,h$, est une entaille applatie, sur laquelle tombe juste l'autre branche, comme le fait voir f, *Fig.* 5.

La Figure 7 représente la forme & la largeur de la branche $H\,H$, *Fig.* 5, qui est celle qui fait Pince ; enfin elle ne diffère de l'autre, qu'en ce qu'elle n'a point de pointe ni de coude.

Cet instrument est le principal dans cette opération, par rapport à la pointe qui fait la ponction ; mais après il n'est qu'auxiliaire : car dès qu'il est entré dans l'œil au bas de la cornée transparente, on joint les deux branches pour pincer la cornée, & fixer l'œil ; ensuite on prend le Bistouri, *Fig.* 8, qui est à tranchant sur sa convexité K, le passant en dessous & en croix sous la branche inférieure de la Pince, & l'on fait la section à la cornée en fauchant. Ce même instrument est à deux fins, en ce qu'il porte à l'extrémité du manche L, un Kistitome pour faire la section de la membrane crystalline. Le manche est fait d'ivoire à 8 pans, & porte une virole à chaque bout. La Pince se vend 9 livres ; & le Bistouri portant son Kistitome, 3 liv.

M. Favier, collegue de M. Pope, (Chirurgien Aide-Major aux Invalides,) a aussi imaginé deux instruments pour l'opération de la cataracte, représentés par les Figures 9 & 10 : il en faut un pour chaque œil. La forme de ces Keratinotomes, est la même que de celui de M. Berenger, *Fig.* 2 ; cependant elle en diffère en ce qu'elle a une pointe allongée en forme d'Aiguille ; son intention étant de fixer l'œil de cette maniere, cette espece d'Aiguille étant longue & étroite, entre facilement dans la cornée : ayant passé outre, je suppose en N, *Fig.* 9, il emmene l'œil vers l'angle externe, & fait la section de la cornée en soutenant la position de l'œil avec le doigt appuyé sur le globe de l'œil vers l'angle interne. Ce même instrument en représente deux ; l'autre extrémité p, est un Kistitome particulier : une branche auxiliaire est ajustée sur l'instrument par une vis T, pour tenir élevée la portion de la cornée incisée, pendant que la pointe fait la section de la membrane crystalline : l'élévation précise de la branche auxiliaire est vue en r, *Fig.* 11 ; cette même Figure fait voir tout l'instrument de côté : on peut y remarquer toutes les épaisseurs, & la courbure qui regne sur la longueur de l'instrument, mais plus sensiblement en R. Les deux instruments ne faisant qu'un, par rapport à la branche auxiliaire, il faut les forger d'un feul morceau d'acier , & fur les principes d'un Couteau à foie, appellé *à plate-femelle, Chap. XXIII, Art. IV,* premiere Partie. Après avoir forgé & limé l'inftrument , on ajufte la branche auxiliaire que repréfente la Fig. **12**; & pour l'affujettir avec une feule vis, il faut lui réferver une petite queue S, l'ajufter dans une rainure faite fur la mître : voyez *t, Fig.* 10, enfuite viffée en *T.* Le manche eft fait de deux côtés d'ivoire ou d'écaille, fixées par trois clous rivés.

Les pointes en aiguille font foibles , & rifqueroient de fe caffer dans l'opéra-tion par rapport à leur courbure ; pour ne point s'expofer à ce grand accident , il faut recuire les aiguilles violet, & le refte des lames couleur d'or.

Les deux inftruments de M. Favier font de 6 liv. les deux.

La Figure **13** repréfente le Scarificateur des paupieres; la pointe eft fem-blable à celle d'une Lancette ; & la partie la plus tranchante eft fur la partie concave : il fe vend **1** liv. **10** f.

La Figure **14** repréfente le Kiftitome de M. de Lafaye , pour faire la fection de la membrane cryftalline ; c'eft, à tous égards, un petit Pharingotome : le corps eft d'argent. En *X*, eft une virole d'élévation pour tenir l'inftrument entre deux doigts , l'index & celui du milieu, tandis que le pouce appuie fur *y* pour faire fortir le dard *V.* Le prix de cet inftrument eft de **15** liv.

La Figure **15** repréfente le Dard muni d'un reffort à boudin , qui eft fait avec un fil de laiton tortillé fur un mandrin; en *Y* eft une virole réfervée pour arrêter le reffort : la pointe *u* eft femblable à celle d'une Lancette à grain d'orge court.

Article Sixieme.

Des Speculum oculi.

Toutes les méthodes que nous venons de voir , ont befoin de quelque inftrument auxiliaire, foit pour contenir un peu l'œil, ou pour relever les pau-pieres. Ce font ces inftruments auxiliaires auxquels on a donné le nom de *Speculum oculi.*

Planche 119.

M. Garengeot donne l'invention de cet inftrument à M. Petit; c'eft celui qui eft repréfenté dans la Figure **1** : il eft ici fermé ; & comme il en faut deux, la Figure **2** repréfente le fecond, mais ouvert au point qu'il le faut pour affujettir l'œil & les paupieres. On le fait ordinairement d'argent : il eft compofé de deux branches *a b*, qui s'éloignent l'une de l'autre par le moyen du bouton *g.* Pour faire cet inftrument, on prend une lame d'argent d'une ligne d'épaiffeur , à laquelle on donne la forme exacte de l'inftrument, comme *A B C, Fig.* **2**; on foude une bande de même métal & en une feule piece , aux deux côtés & autour du bout inférieur, en forte que ce foit une efpece de boîte creufe, comme on voit en *E F G, Fig.* **3** ; enfuite on ajufte & on foude une autre platine de *B* en *C, Fig.* **2**, pour former une efpece de boîte ; alors la branche mâle *b*, peut fe loger dedans, occupant l'espace défigné par les lignes ponctuées *i*, *i*; cette maîtresse branche étant ainsi dirigée, on ajuste quarrément & on soude la branche courbe au bout: voyez *e e e*; en même temps on soude une platine quarrée qu'on voit en *H*, ce qui fait le ponton sous lequel passe la branche mâle; & de plus, on y ajuste une vis de pression, qui sert à fixer les branches quand elles sont ouvertes au degré qu'il les faut.

La branche mâle est représentée par la Figure 4: elle est faite d'un morceau d'argent de 2 lignes en quarré, coudé à l'extrémité supérieure pour former le demi-cercle, & on l'ajuste parallélement à l'autre branche; on fait entrer la branche quarrément dans la coulisse, dont l'entrée est en *K*, *Fig.* 3; & pour arrêter la branche mâle avec la femelle, on fait un trou que l'on taraude sur le mâle pour recevoir un bouton: voyez *j*, *Fig.* 4; & l'on voit ce bouton placé en *g*, *Fig.* 3; c'est en poussant ce bouton avec le pouce, qu'on fait monter & descendre le mâle *b*. Ces deux Speculum oculi sont du prix de 48 livres, c'est-à-dire, 24 liv. la piece: il en faut un pour chaque œil.

M. Le Cat, d'après l'idée de ce Speculum oculi, en a imaginé un qu'il a nommé *Ophthalmostate*, représenté par les Figures 5 & 6, dont un pour chaque œil. *D* est le manche, imitant celui d'une cuiller à caffé; le reste est une tige ronde coudée en *L* & en *m*, pour faire élever la tige: or, il n'y a que le demi-cercle qui entre dans l'œil entre le globe & la paupiere inférieure. Ordinairement il est tenu par un Aide qui se place derriere le malade. Le bout olivaire doit être très-uni & arrondi. Cet instrument étant fait d'argent, vaut 10 livres; étant fait d'acier, 2 liv.

La Figure 7 représente un Releve-paupiere double, fait d'une lame d'argent laminé d'un tiers de ligne d'épaisseur, ployé à ses deux extrémités *p*, *q*, en forme de crochet replié; l'argent est recuit pour obéir facilement & prendre la configuration des yeux, tant ceux à fleur de tête, qu'enfoncés. Cet instrument se vend 1 liv. 10 s.

La Figure 8 fait voir le Releve-paupiere à anneau; & la Figure 9, celui fait en fourchette. Ces deux derniers ne se ployent point: ils restent fixes, étant du double plus épais que les autres. Ils valent 10 liv. en argent, & 2 liv. en acier.

La Figure 10 représente les Pinces élastiques communes à toutes les méthodes: on les fait toujours d'acier. Elles sont du prix d'une livre.

La Figure 11 fait voir un Speculum oculi à deux branches; une des branches est pour la paupiere supérieure, & l'autre pour l'inférieure. Il est du prix de 2 liv. étant fait d'acier; & l'étant d'argent, 8 liv.

La Figure 12 en est un semblable, mais dont les branches sont égales en longueur. On le vend 2 liv.

La Figure 13 représente un Speculum oculi Anglois: il est fait sur les principes d'une Pince à dissection, *Chap. XXXVI*. On prend une lame d'argent de 9 à 10 pouces de long, sur une ligne d'épaisseur, & de 4 ou 5 de largeur; il faut

diriger

diriger les deux extrémités *R R*, pour faire deux demi-cercles, les couder en *T*; on les plie au milieu sur un mandrin pour faire la tête qu'on voit en *X*; & après avoir bien écroui toute la partie des branches, afin qu'elles soient élastiques, on fait une rainure à jour sur chaque branche, pour recevoir une bride qui monte & descende aisément pour écarter & rapprocher les branches; cette bride est faite comme le fait voir la Figure 14: c'est une vis *V*, taraudée au bout pour recevoir un petit écrou *u*; alors c'est la tige quarrée de la vis qui entre dans la rainure; de sorte qu'en la faisant descendre, les branches s'écartent; & la faisant monter, les branches se resserrent.

En général, tous les Speculum oculi peuvent être faits en acier ou en argent, ainsi qu'en or; mais de quelque métal qu'on les fasse, il est de la derniere importance que toutes les parties qui entrent dans l'œil, soient bien unies, bien polies, & toutes les quarres arrondies; toutes les extrémités doivent se terminer par des boutons olivaires bien réguliers. Ce dernier Speculum oculi vaut 12 liv. étant fait d'argent, & 6 liv. en acier.

ARTICLE SEPTIÈME.

Des Instruments pour la Fistule lacrymale.

NOUS avons décrit au Chapitre des Cauteres, quelques instruments qui servent à la fistule lacrymale, sans faire mention de tous les autres qui dépendent de cette opération : c'est ici leur vraie place.

PLANCHE 121.

La Figure 1 représente le *Bonnet*; il est composé de deux branches d'acier d'une ligne d'épaisseur, fixées ensemble en croix par trois clous en *A*, & couvertes, avec de la peau apprêtée à l'huile, jusqu'en *a*; aux deux bouts *B B*, de la branche transversale, sont attachés deux cordons qui doivent se nouer sous le menton, & fixer le Bonnet sur la tête : les branches doivent prendre la forme de la tête, & être élastiques pour se prêter à plusieurs formes de têtes.

L'extrémité *D* porte derriere, au bas du chignon; elle correspond à la branche compressive *E*, & contribue par-là à la pression. Cette derniere est fixée à la branche en *G*, par une charniere, mais un peu lâche pour obéir à l'effort de la vis, qui, en s'allongeant, appuie sur *C*, fait descendre la branche & comprimer la partie *E* sur la fistule même.

La Figure 2 fait voir la branche de compression séparée, pour montrer la forme qu'elle doit avoir. Le coude en *K*, est la partie qui se trouve sur le sourcil; & depuis *K* jusqu'en *j*, elle doit être garnie de peau. Cet instrument vaut 9 liv.

Les Figures 3 & 4 représentent deux Bistouris pour la fistule lacrymale, inventés par feu M. Petit : il en faut un pour chaque œil, parce qu'ils ont une cannelure faite sur le plat, le long du dos, pour servir de conducteur; par conséquent cette gouttiere doit continuer jufqu'à l'extrémité de la pointe : ces Biftouris fe ferment dans leur châffe. Ils font du prix de 3 liv. les deux.

Les quatre figures repréfentées par les Figures 5, 6, 7 & 8, repréfentent les quatre Mandrins imaginés par feu M. Petit. Ces inftruments font faits d'argent. Tous les quatre font de formes différentes.

La Figure 5 fait voir le plus gros ; on le fait avec une platine d'argent de 5 lignes de largeur, fur un pouce de longueur, & d'un quart de ligne d'épaiffeur ; on le ploie fur un mandrin, & on le foude dans toute fa longueur ; on le laiffe ouvert par les deux bouts, & on perce un petit trou en travers, à une ligne de l'extrémité *p*.

La Figure 6 repréfente le fecond Mandrin : on le fait de la même maniere que le précédent, mais d'une demi-ligne de diametre plus petit, & on n'y perce point de trou.

La Figure 7 repréfente le Mandrin courbe, plus petit & plus long que les précédents. Il differe auffi des autres, en ce qu'il a deux trous, l'un en *q*, qui eft petit, & l'autre en *R*, qui eft plus gros & ovale.

La Figure 8 repréfente le plus petit Mandrin ; il eft courbé & n'a qu'un feul trou en *r*, qui eft très-petit.

Ces Mandrins font du prix de 3 liv. chacun. On en fait auffi en plomb ; mais de ce métal on les fait pleins, c'eft-à-dire, qu'ils ne font point faits en canule ; pour lors on les fait avec du fil de plomb paffé à la filiere ; mais, tout confidéré, on ne doit en faire ufage que pour exercer fur les cadavres.

La Figure 9 repréfente le Biftouri Anglois, pour la même opération ; mais il n'a point de gouttiere : fon tranchant eft en *L*, & la lame eft fixe fur fon manche. Il vaut une liv. 10 f.

La Figure 10 repréfente le Perforatif Anglois, pour l'*os unguis* ; & la Figure 11, le Trois-quarts de M. Moreau, pour la même opération ; la pointe eft faite comme celle d'un burin à deux facettes. Tous deux doivent être faits d'acier trempé à la couleur de cerife, & recuit à la couleur de cuivre rouge. Ces deux derniers valent 2 liv. la piece, étant montés en ébene & garnis d'une virole d'argent.

La Figure 12 repréfente le Biftouri de M. Petit, Médecin, pour faire l'amputation d'un œil cancéreux : il eft fait à deux tranchants féparés par une vive arête. La vue de fon Auteur eft de le rendre commode à couper le nerf optique ; pour cet effet il doit avoir la courbure repréfentée par la Figure 13, qui fait voir l'inftrument de côté. Il vaut 2 liv.

Article Huitieme.

Des Inſtruments pour retirer la Sonde du canal naſal.

La Figure 15 repréſente les Palettes de M. Cabanis, pour retirer la ſonde du canal naſal. Cet inſtrument eſt fait d'argent; il eſt compoſé de deux branches *Fig.* 7 & *Fig.* 8, ſurmontées chacune d'une Palette percée de pluſieurs trous en *A*, *B*. La Figure 18 fait voir la branche femelle, qui eſt en tuyau depuis *a* juſqu'en *b*, pour recevoir la branche mâle faite d'un fil d'argent rond, *Fig.* 17. Quand cette branche eſt dans le tuyau, *Fig.* 18, le bout taraudé ſort en *b*; alors on viſſe l'écrou *C*, *Fig.* 17, enſuite l'anneau *D*; après cela on met une très-petite vis dans le trou *E*, qui ſert à fixer les Palettes.

Planche
120.

La Figure 15 fait voir l'inſtrument tout monté. En *G*, eſt l'écrou; en *e*, eſt la petite vis, qui laiſſe ſeulement la liberté aux Palettes de parcourir l'eſpace de la fenêtre pratiquée ſur la canule: les trois anneaux ſont deſtinés à tenir l'inſtrument pendant que l'extrémité *H* eſt introduite dans la narine. Dans cette ſituation on cherche le bout de la Sonde; & lorſque ce bout ſe rencontre avec l'un des trous *H*, on le fait entrer le plus avant qu'il eſt poſſible. Enſuite on fait monter la branche mâle en pouſſant l'anneau *q*: or le trajet que fait la branche mâle eſt repréſenté par *h*, *Fig.* 16, où l'inſtrument eſt vu de côté.

Ce méchaniſme eſt imaginé pour ſaiſir le bout de la Sonde, le tenir auſſi ſolidement comme avec des pinces. & le tirer du canal.

Il eſt aiſé de ſentir que cet inſtrument doit être bien arrondi ſur tous les ſens, & qu'il n'y faut point laiſſer la moindre aſpérité. Les trous doivent être un peu fraiſés, pour leur procurer une plus large ouverture faite en entonnoir, afin de rencontrer le bout de la Sonde le plus promptement qu'il eſt poſſible. Il eſt du prix de 15 liv.

La Figure 19 repréſente une Sonde creuſe pour la même opération: on fait quatre petits trous à l'extrémité 1, 2, 3, 4; & la Figure 20 fait voir l'Errhine qui eſt l'auxiliaire de la Sonde. Ces deux inſtruments valent 2 liv.

La Figure 21 repréſente des Pinces à anneaux, ajuſtées à jonction paſſée. L'extrémité *L* eſt courbée pour chercher le bout de la Sonde: on y fait de petites dents comme celles d'une lime douce. C'eſt l'inſtrument qui reuſſit le mieux pour cette opération. On les vend 1 liv. 10 ſ.

La Figure 10, *Pl.* 122, repréſente la Sonde d'argent de M. Mejean, pour le ſac naſal; le bout *m* eſt olivaire, & l'autre extrémité *L* eſt percée d'un petit trou pour paſſer le ſéton. On la vend 2 liv.

ARTICLE NEUVIEME.

De la Seringue de M. Anel, pour les maladies des yeux; & les Instruments de M. Laforét.

LA Figure 1 représente la Seringue pour injecter dans les conduits engorgés. Le corps se fait sur les principes du Pharingotome, *Chap.* XLII. L'argent doit avoir une bonne ligne d'épaisseur, & toutes les pieces doivent être bien soudées; avant de le mettre sur le tour pour tourner le canon & faire les vis, il faut le mettre sur le mandrin, & en choisir un bien rond; lorsqu'on a soudé la platine *A*, on soude un bout d'argent *B*, on le taraude pour recevoir tous les siphons: on soude aussi une virole en *a*, pour servir de prise à la Seringue, tandis qu'on pousse le piston avec le pouce dans l'anneau *b*. Le piston vu *Fig.* 2, se fait avec un anneau, sur lequel on soude une tige ronde de 2 lignes de diametre, à laquelle on soude encore une platine *B*, & l'autre platine *C* est vissée. On garnit ce piston avec de la soie. Enfin la Figure 3 est une coupe de la Seringue, pour en faire voir l'intérieur; & la Figure 4 représente l'intérieur d'un siphon: on peut juger par-là des épaisseurs.

La Figure 5 représente le Siphon servant aux plus gros conduits; & de plus, il sert de Porte-Algalies.

La Figure 6 représente le Siphon droit, & la Figure 7, le Siphon courbe, afin que ces tuyaux ne se bouchent pas par quelque ordure; il faut toujours passer dedans un brin de fil d'or ou d'argent vu en *j j*, & la grosseur du fil est rendue sensible par la Figure 8. Le siphon est la partie la plus difficile à faire dans tout l'instrument: il est composé de six pieces; on commence par faire une forte virole I, *Fig.* 9, d'une ligne d'épaisseur, de 5 de hauteur: elle est taraudée. A cette virole on soude une platine 2, ensuite une autre platine de la forme que l'on voit ici en 3: elle porte sur la virole & sur la platine 2; au bout supérieur de la virole, on soude encore un bout de tuyau 4; & au bout de ce dernier un autre plus petit 5: c'est ce dernier-ci qui doit recevoir le tuyau d'or 6. Tous ces tuyaux doivent être bien ajustés & bien soudés, de façon que le plus gros reçoive le plus petit, & que celui-ci entre dans le premier d'environ une ligne de longueur, ainsi des autres, par gradations: on voit leur assemblage dans la Figure 6, *e*, *f*, *g*, *H*, *i*, *K*. La platine *i* ne sert au siphon que pour le tenir en le vissant sur la Seringue.

Le tuyau d'or est très-petit, & par-là demande des précautions.

Pour le bien exécuter, on prend un morceau d'or qui a passé au laminoir, & qui n'est pas plus épais que du vélin, & d'une ligne & demie de largeur; ordinairement je lui donne 4 pouces de longueur, qui me servent à former 8 tuyaux. Ayant bien vivement dressé les bords avec une lime douce, on ploie (avec la

pane

pane mince d'un petit marteau) la lame en gouttiere dans toute fa longueur, en
la pofant fur une petite rainure faite avec la quarre d'une lime fur un morceau de bois dur, tel que le buis ; enfuite refferrez les deux levres d'un bout
feulement, jufqu'à la mettre en pointe ; après cela paffez-le dans une bonne
filiere, dont les trous foient bien gradués : fervez-vous de pinces qui joignent
bien pour faifir le petit bout que vous tirerez facilement ; c'eft ainfi qu'en le
faifant paffer par plufieurs trous de la filiere, on parvient à lui donner entiérement
la forme d'un tuyau fort délié.

Il ne faut point fe fervir d'un *banc à tirer*, moyennant que la filiere eft ferrée
dans un étau, le feul effort des bras fuffit. Il faut obferver de recuire cet or deux
fois, & à la derniere ne le paffer qu'une fois dans un des trous de la filiere, qui
doit être le dernier qui détermine la groffeur du tuyau. Cette derniere opération
eft de conféquence, parce qu'elle refferre les bords ou les levres du tuyau, &
les fait toucher enfemble ; car il faut fe perfuader qu'il n'eft pas poffible de fouder
un fi petit tuyau fans qu'il fe bouche en plufieurs endroits ; & ce n'eft qu'en
portant fes foins à bien dreffer les bords avant de former la gouttiere, & le paffer
une feule fois dans le dernier trou après l'avoir recuit, qu'on peut fe paffer de le
fouder.

Il eft inutile de repréfenter ces opérations par des figures ; on peut confulter la
maniere de faire les Sondes ou Algalies, au Chapitre XLVII, de la taille ; ces
opérations y font repréfentées plus en grand, & par conféquent les détails y
font plus intelligibles.

Après que le tuyau eft fini de paffer à la filiere, on en coupe 6 à 7 lignes de
longueur, pour le fouder au fiphon. Or, fi on le foudoit avec de la foudure d'or
ou d'argent, on boucheroit infailliblement le tuyau ; mais voici la maniere dont
on doit s'y prendre.

On fait entrer deux lignes de tuyau d'or dans le trou du fiphon ; on l'y tient
ferme avec du papier en deux ou trois doubles : on met deffus de la poix-réfine
réduite en poudre ; on prend le fer à fouder, qui étant chaud, on prend une
goutte de foudure d'étain pour la porter toute fondue fur la jointure du tuyau &
du fiphon: on la fait tourner adroitement, & par ce fimple procédé le fiphon
fera bien foudé ; pour s'en affurer, on l'effaye en mettant un peu d'eau bien
claire dans le fiphon, bouchant le bout du tuyau avec le doigt, & foufflant dans
le fiphon ; alors s'il y avoit le moindre jour, l'eau en fortiroit par le trou, parce
qu'elle feroit chaffée par le fouffle, auquel cas on couleroit une petite goutte de
foudure. La courbure de ce tuyau fe donne à froid, en le preffant entre les
doigts, & c'eft la derniere opération que l'on fait au fiphon.

Les Figures 11 & 12 repréfentent les deux Sondes de M. Anel : elles font
olivaires à l'extrémité *NN*, & dans tout le corps elles doivent être parfaitement
polies, unies & arrondies : elles fervent aux points lacrymaux.

Les Figures 13, 14, 16, 17, repréfentent les Algalies de M. Laforêt : on y voit les courbures exactes qu'elles doivent avoir; on les fait avec une lame d'argent paffée au laminoir; que la largeur pour le gros bout foit de 6 lignes, & de 3 pour le petit, en diminuant infenfiblement jufqu'au petit bout: il faut les ployer fur un mandrin, & fouder tout le tuyau. (Voyez le Chapitre XLVII, *Maniere de faire les Algalies.*) On y foude un anneau fur la gauche *o o*, & pour la droite un autre en *p p*; on met un Stylet *q*, *Fig.* 13, qui fert pour toutes les Algalies: c'eft celui qui eft repréfenté par la Figure 15.

La Figure 18 fait voir le Porte-Algalies: on les place comme l'indiquent les lignes ponctuées *ʒ ʒ*; on ferre l'anneau *X*, & elles font tenues comme fi c'étoit un crayon.

La Figure 24 repréfente une Algalie droite; or, toutes les Algalies doivent être qualibrées avec le bout *Z* de la Figure 5.

La Figure 19 repréfente la grande Sonde pleine. La Figure 20 la moyenne, laquelle a un œil au bout pour paffer un féton; & la Figure 21 repréfente la petite: elles different entr'elles d'un degré de groffeur, d'un de longueur, ainfi que de la courbure; les extrémités font olivaires, & les bouts *s s s* font terminés par un anneau ployé feulement avec des pinces.

La Figure 22 repréfente une canule avec une platine foudée, dont le bout fe termine en aiguille.

La Figure 23 repréfente une canule, dont un bout eft limé obliquement, & le milieu eft un peu courbé. Tous les inftruments contenus dans cette Planche, font partie d'une Seringue complette: on les met dans un étui fait en façon de chagrin doublé de velours, & chaque inftrument y eft placé. Le tout eft du prix de 72 liv.

Fin de la Premiere Section de la Seconde Partie de l'Art du Coutelier.

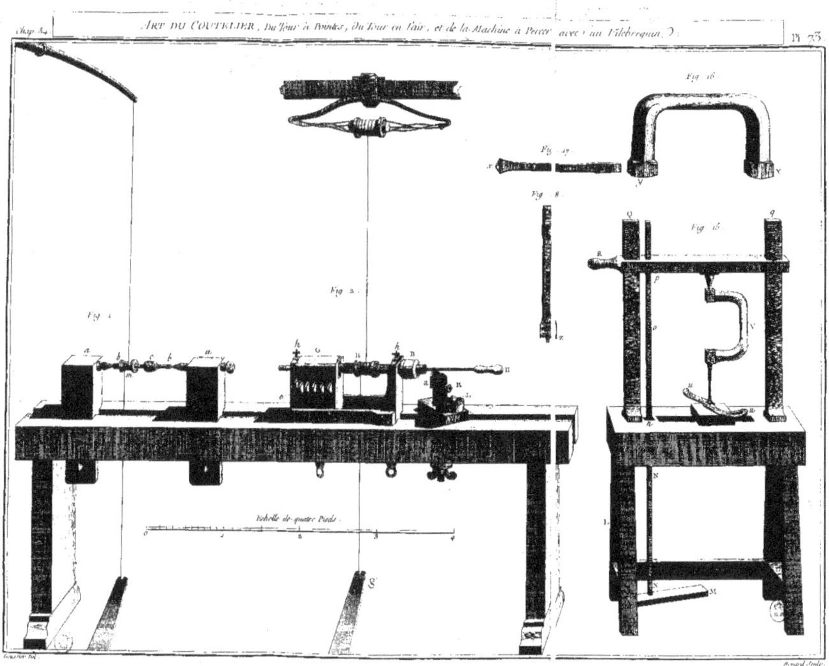

Fig. 1.
Fig. 2.
Fig. 15.
Fig. 16.
Fig. 17.
Fig. 18.
Echelle de quatre Pieds.

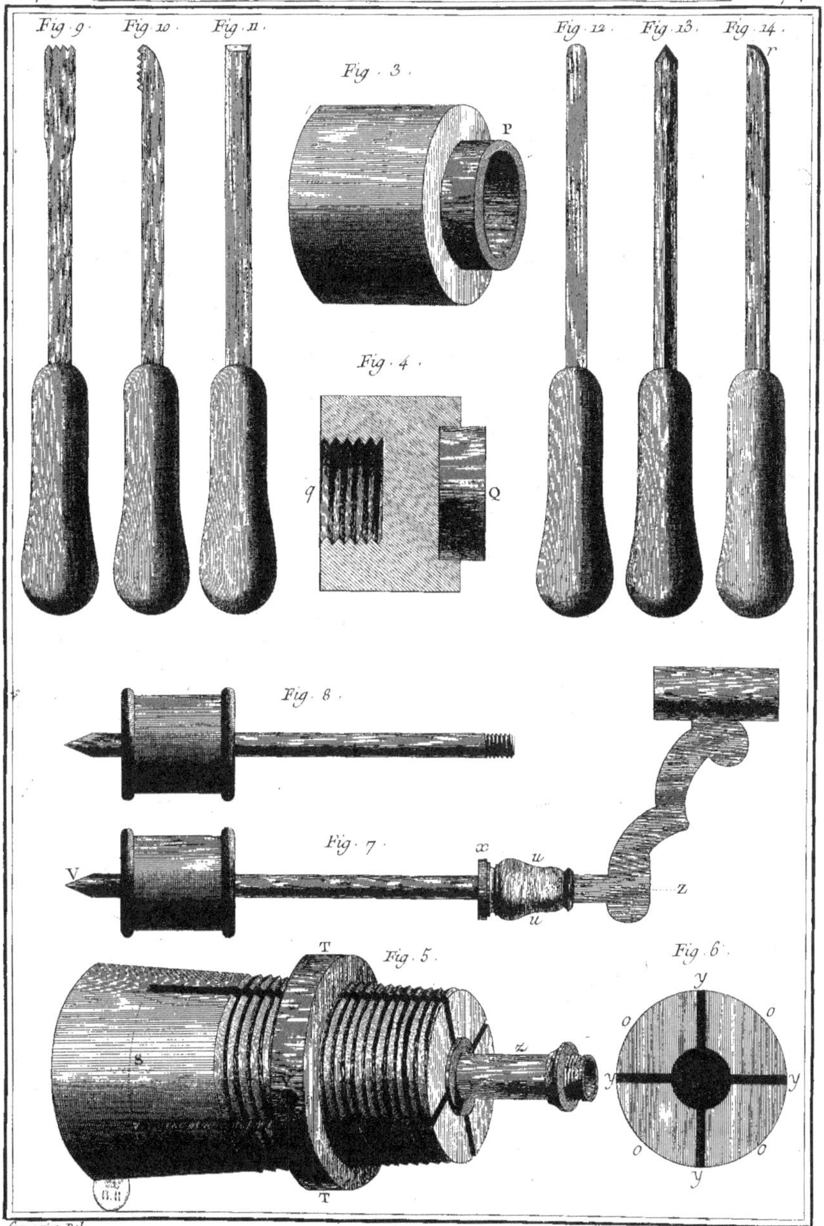

Fig. 9.
Fig. 10.
Fig. 11.
Fig. 3.
P
Fig. 12.
Fig. 13.
Fig. 14.
r
Fig. 4.
q
Q
Fig. 8.
Fig. 7.
x
u
u
V
z
T
Fig. 5.
Fig. 6.
y
o
o
S
z
y
y
o
o
y
T
Goussier Del.
Benard Sculp.

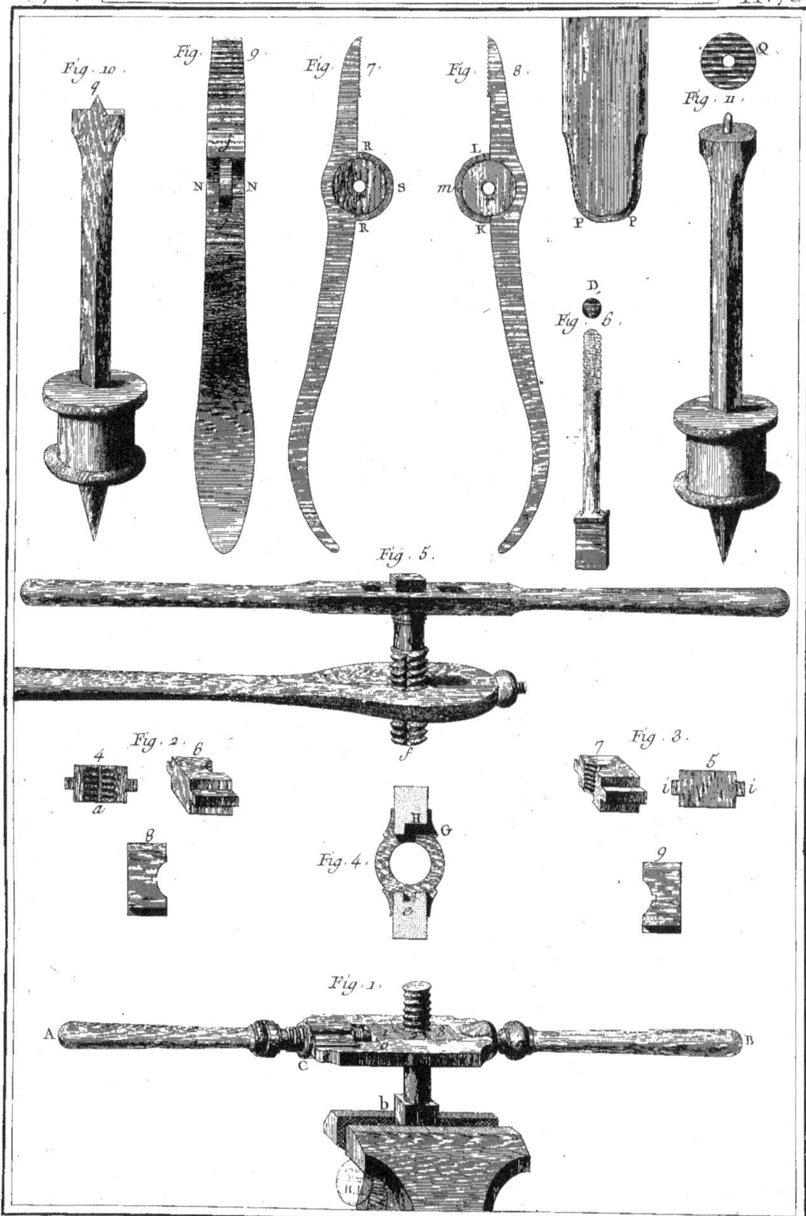

Fig. 10.
Fig. 9
Fig. 7.
Fig. 8.
Q
Fig. 11.
N N
R S
L
m
K
R
P P
D
Fig. 6.
Fig. 5.
f
Fig. 2.
4
6
a
7
Fig. 3.
5
i i
8
H
G
Fig. 4.
e
9
Fig. 1.
A
B
C
a
b
H I

Perret Del.
Benard Sculp.

ART DU COUTELIER, De la Lancette.

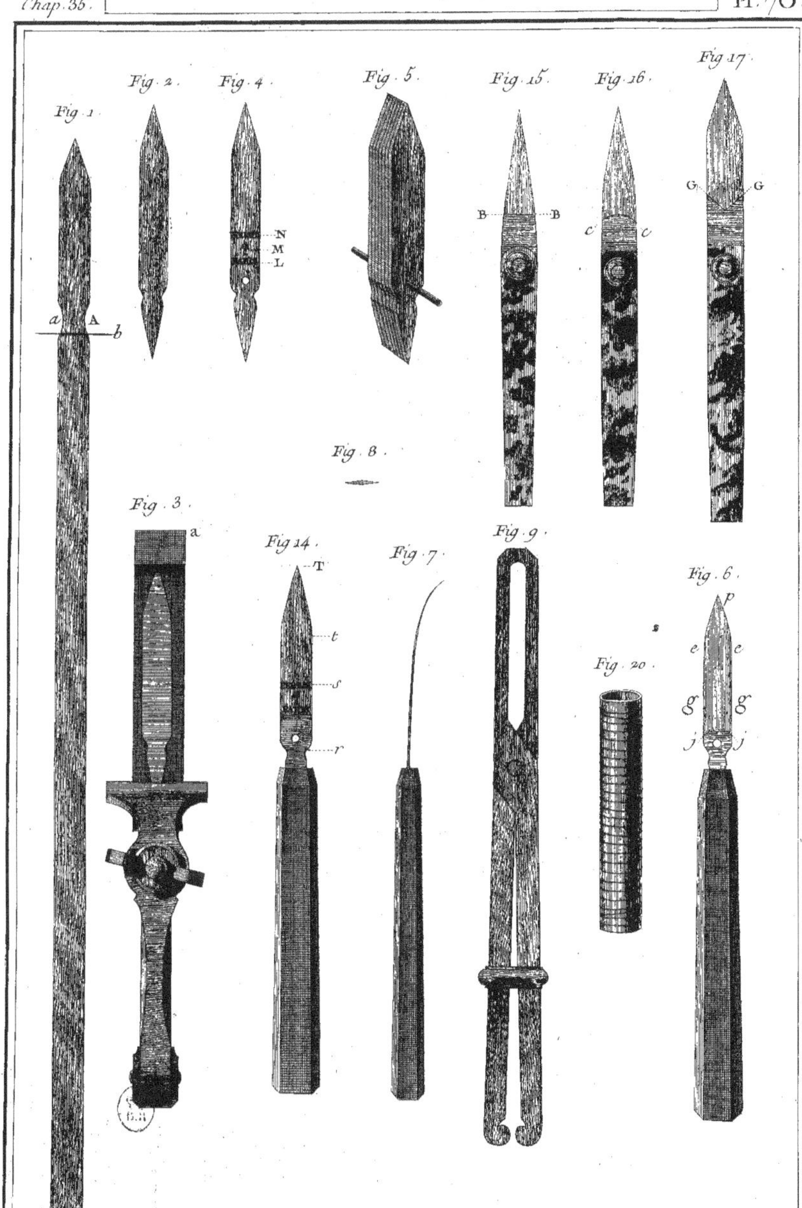

Fig. 10.
Fig. 12.
Fig. 11.
K
A   D   D
Fig. 9.
Z   Y   X   V   T   S   Fig. 13.

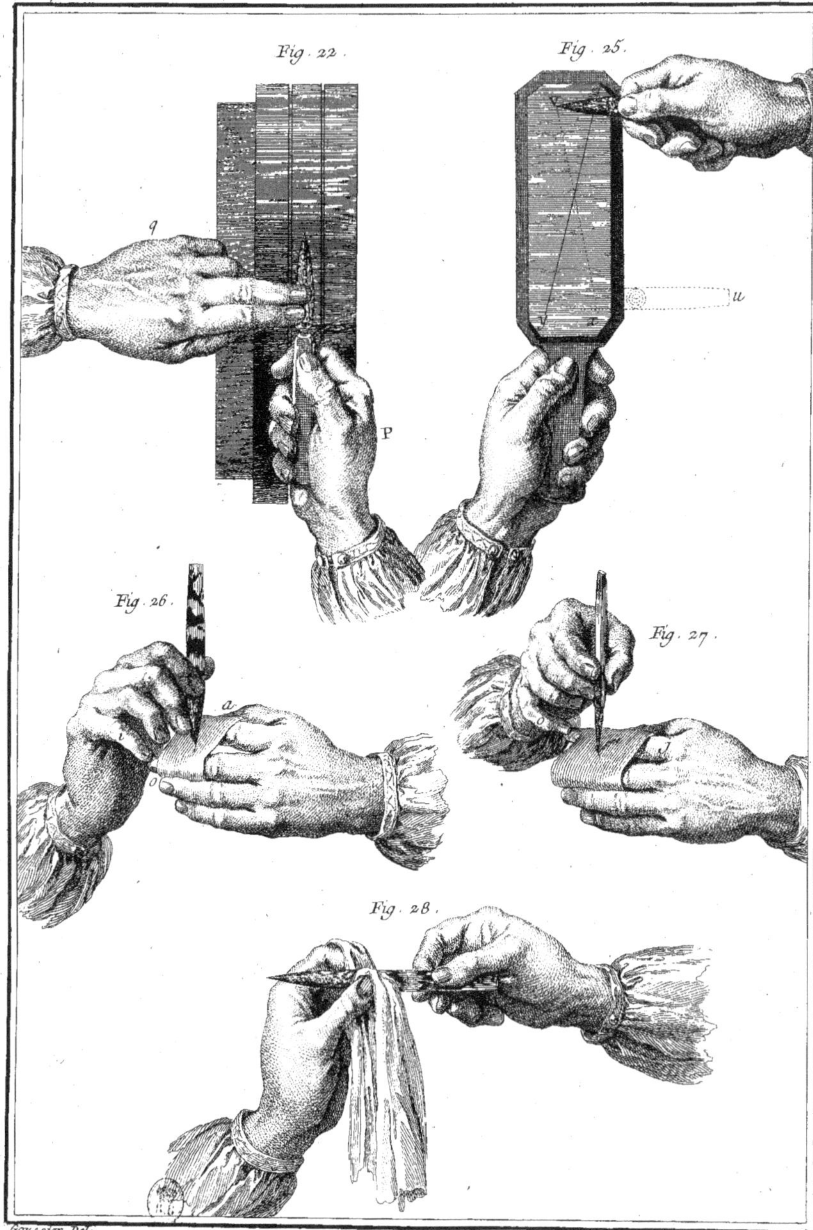

Fig. 22.
Fig. 25.
q
u
P
Fig. 26.
a
i
o
Fig. 27.
Fig. 28.
Goussier Del.
Benard Sculp.

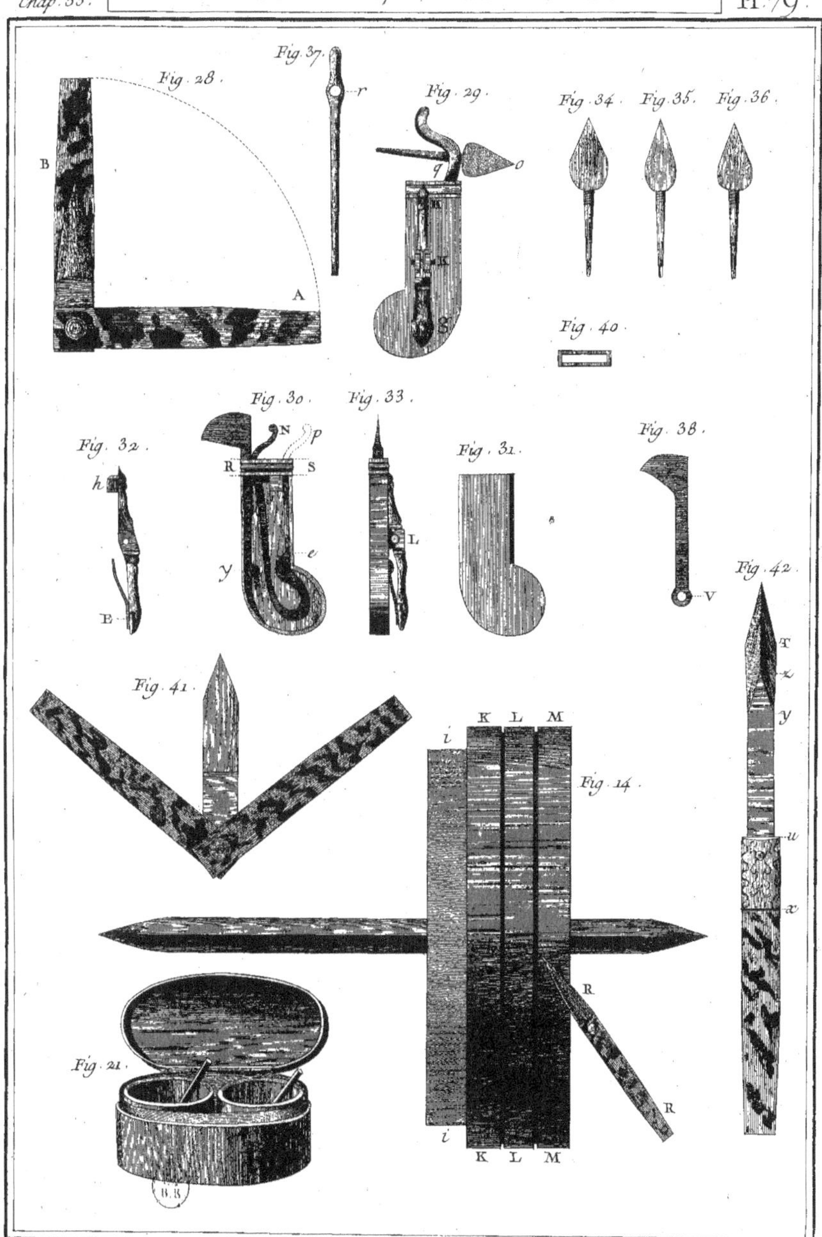
Fig. 28.
Fig. 37.
Fig. 29.
Fig. 34.
Fig. 35.
Fig. 36.
B
A
r
q
o
K
K
g
Fig. 40.
Fig. 30.
Fig. 33.
Fig. 32.
Fig. 31.
Fig. 38.
Fig. 42.
h
N
p
R
S
E
y
e
L
V
T
z
y
u
x
Fig. 41.
K L M
i
Fig. 14.
R
R
Fig. 21.
i
K L M
Goussier Del.
Benard Sculp.

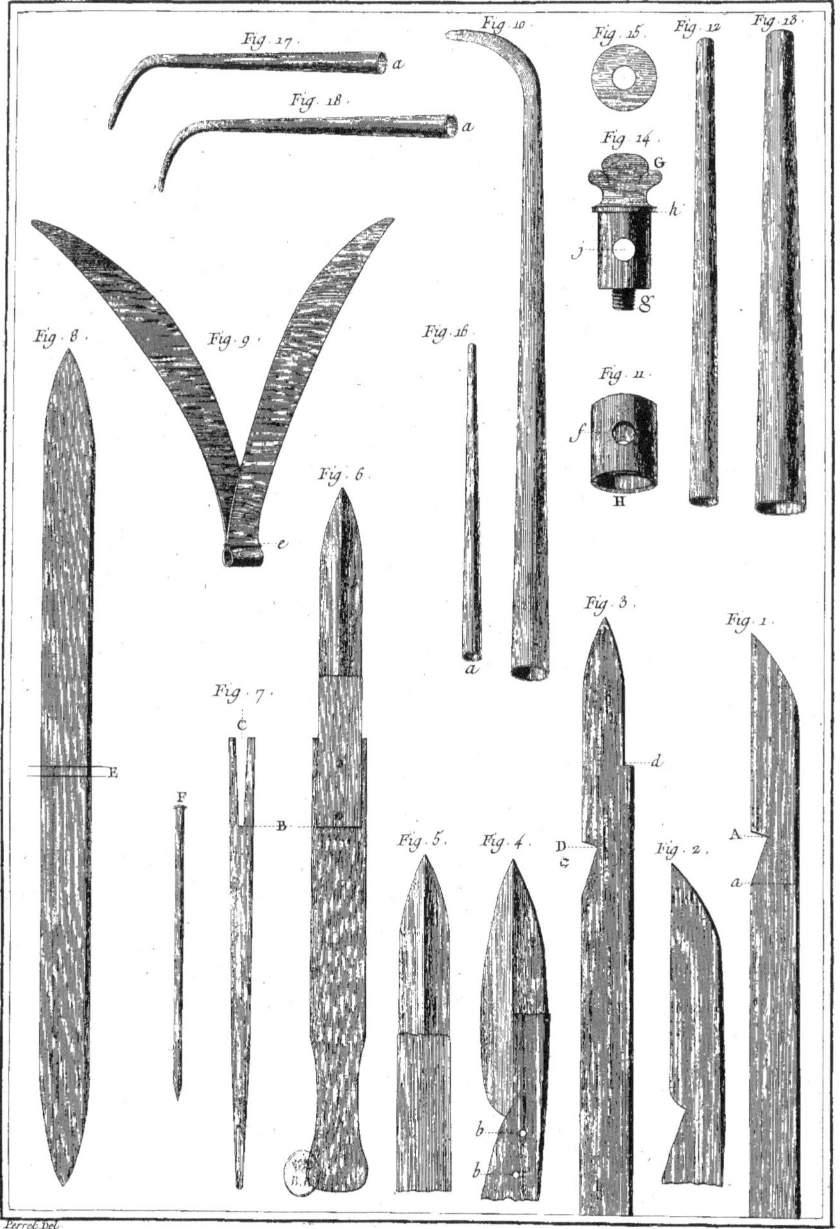

Fig. 17.
Fig. 18.
Fig. 10.
Fig. 15.
Fig. 12.
Fig. 13.
a
a
Fig. 14.
G
h
j
g
Fig. 8.
Fig. 9.
Fig. 16.
Fig. 11.
f
H
e
Fig. 6.
a
Fig. 7.
Fig. 3.
Fig. 1.
c
E
d
F
B
Fig. 5.
Fig. 4.
D
A
a
Fig. 2.
b
b
B.
Perret Del.
Benard Sculp.

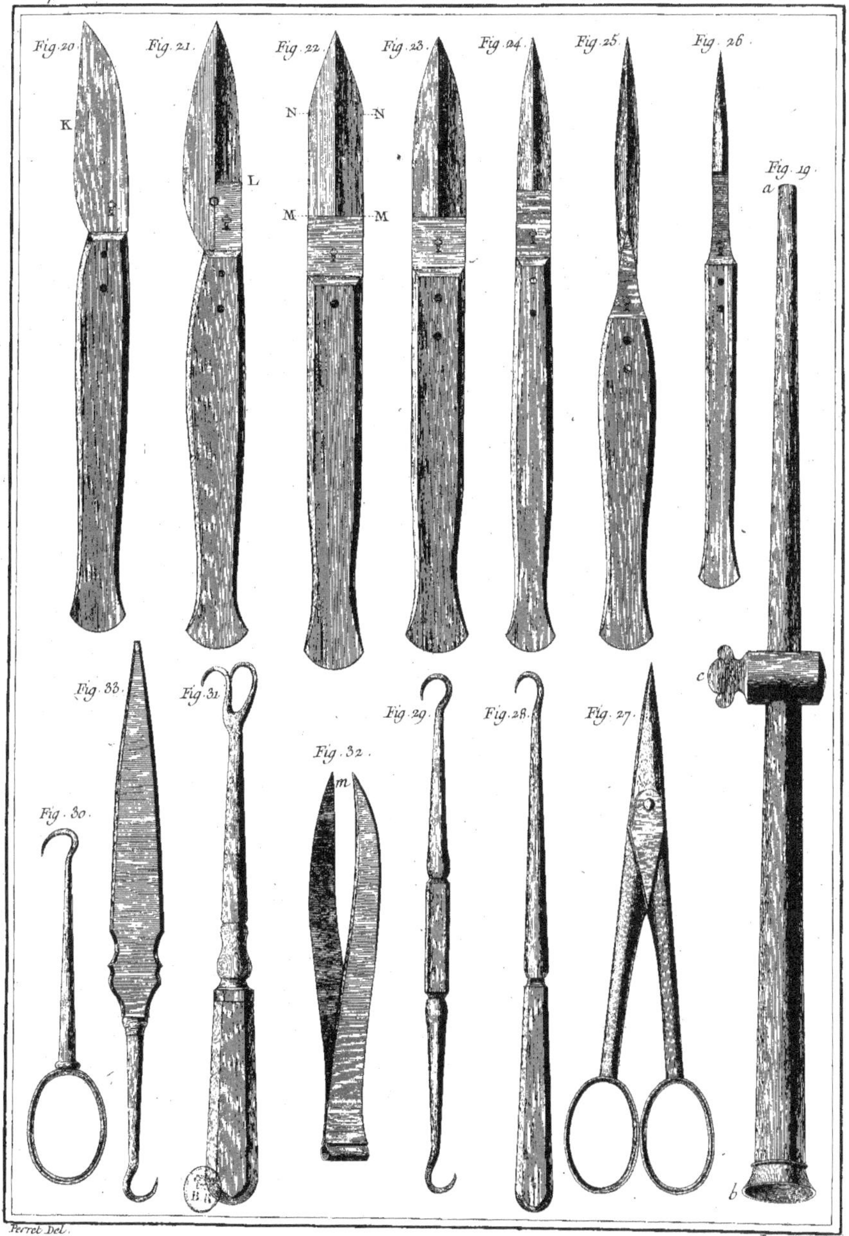

Chap. 36.
ART DU COUTELIER, Instrumens pour la Dissection.
Pl. 81.
Fig. 20.
Fig. 21.
Fig. 22.
Fig. 23.
Fig. 24.
Fig. 25.
Fig. 26.
Fig. 19.
K
L
N N
M M
a
c
b
Fig. 33.
Fig. 31.
Fig. 32.
Fig. 29.
Fig. 28.
Fig. 27.
Fig. 30.
m
Perret Del.
Benard Sculp.

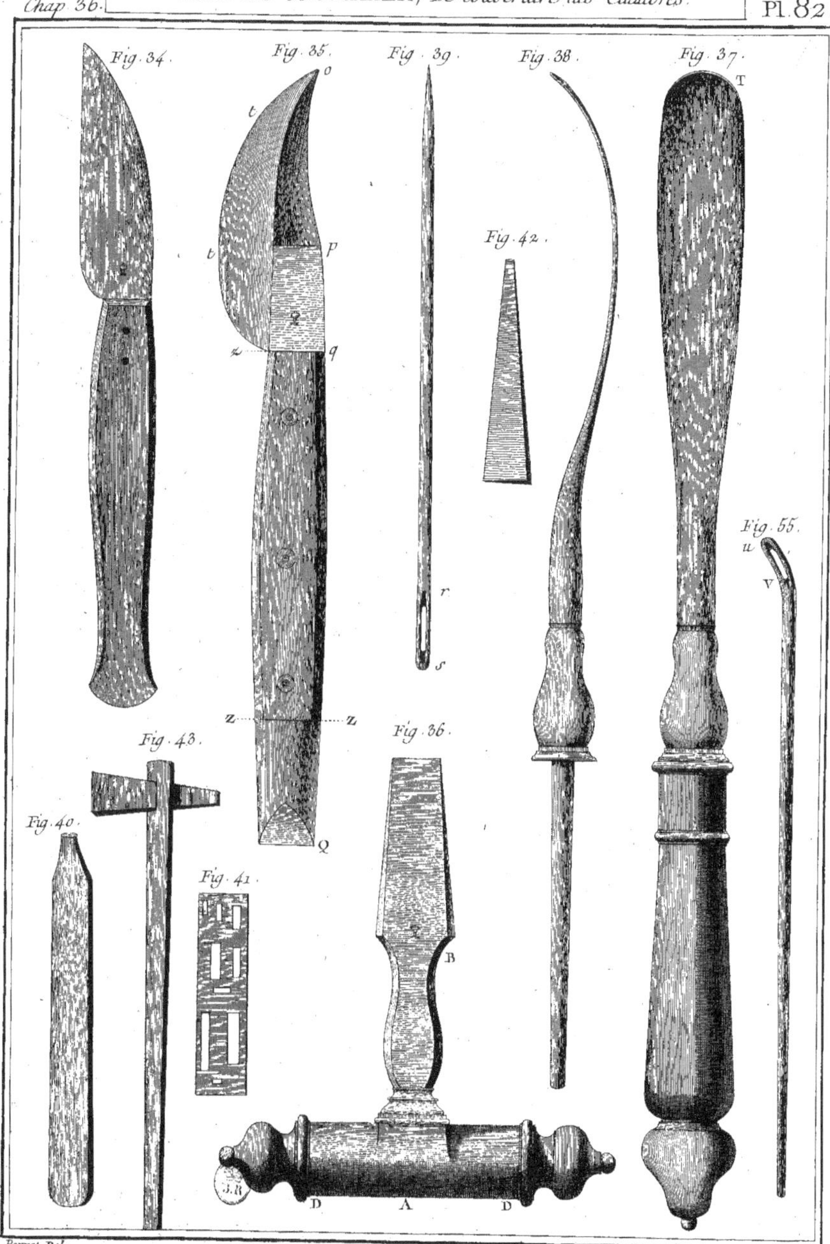

Perret Del.   Benard Sculp.

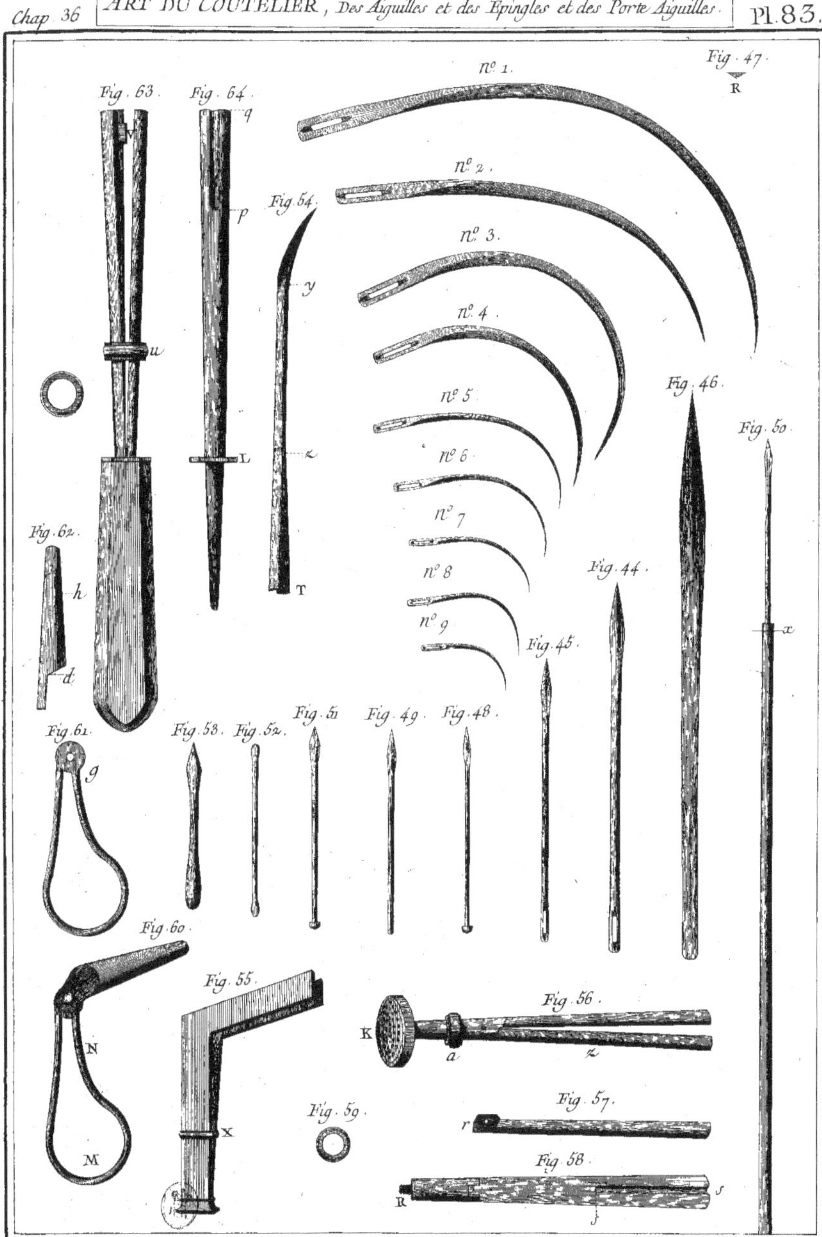

Perret Del.   Benard Sculp.

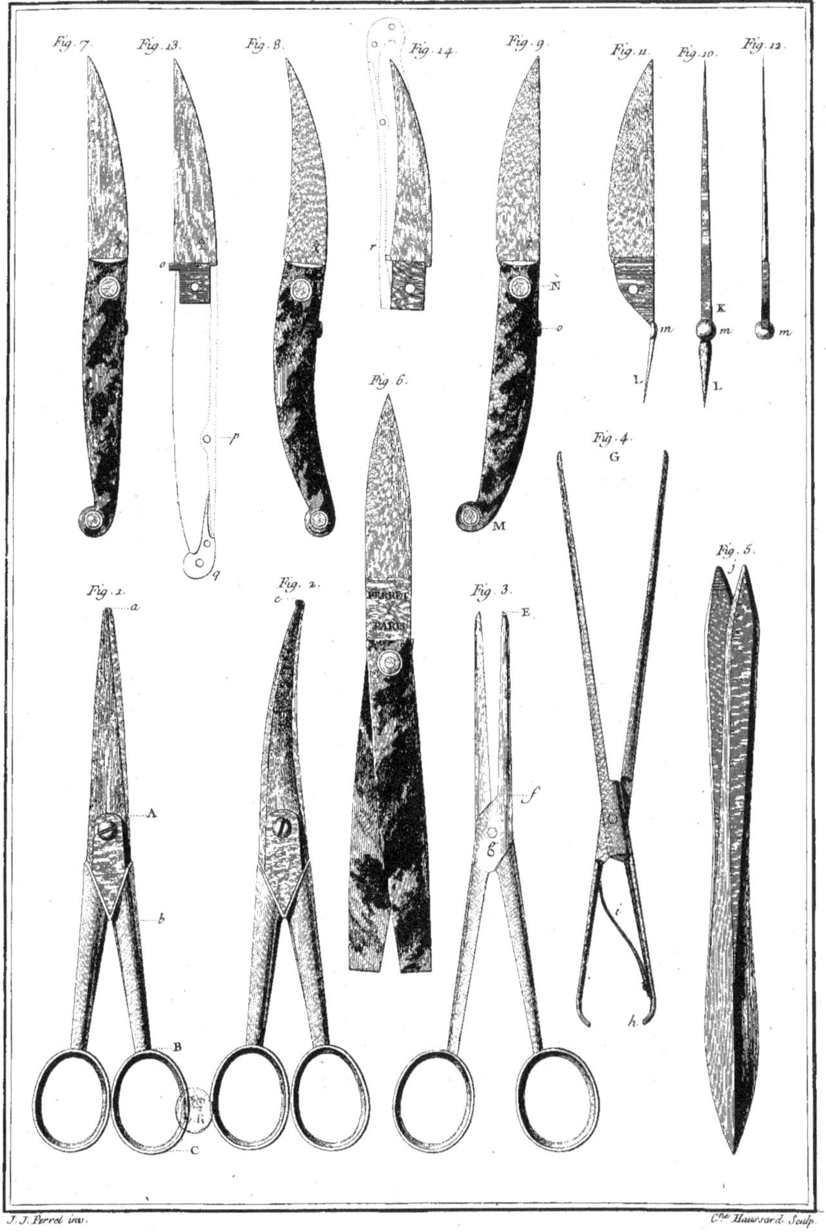
Fig. 7.
Fig. 13.
Fig. 8.
Fig. 14.
Fig. 9.
Fig. 11.
Fig. 10.
Fig. 12.
Fig. 6.
Fig. 4.
Fig. 5.
Fig. 1.
Fig. 2.
Fig. 3.
PERRET
PARIS
o
p
q
r
N
o
M
m
L
K
m
L
m
G
i
h
j
a
A
b
B
C
c
E
f
g

J. J. Perret inv.

Cne Haussard Sculp.

ART DU COUTELIER. Des Sondes Creuses des Spatules.

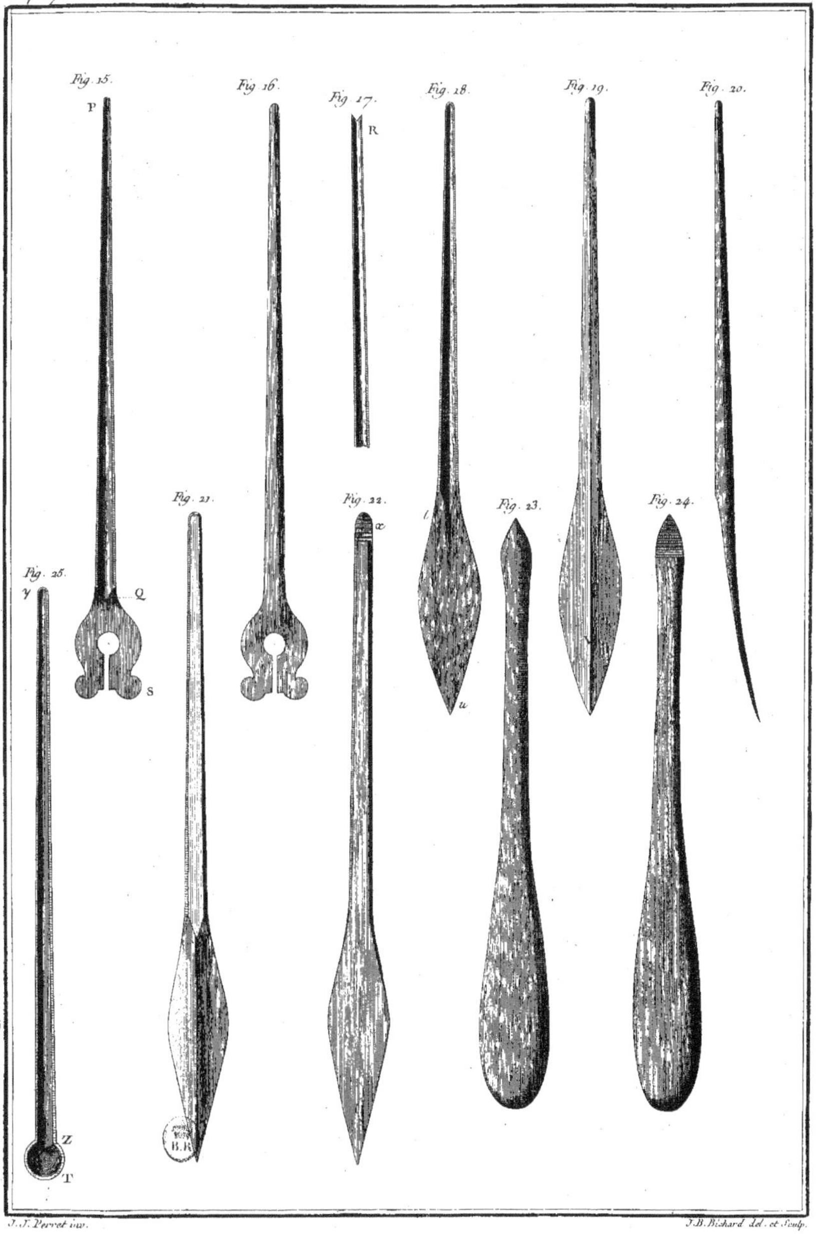
Fig. 15.
P
Q
S
Fig. 16.
Fig. 17.
R
Fig. 18.
t
u
Fig. 19.
Fig. 20.
Fig. 21.
Fig. 22.
x
Fig. 23.
Fig. 24.
Fig. 25.
y
Z
T

J. J. Perret inv.

J.B. Bichard del. et Sculp.

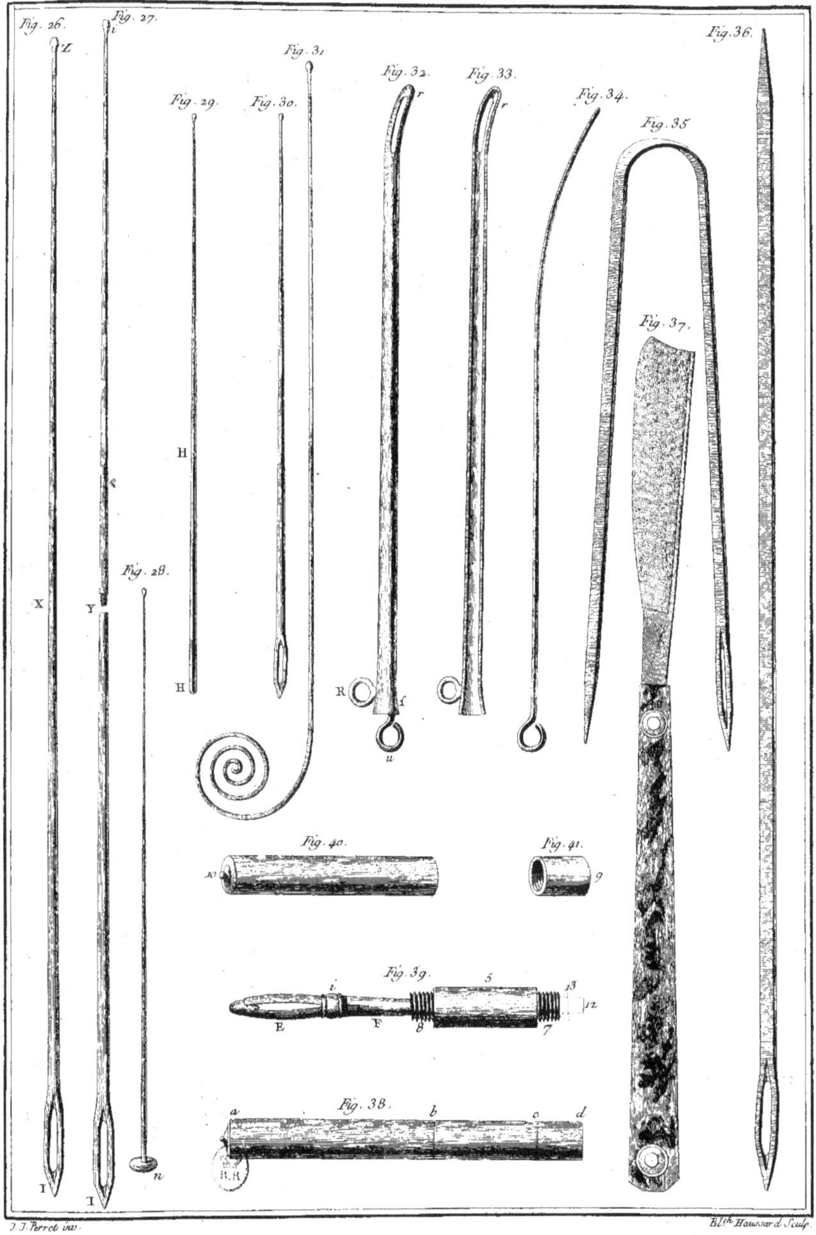

Fig. 26.
Fig. 27.
Z
Fig. 31.
Fig. 29. Fig. 30.
Fig. 32.
r
Fig. 33.
r
Fig. 34.
Fig. 35.
Fig. 36.
Fig. 37.
H
H
H
Fig. 28.
X
Y
R
f
u
Fig. 40.
10
Fig. 41.
9
Fig. 39.
i
5
13
12
E
F
8
7
Fig. 38.
a
b
c
d
n
I
I

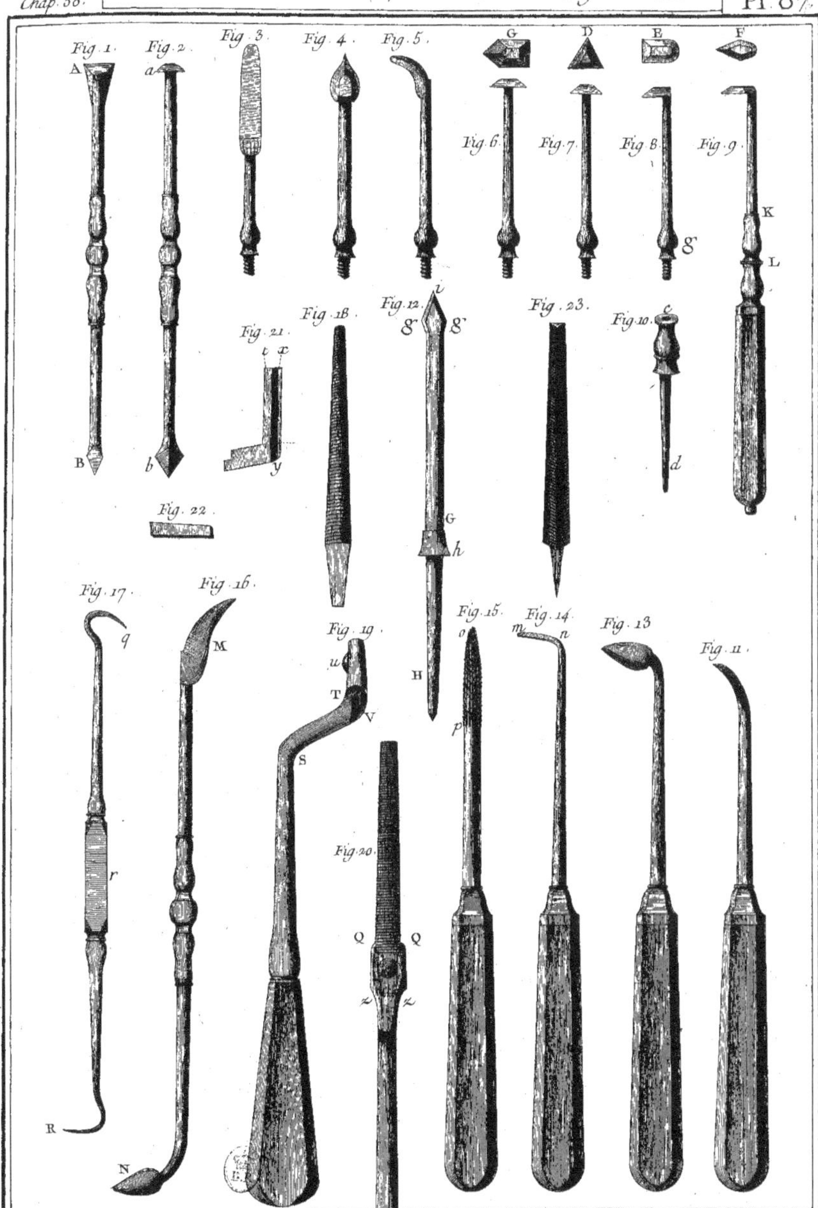

Perret Del.   Benard Sculp.

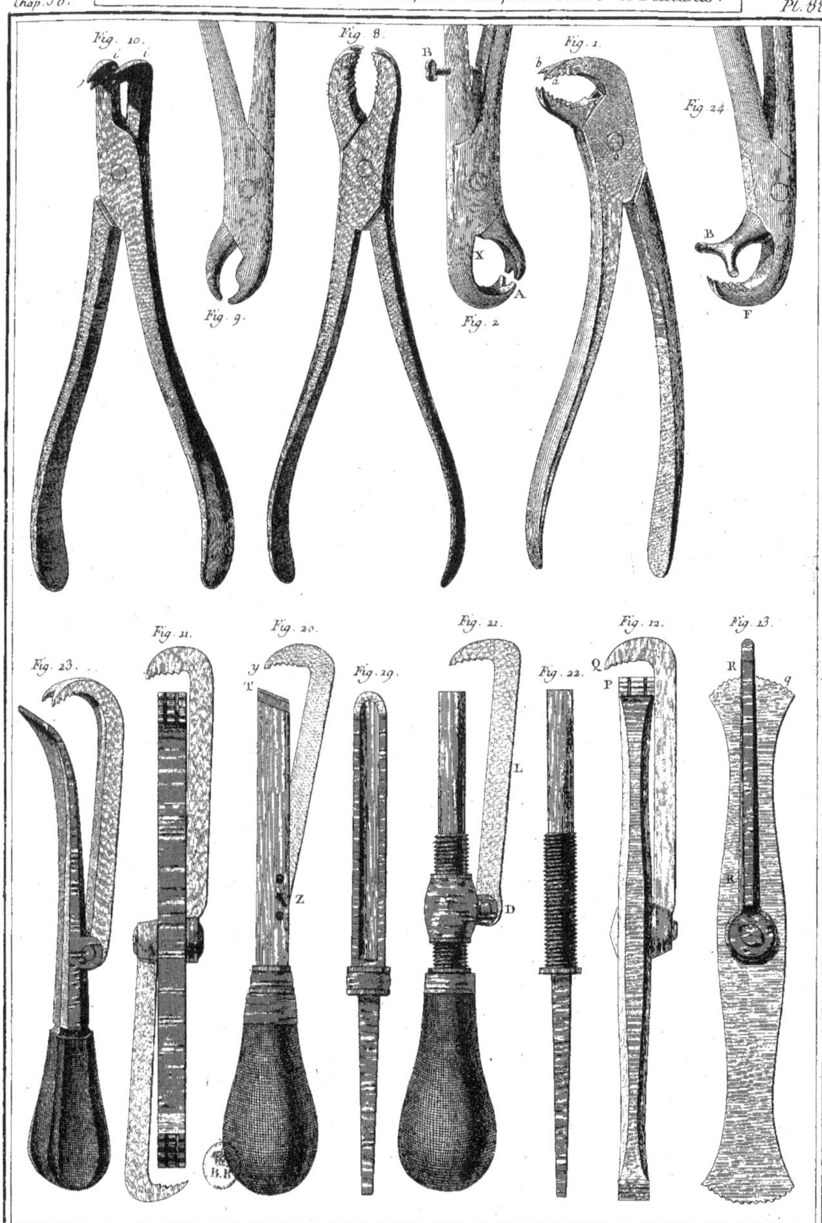

J.J. Perret Inv.   Cne. Haussard Sculp.

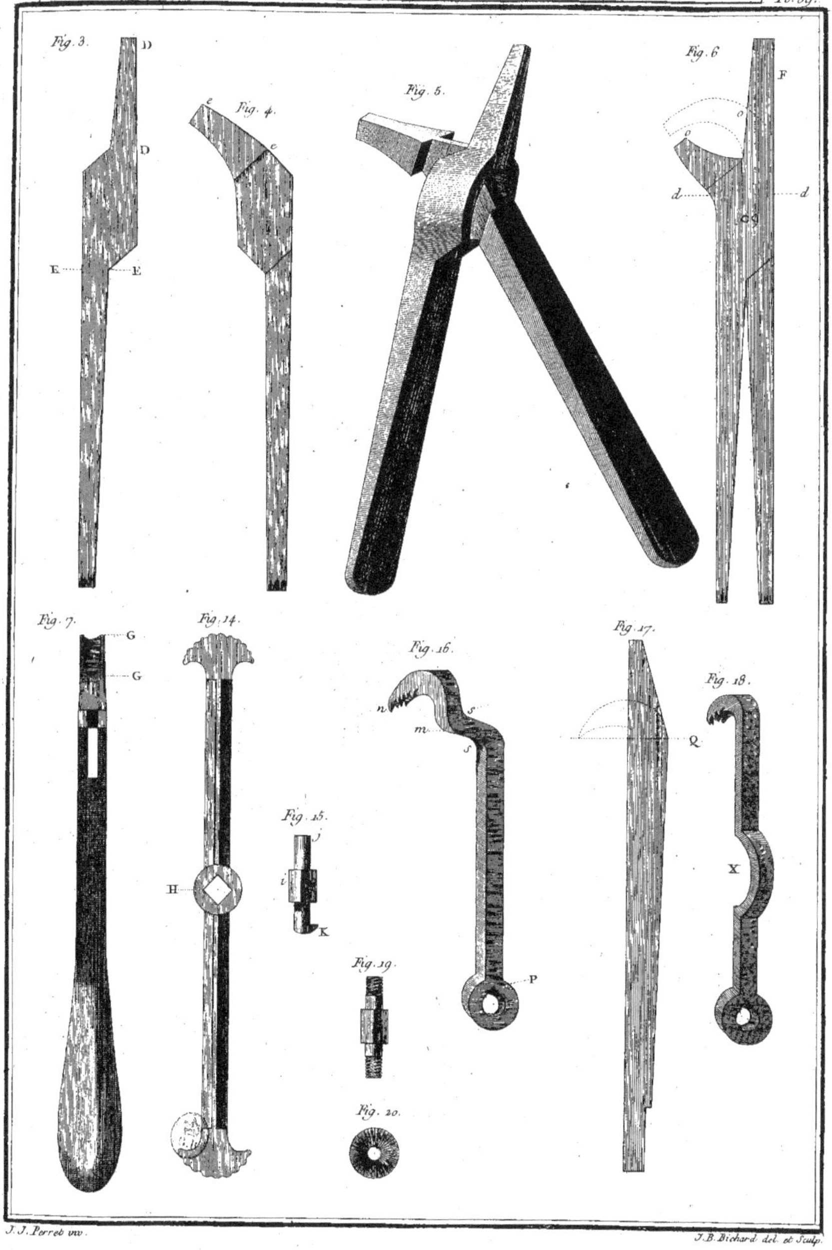

ART DU COUTELIER. Des Jonctions Passées, du Pelican, des Crochets.

 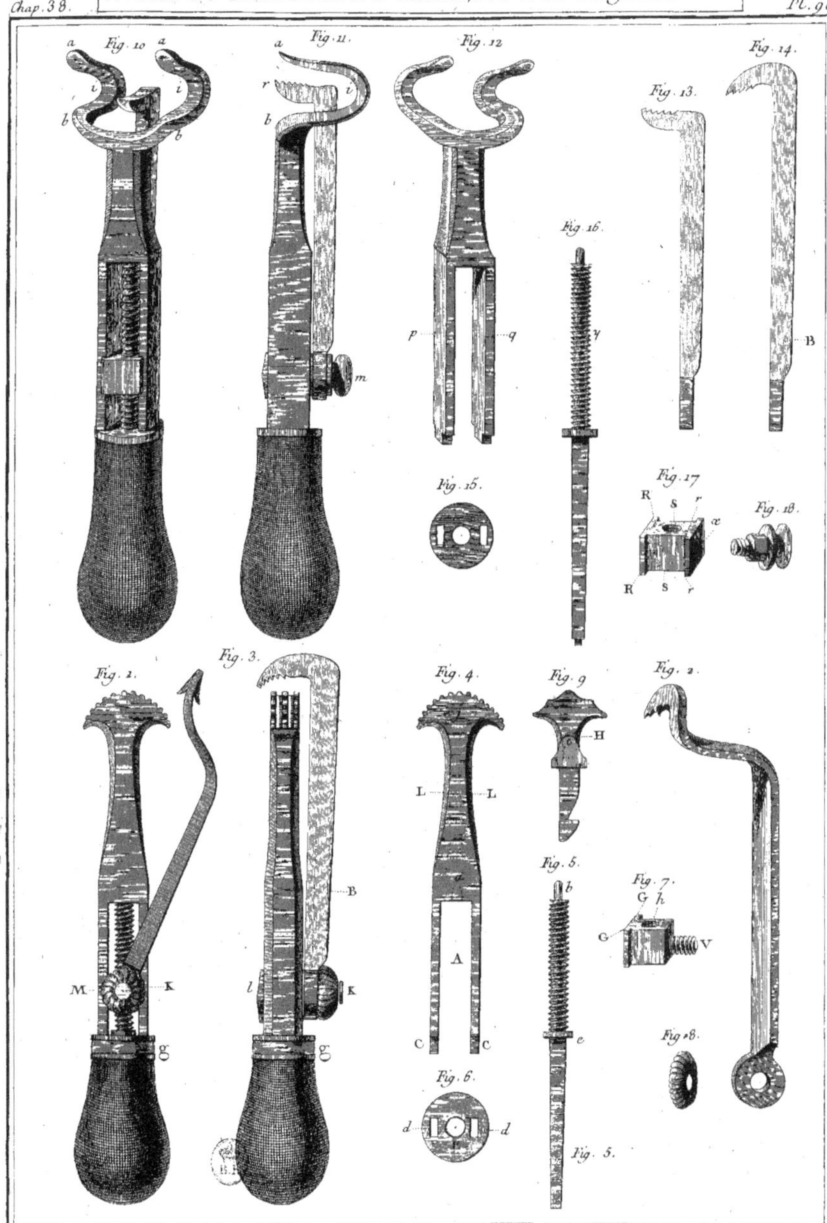

ART DU COUTELIER. Des Pelicans, a vis et du Cric foucou.
Pl. 90.
Fig. 10.
Fig. 11.
Fig. 12.
Fig. 13.
Fig. 14.
Fig. 16.
Fig. 15.
Fig. 17.
Fig. 18.
Fig. 1.
Fig. 3.
Fig. 4.
Fig. 9.
Fig. 2.
Fig. 5.
Fig. 7.
Fig. 6.
Fig. 8.
J. J. Perret inv.
Cne Haussard Sculp.

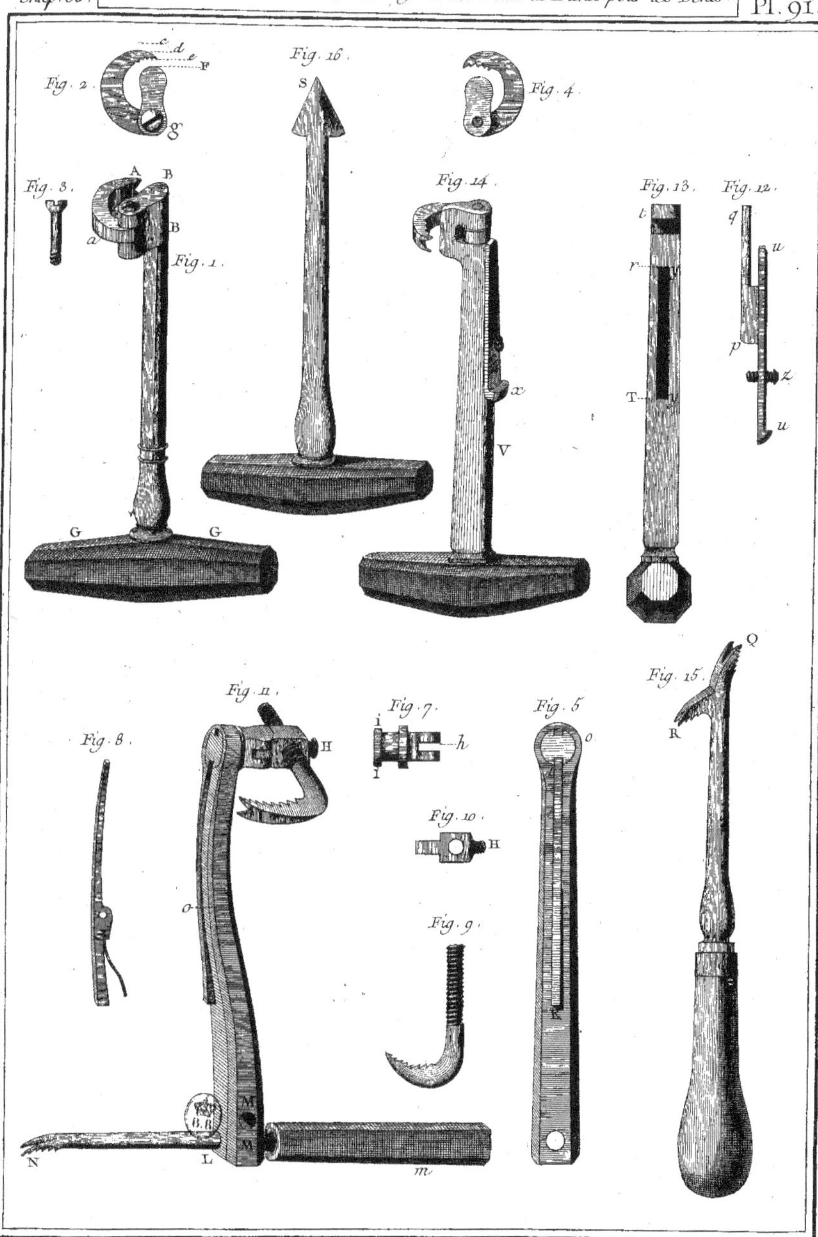

Goussier Del.   Benard Sculp.

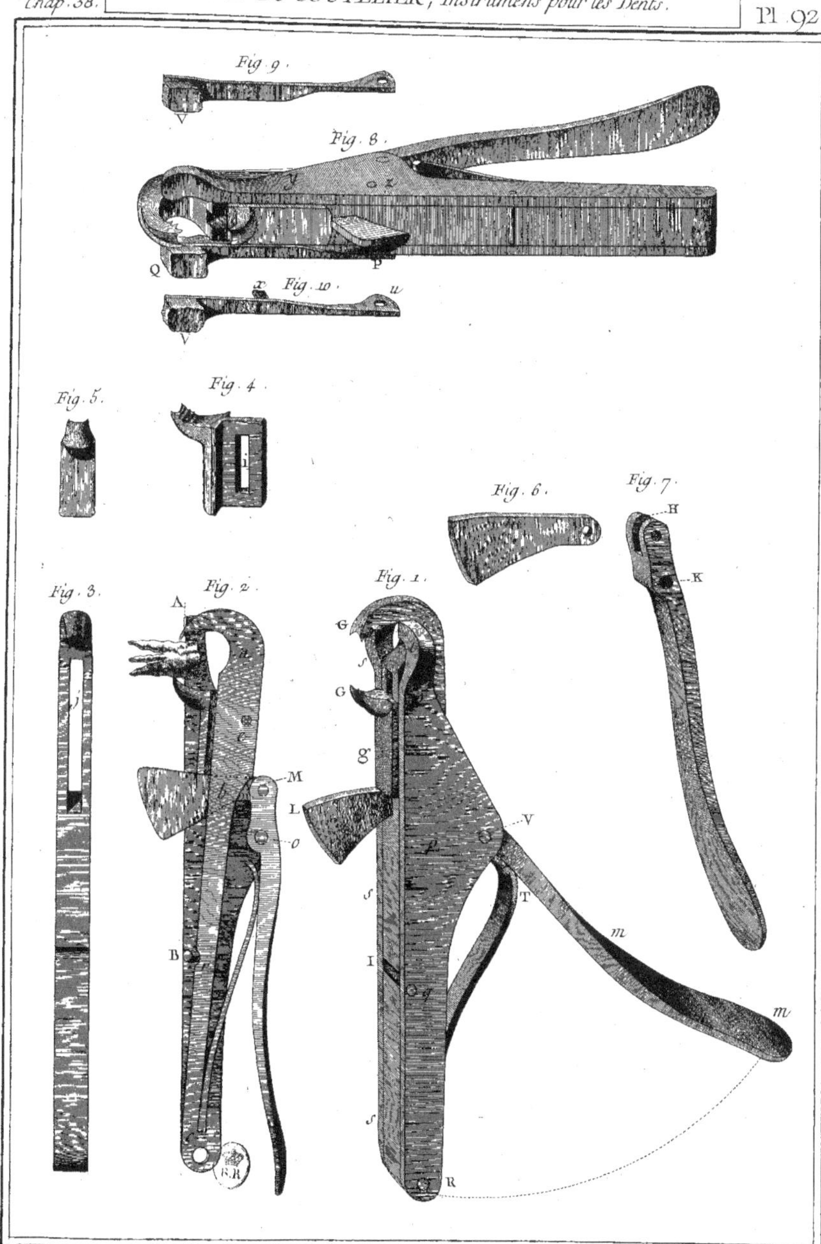

Goussier Del.

Benard Sculp

ART DU COUTELIER, Instrument pour arreter l'Emoragie et le Davier Levier.

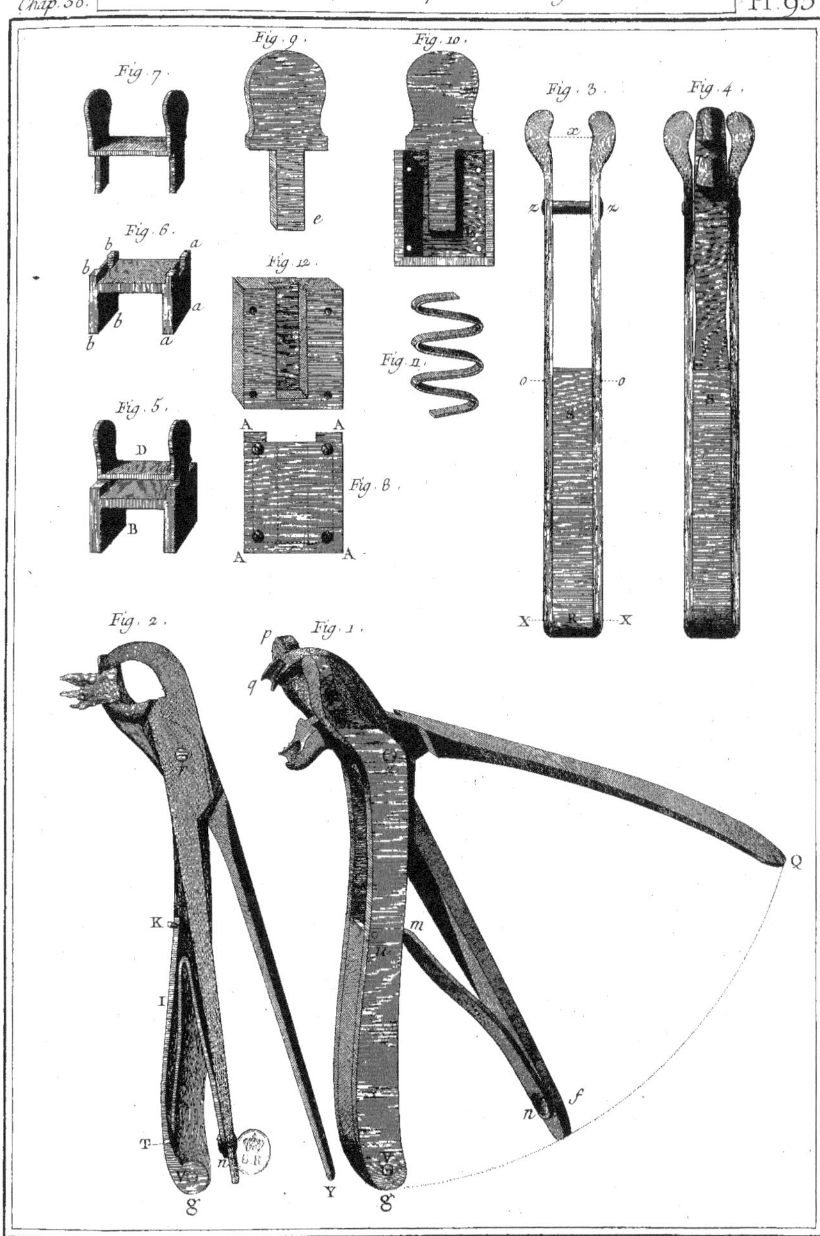

Goussier Del.

Benard Sculp.

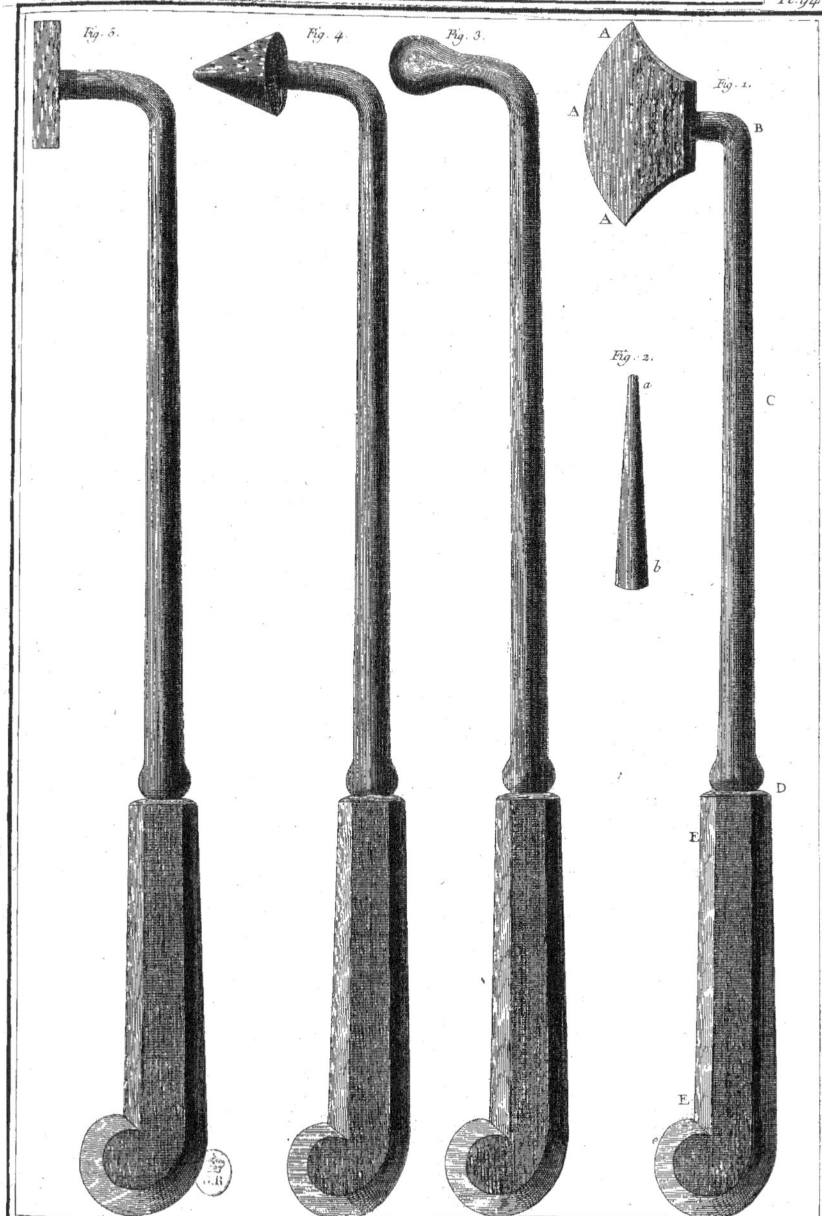

ART DU COUTELIER. Des Cauteres actuels.
Pl. 94.
Fig. 5.
Fig. 4.
Fig. 3.
Fig. 1.
Fig. 2.
A
A
A
B
C
D
E
E
a
b
e
J. J. Perret inv.
J. B. Bichard del. et Sculp.

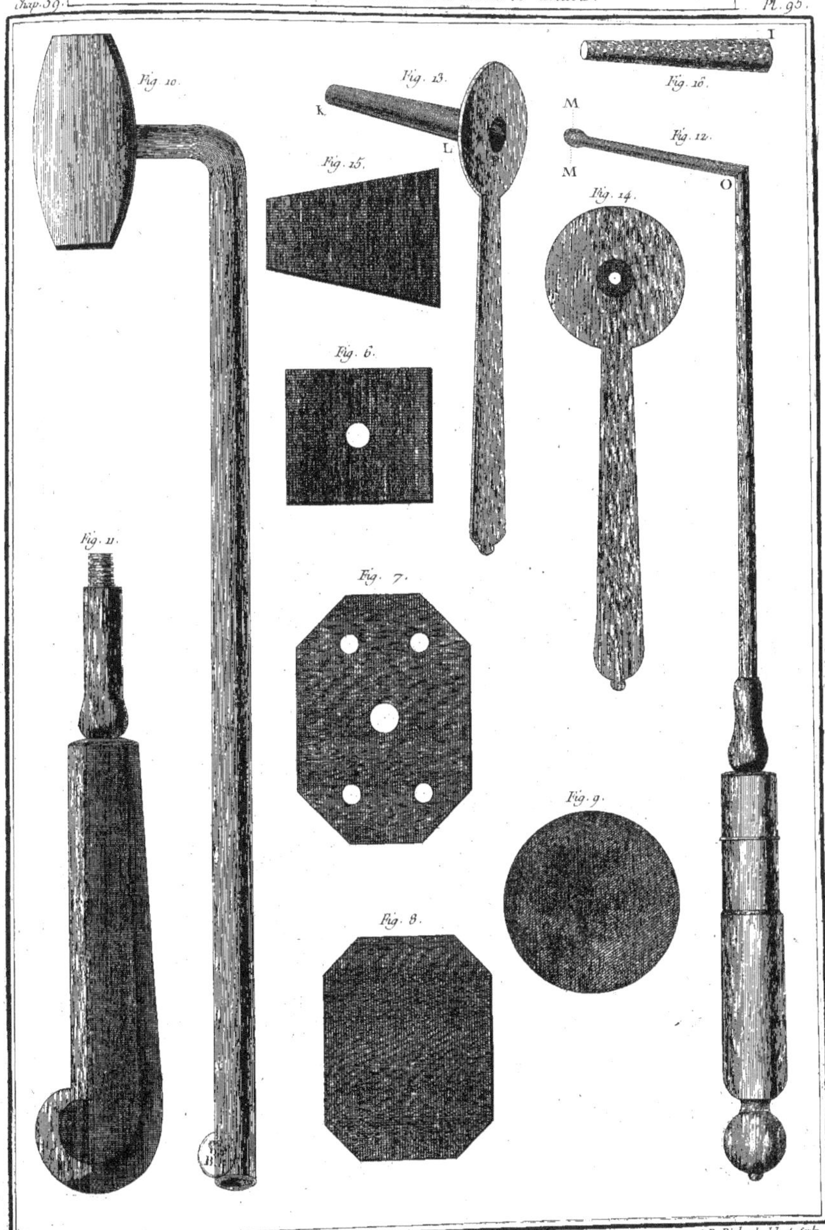

J. J. Perret inv.

J. B. Bichard del. et Sculp.

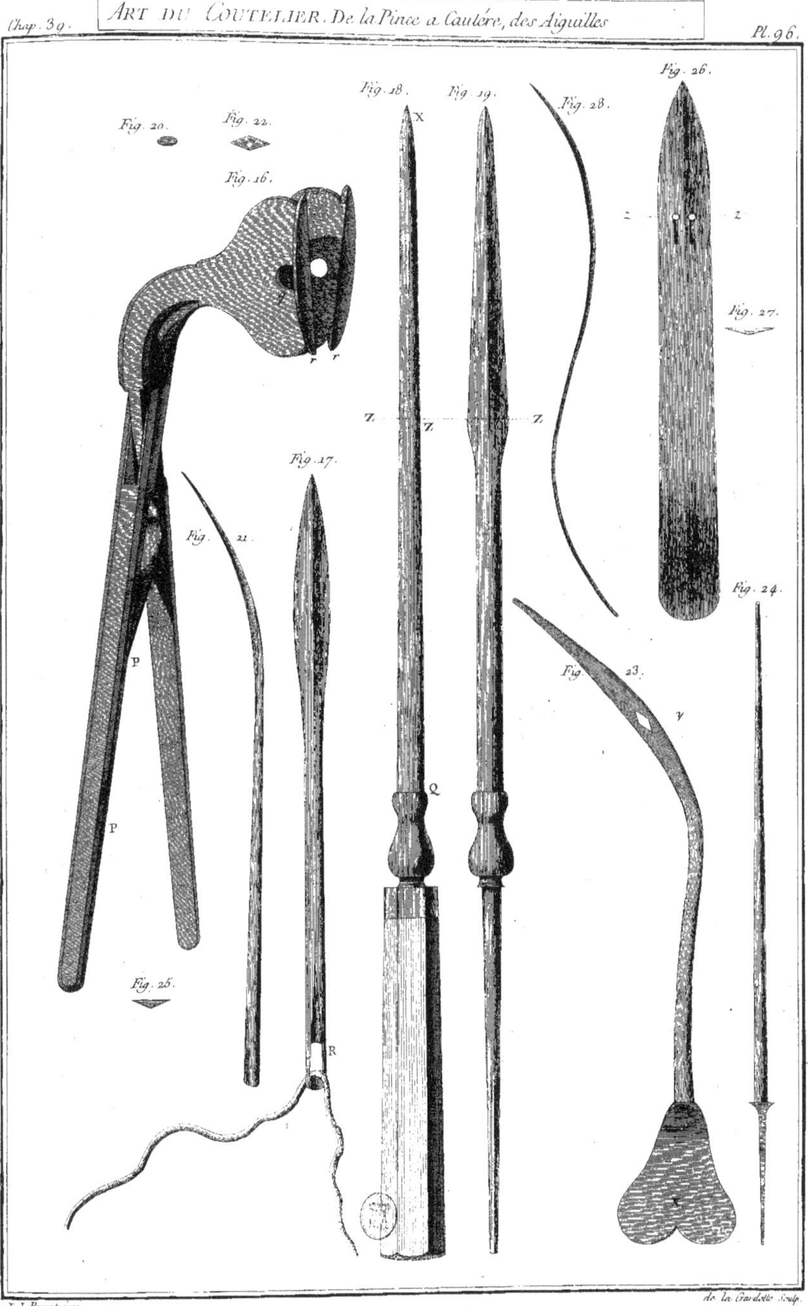

ART DU COUTELIER. De la Pince a Cautère, des Aiguilles
Pl. 96.
Fig. 20.
Fig. 22.
Fig. 16.
Fig. 18.
Fig. 19.
Fig. 28.
Fig. 26.
Fig. 27.
Fig. 17.
Fig. 21.
Fig. 24.
Fig. 23.
Fig. 25.
X
Z
Z
Z
z
z
P
P
Q
R
V
J. J. Perrot inv.
de la Gardette Sculp.

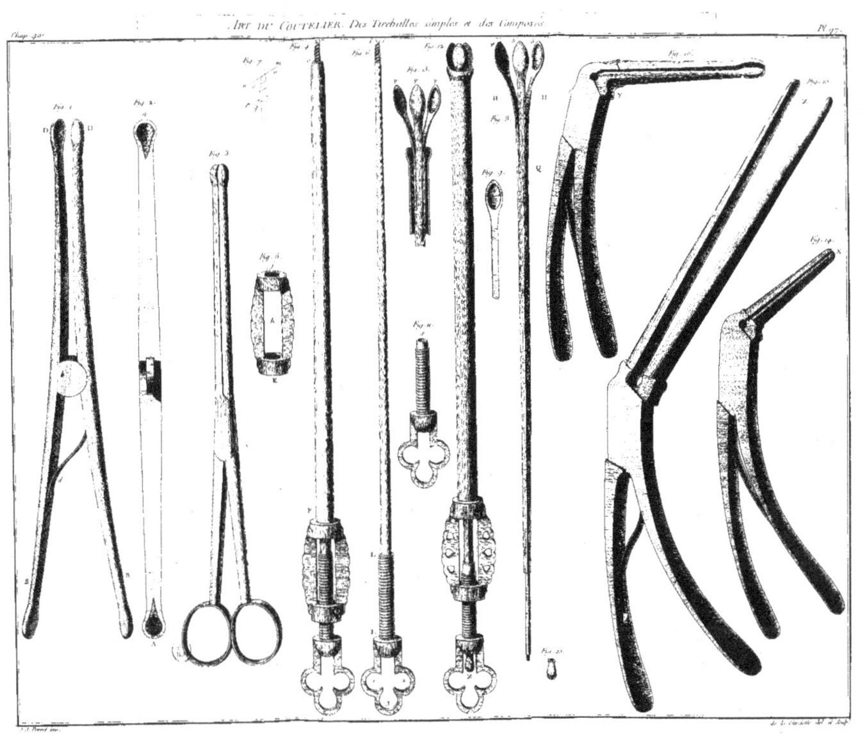
Chap. 4.e

Chap. 40. ART DU COUTELIER, Des Repoussoirs des Corps Etrangers dans les Œsophages. Pl. 98.

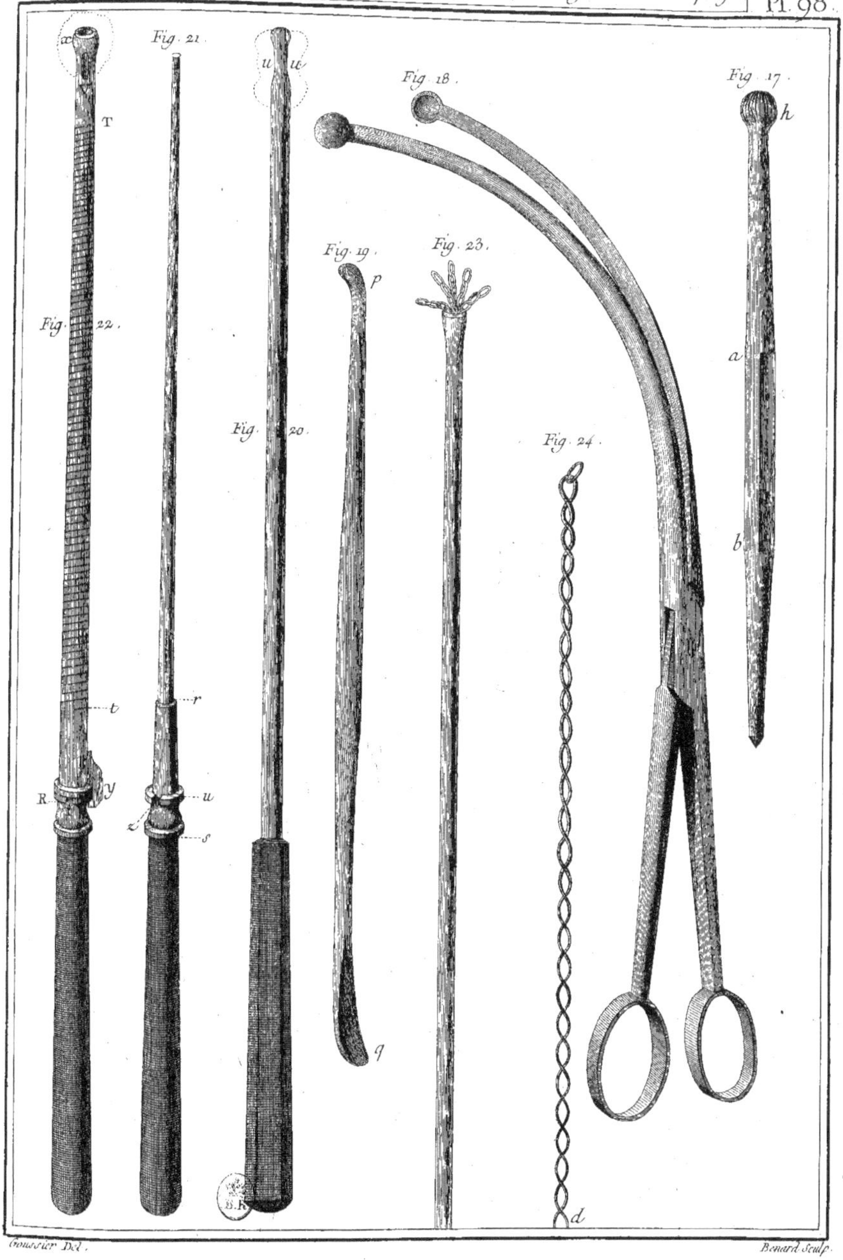

Fig. 21.
Fig. 18.
Fig. 17.
Fig. 19.
Fig. 23.
Fig. 22.
Fig. 20.
Fig. 24.

Goussier Del. Benard Sculp.

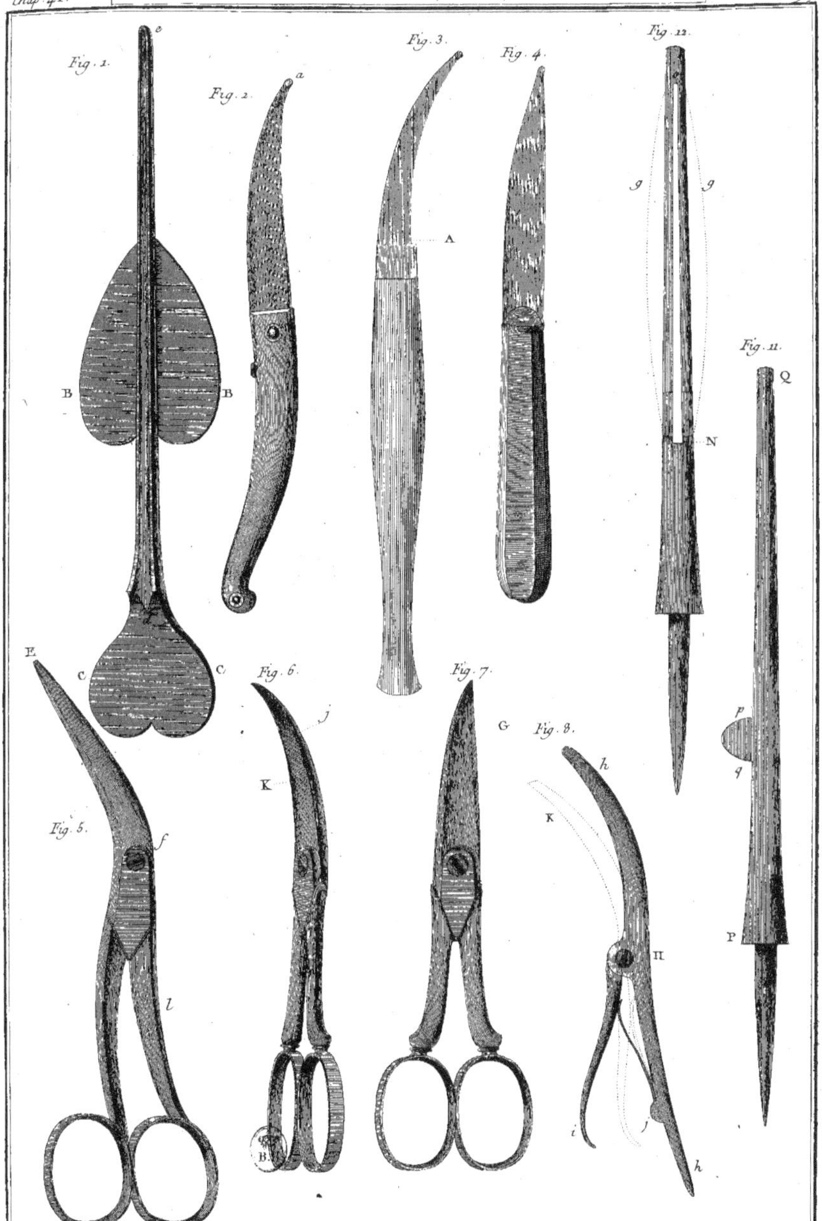

ART DU COUTELIER. Des Inst. pour l'opération de la Hernie.

Fig. 1.

Fig. 2.

Fig. 3.

Fig. 4.

Fig. 12.

Fig. 11.

Fig. 6.

Fig. 7.

Fig. 8.

Fig. 5.

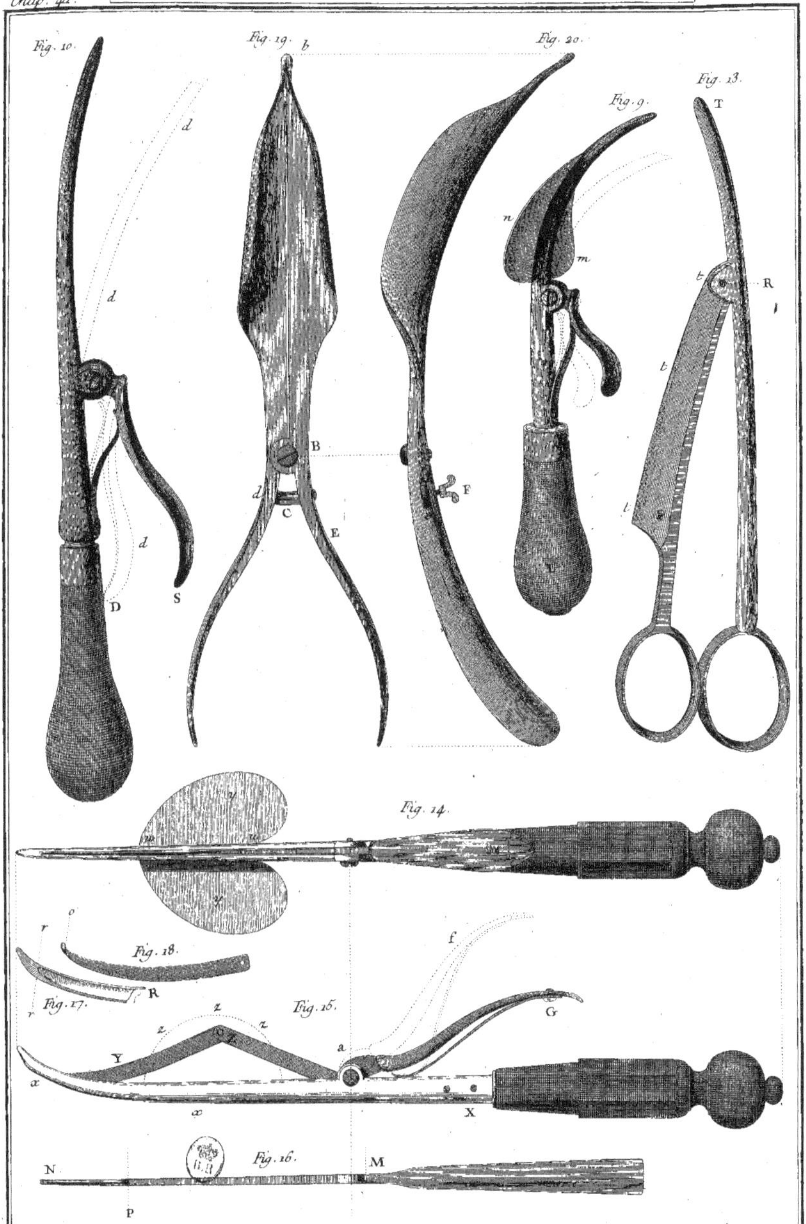

ART DU COUTELIER. Des Instrum.^s pour la Hernie.

Fig. 10.

Fig. 19.

Fig. 20.

Fig. 13.

Fig. 9.

Fig. 14.

Fig. 18.

Fig. 17.

Fig. 15.

Fig. 16.

J. J. Perret inv.

de la Gardette del. et Sculp.

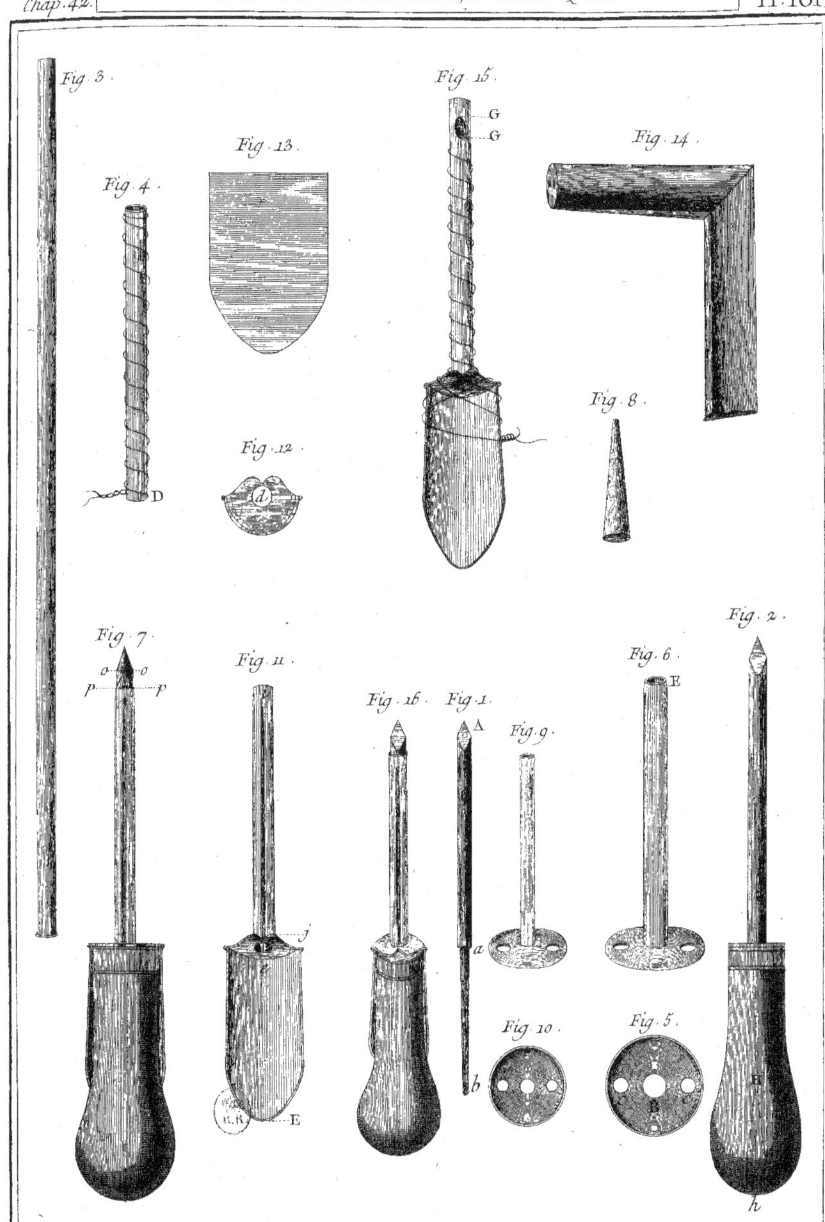

Fig. 3.
Fig. 13.
Fig. 4.
Fig. 15.
G
G
Fig. 14.
Fig. 12.
d
Fig. 8.
D
Fig. 2.
Fig. 7.
o o
P P
Fig. 11.
Fig. 6.
E
Fig. 16.
Fig. 1.
A
Fig. 9.
j
a
Fig. 10.
Fig. 5.
b
B
E
h
Perret Del.
Benard Sculp.

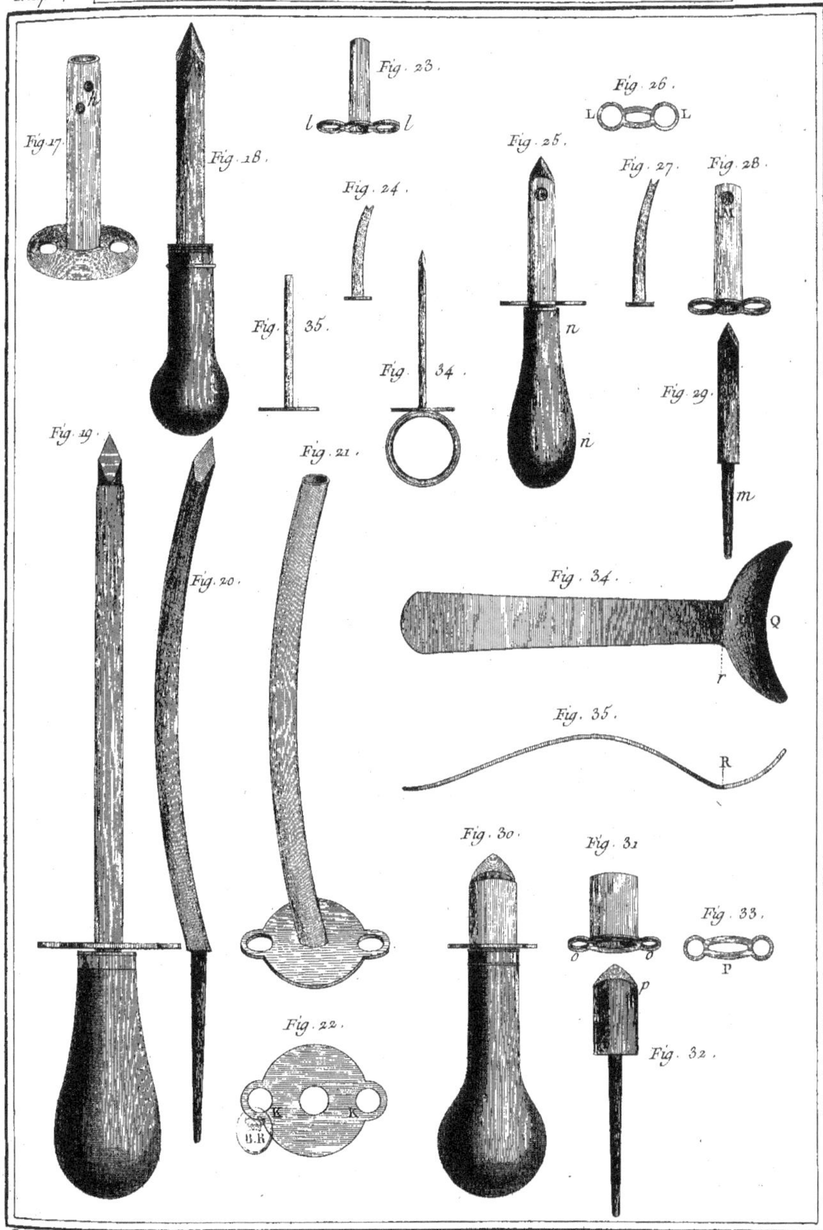

Perret Del.   Benard Sculp.

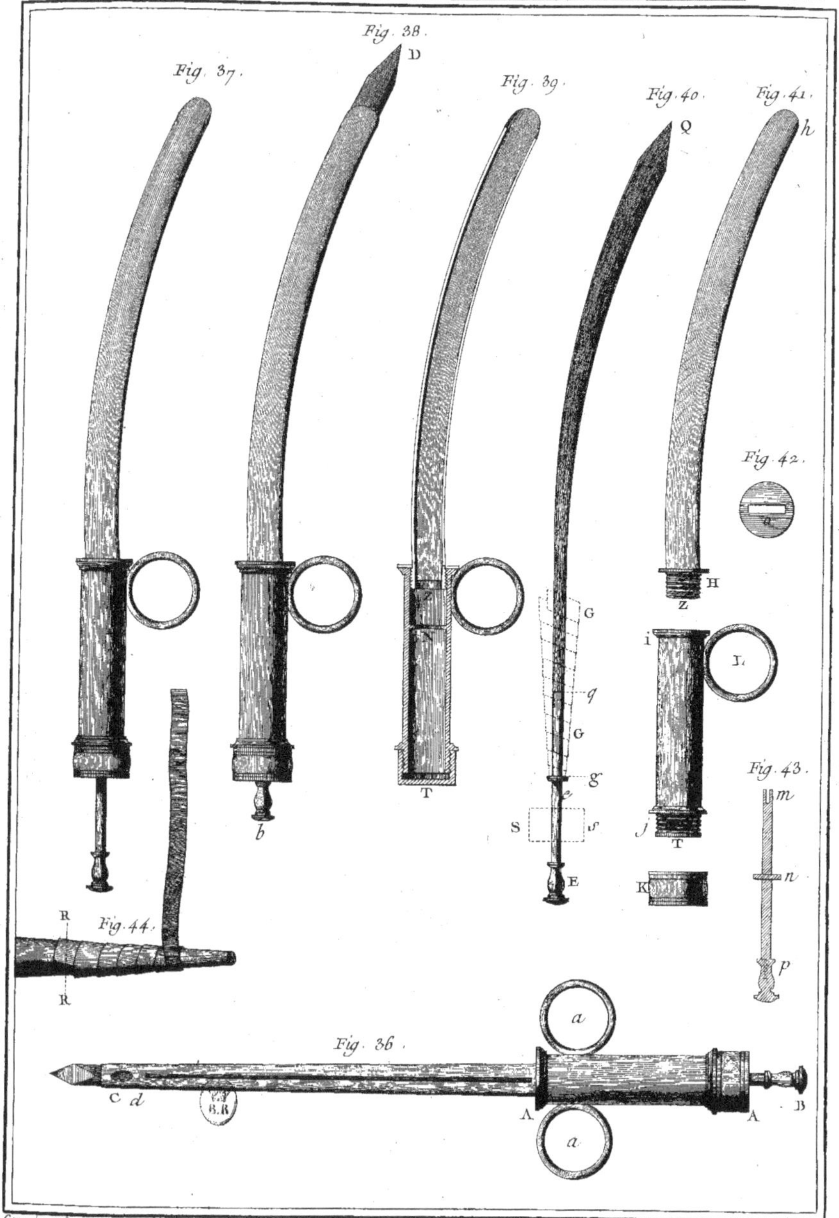

Fig. 37.
Fig. 38.
D
Fig. 39.
Fig. 40.
Q
Fig. 41.
h
Fig. 42.
a
H
Z
I
L
Fig. 43.
m
n
p
b
I
G
q
G
g
e
S
s
J
T
E
K
R
Fig. 44.
R
a
Fig. 36.
C d
A
A
B
a
Goussier Del.
Benard Sculp.

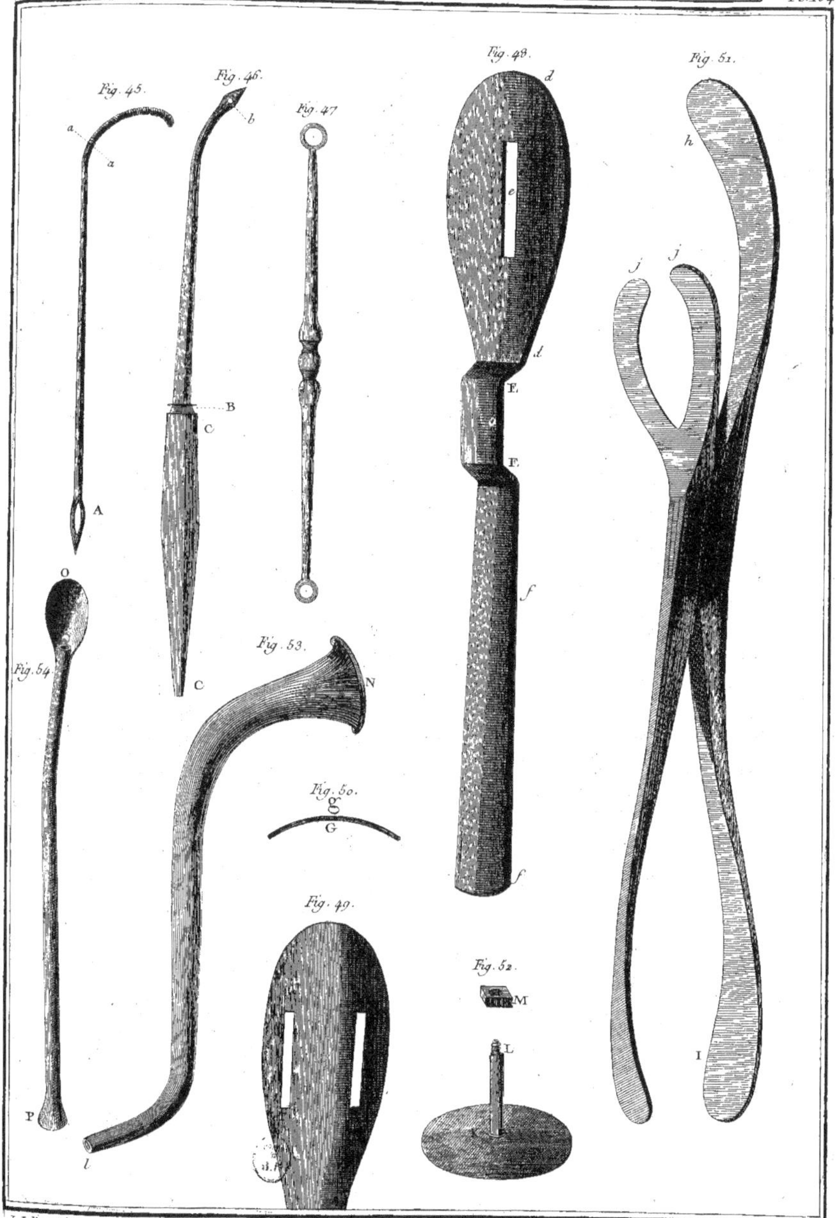
Fig. 45.
Fig. 46.
Fig. 47
Fig. 48.
Fig. 51.
Fig. 53.
Fig. 54.
Fig. 50.
Fig. 49.
Fig. 52.

J. J. Perret inv.
J. B. Bichard Sculp.

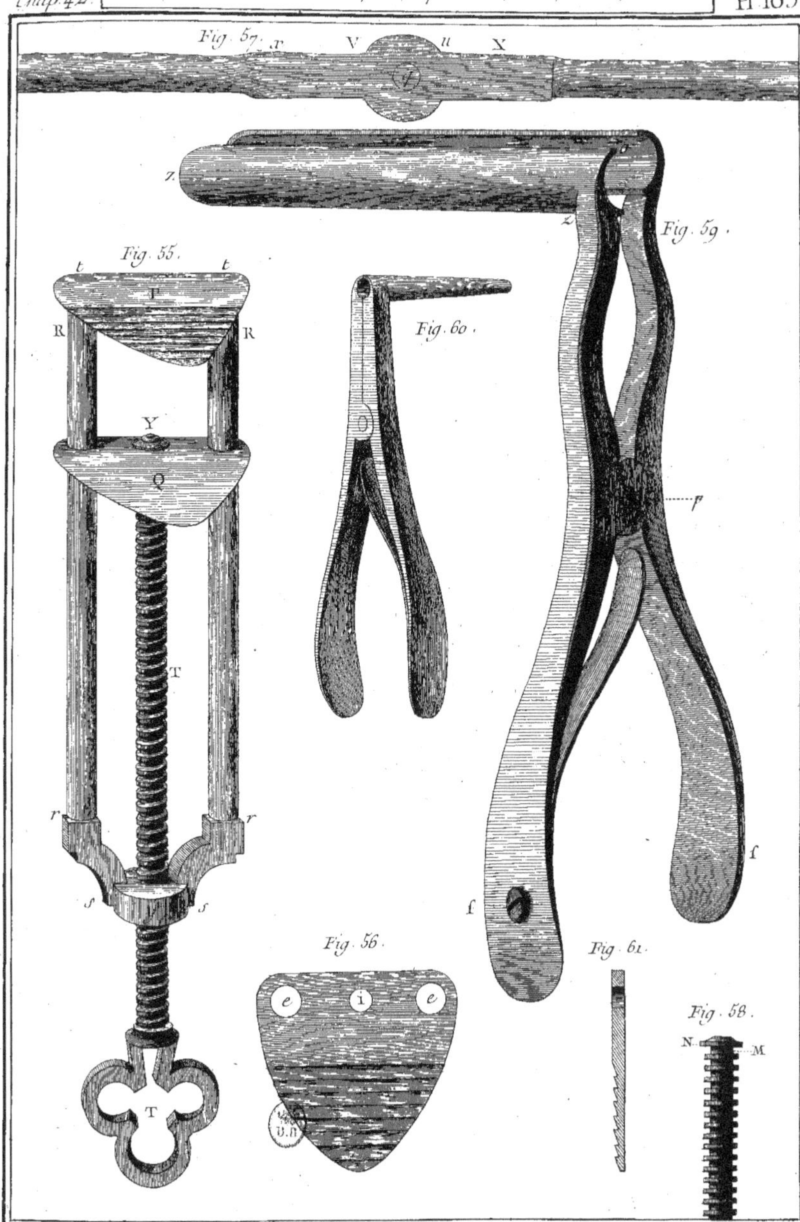

Fig. 57.
Fig. 55.
Fig. 59.
Fig. 60.
Fig. 56.
Fig. 61.
Fig. 58.
Goussier Del.
Benard Sculp.

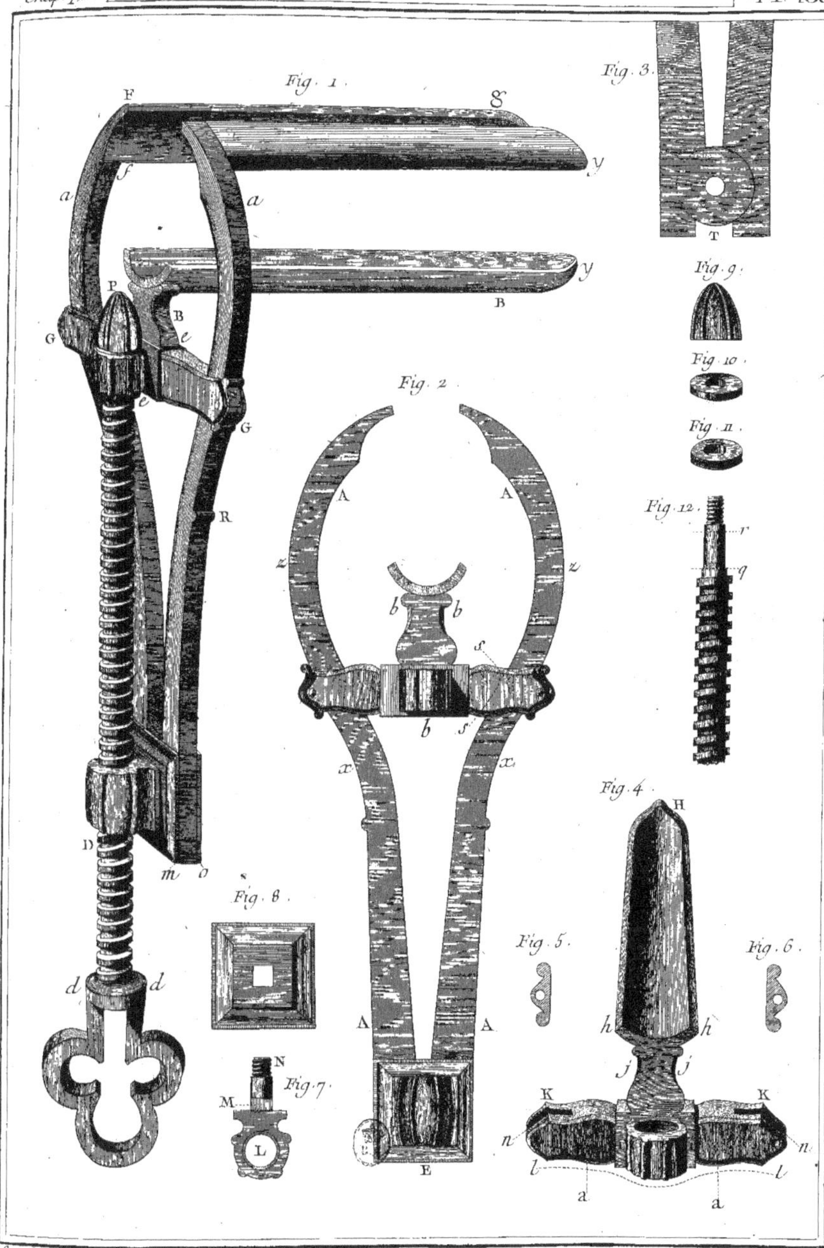
Fig. 1.
Fig. 2.
Fig. 3.
Fig. 4.
Fig. 5.
Fig. 6.
Fig. 7.
Fig. 8.
Fig. 9.
Fig. 10.
Fig. 11.
Fig. 12.

ART DU COUTELIER. Des Dilatatoires simple.

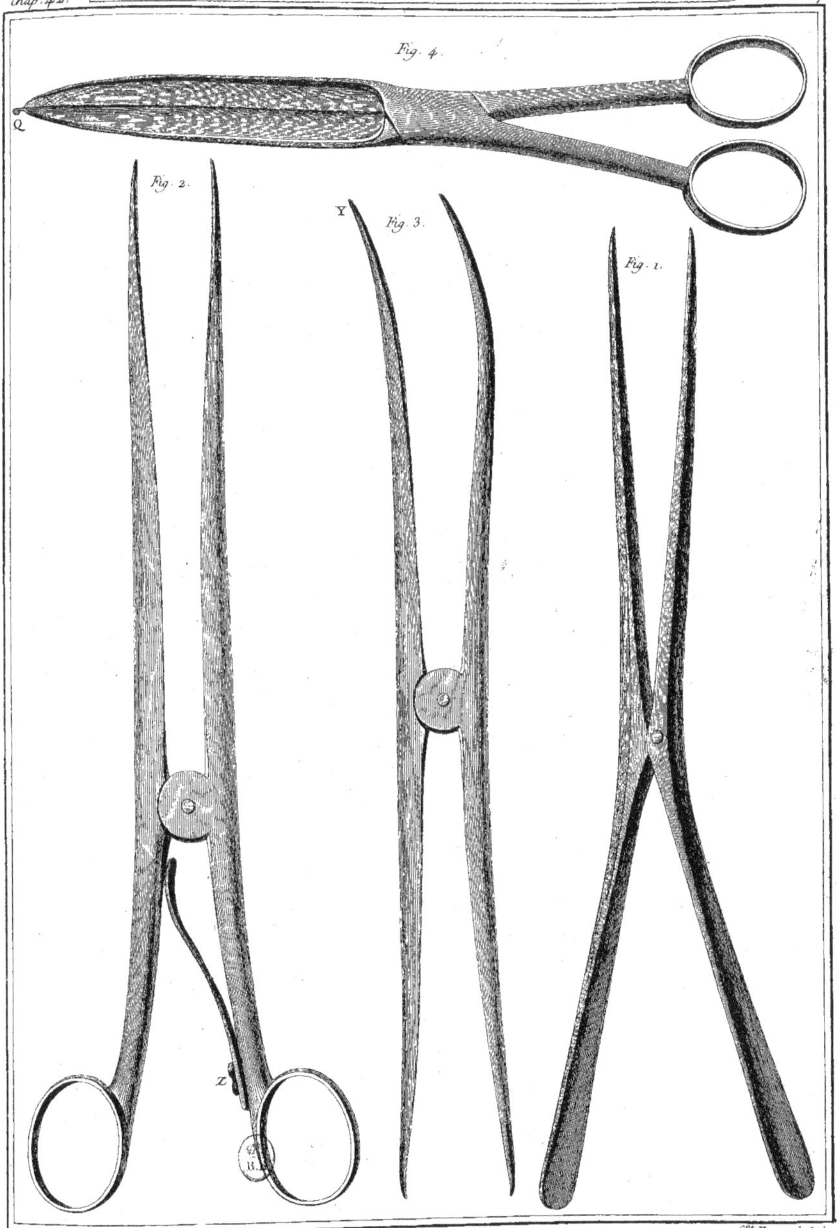

J. J. Perret inv.

C.he Haussard Sculp.

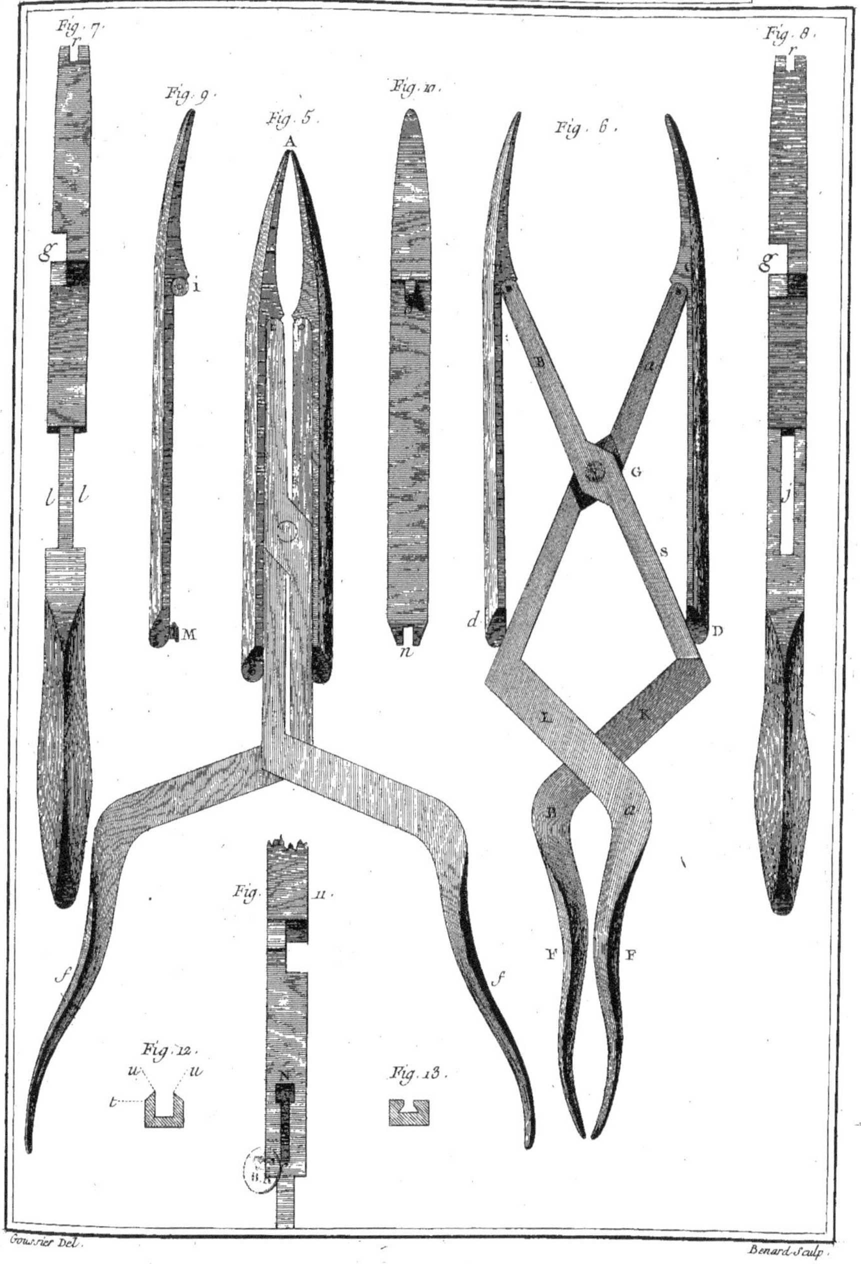

Chap. 42.
ART DU COUTELIER, Du Dilatatoire composé.
Pl. 108.
Fig. 7.
Fig. 9.
Fig. 5.
Fig. 10.
Fig. 6.
Fig. 8.
Fig. 11.
Fig. 12.
Fig. 13.
Goussier Del.
Benard Sculp.

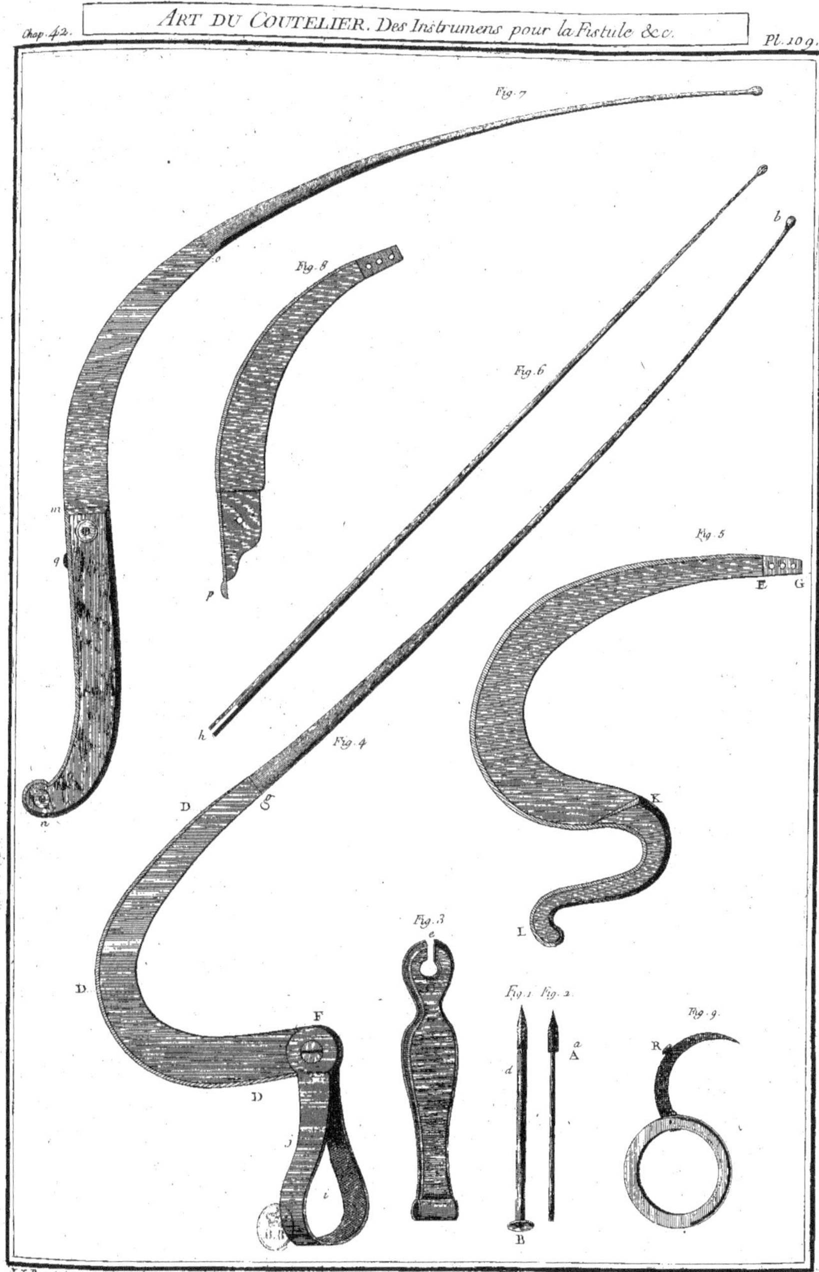
Fig. 7
Fig. 8
Fig. 6
b
Fig. 5
E G
o
m
q
p
h
Fig. 4
D g
K
D
L
F
Fig. 3
e
Fig. 1 Fig. 2
Fig. 9
R
a
A
d
D
J
i
B
B

ART DU COUTELIER. *Des Instrumens pour le Canser.*

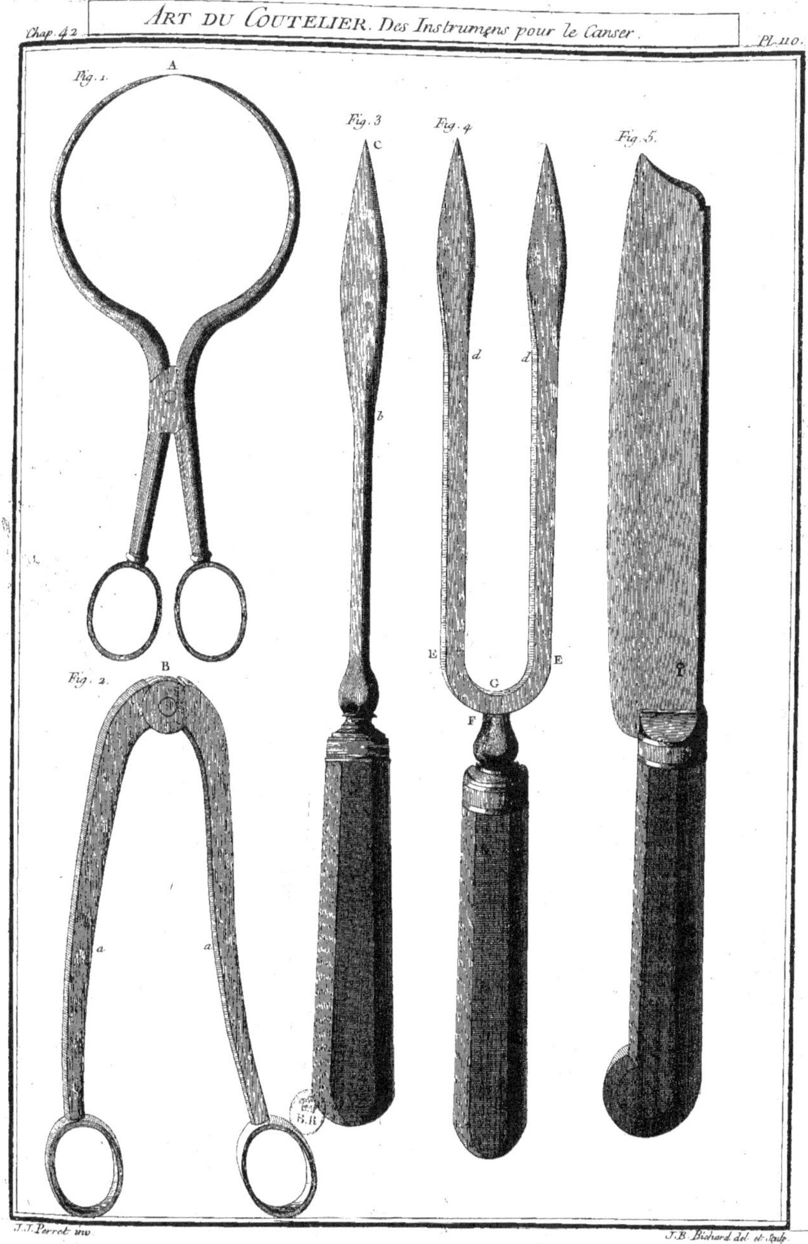

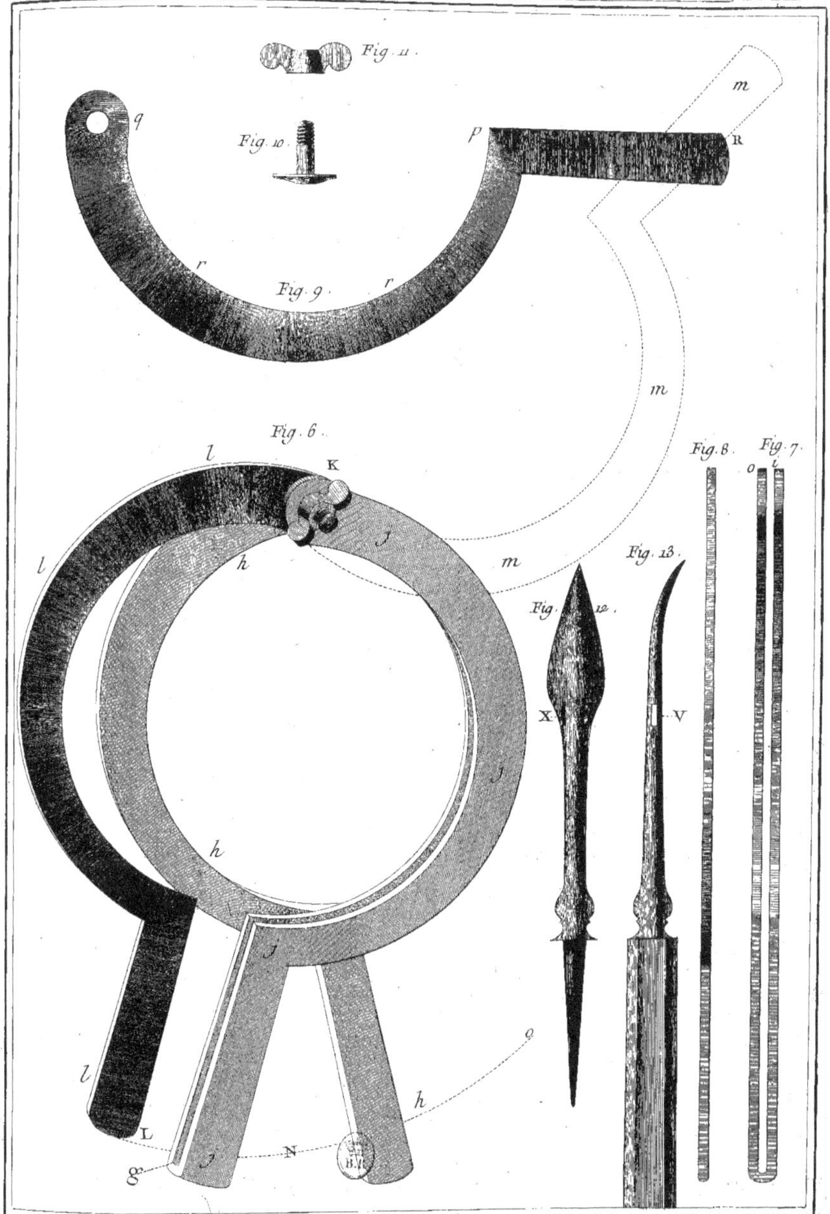

Chap. 42
ART DU COUTELIER, Des Instruments pour le Cancer.
Pl. III
Fig. 11
q
Fig. 10
p
m
R
r
r
Fig. 9
m
Fig. 6
l
K
Fig. 8
Fig. 7
l
J
o
l
h
J
m
Fig. 13
Fig. 12
h
X
V
h
J
o
l
h
L
N
g
J
B
Goussier Del.
Benard Sculp.

ART DU COUTELIER. Des instrumens pour les Polipes.

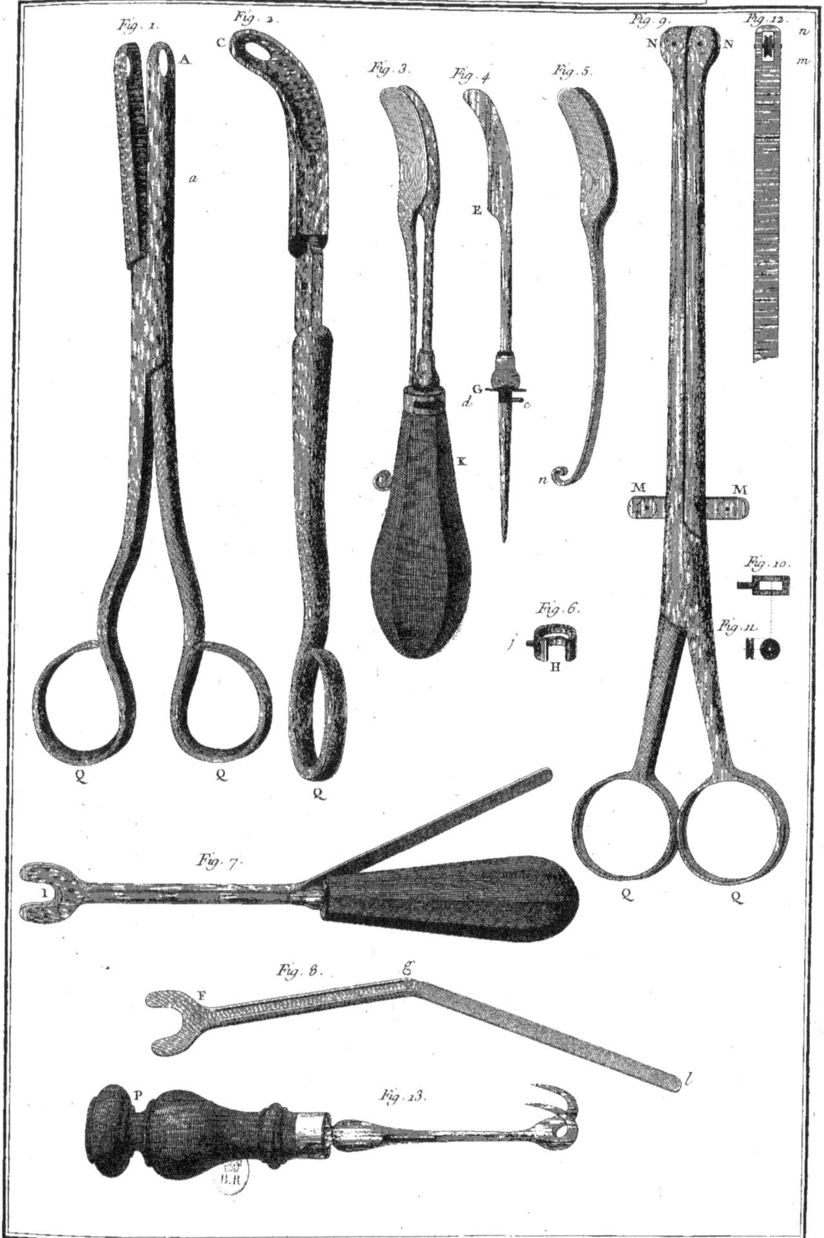

Fig. 1.

Fig. 2.

Fig. 3.

Fig. 4.

Fig. 5.

Fig. 9.

Fig. 12.

Fig. 6.

Fig. 10.

Fig. 11.

Fig. 7.

Fig. 8.

Fig. 13.

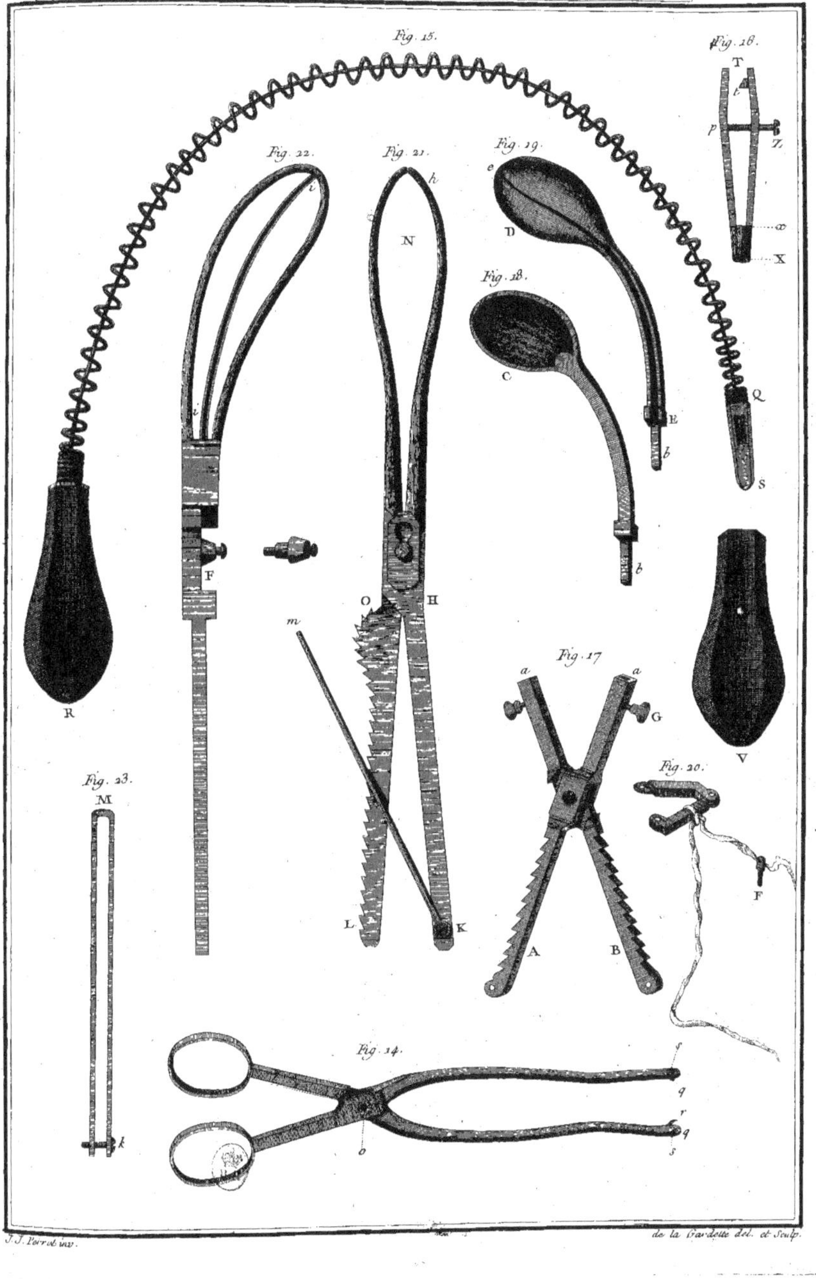

Fig. 15.
Fig. 16.
Fig. 22.
Fig. 21.
Fig. 19.
Fig. 18.
Fig. 17.
Fig. 20.
Fig. 23.
Fig. 14.
T
P
X
N
h
i
e
D
C
E
b
b
Q
S
V
O
H
m
M
O
H
L
K
A
B
a
a
G
F
R
s
q
r
q
s
o
k

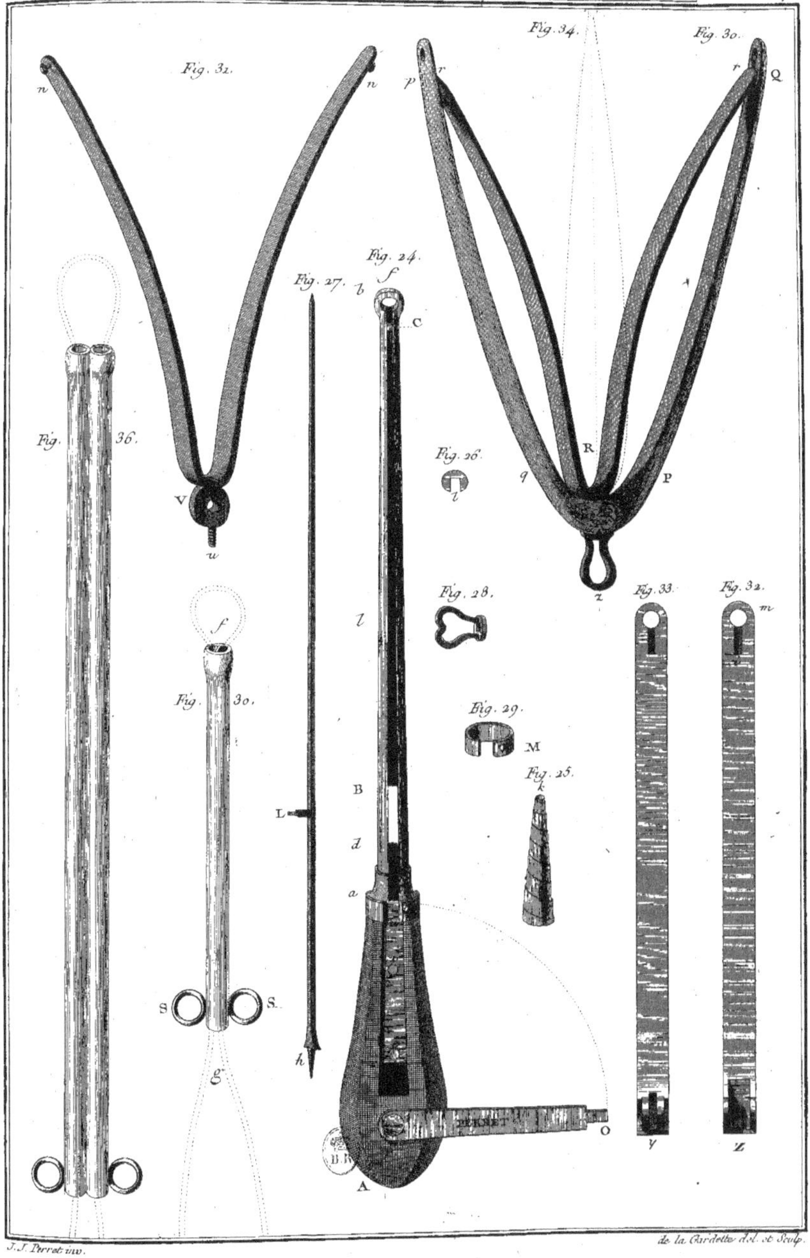

ART DU COUTELIER. Des Instrumens pour les Polipes.

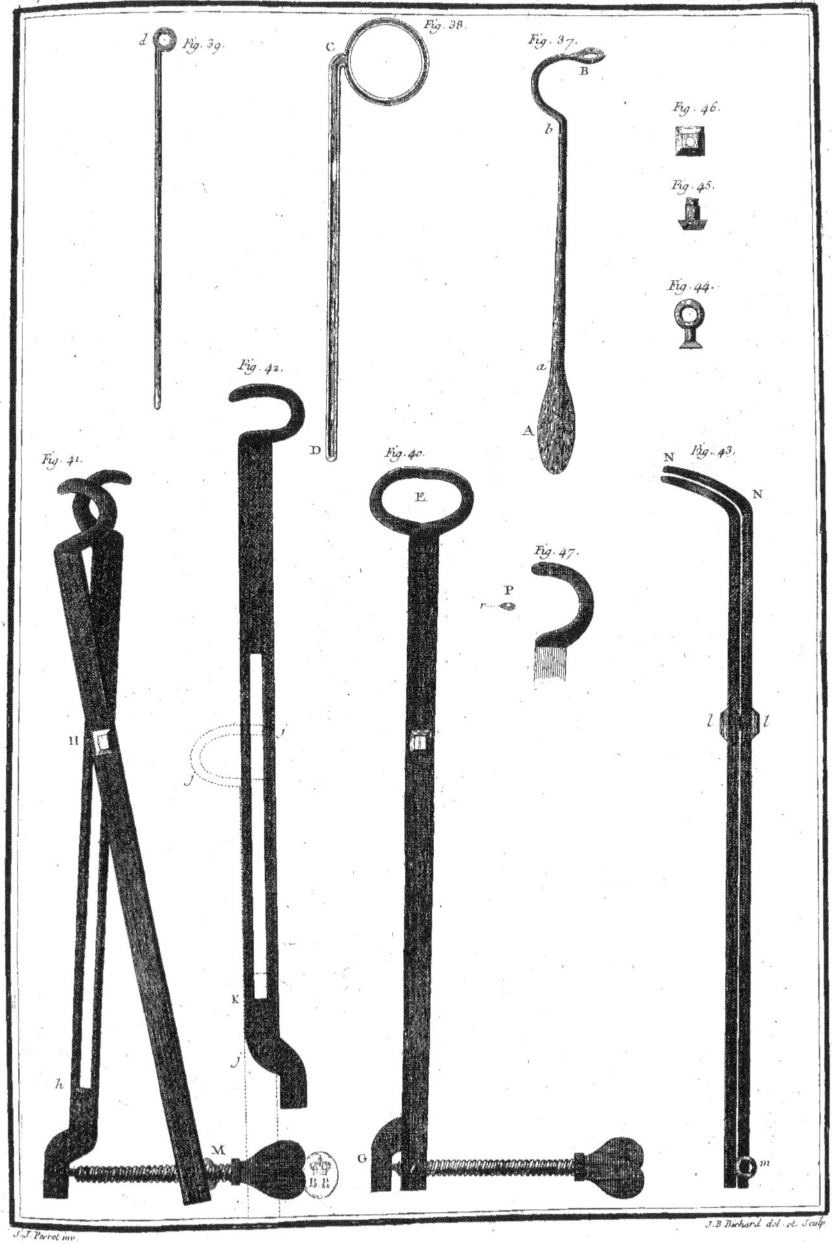

Chap. 43.
ART DU COUTELIER. Des Instrumens pour les Polipes.
Pl. 115.
Fig. 39.
d
C
Fig. 38.
Fig. 37.
B
b
a
A
Fig. 46.
Fig. 45.
Fig. 44.
D
Fig. 42.
Fig. 41.
Fig. 40.
E
N
Fig. 43.
N
Fig. 47.
P
r
H
J
J
l
l
K
j
h
M
G
m
J.J. Perret inv.
J.B. Richard del. et Sculp.

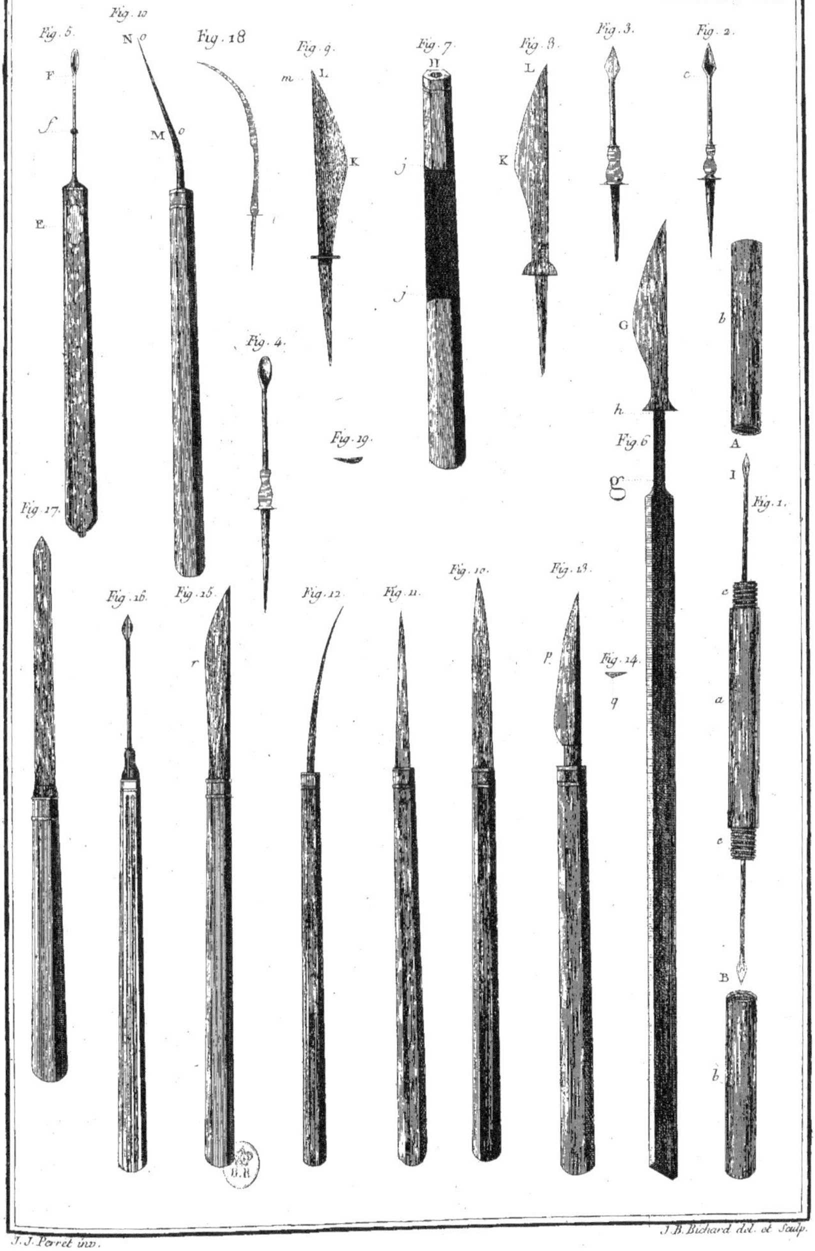

Fig. 5.
Fig. 10
Fig. 18
Fig. 9.
Fig. 7.
Fig. 8.
Fig. 3.
Fig. 2.
F
f
E
N o
M o
m L
K
H
j
j
L
K
G
h
b
A
I
c
Fig. 4.
Fig. 19.
Fig. 6.
g
Fig. 1.
Fig. 17.
Fig. 16.
Fig. 15.
Fig. 12.
Fig. 11.
Fig. 10.
Fig. 13.
Fig. 14.
r
P.
q
a
c
B
b

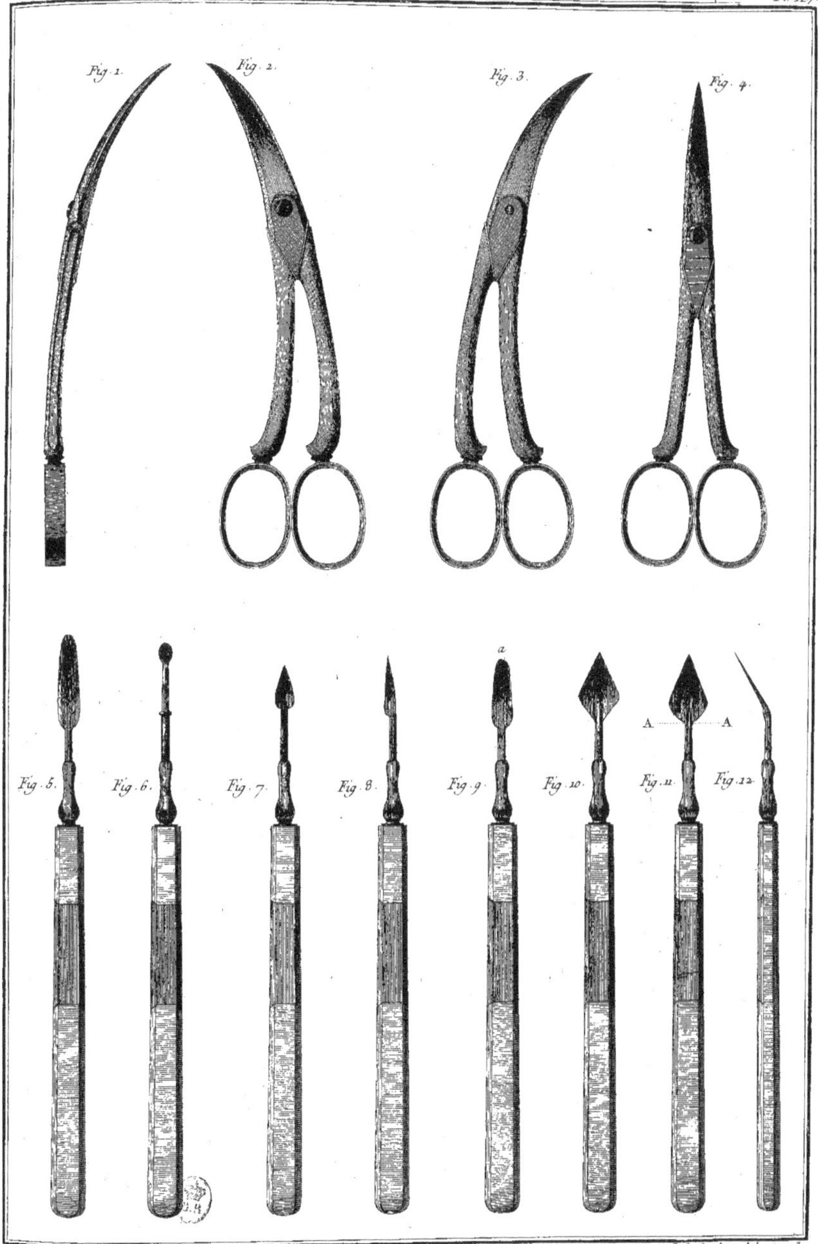

ART DU COUTELIER. De la Cataracte methode de Mr David.

Fig. 1.

Fig. 2.

Fig. 3.

Fig. 4.

a

A   A

Fig. 5.

Fig. 6.

Fig. 7.

Fig. 8.

Fig. 9.

Fig. 10.

Fig. 11.

Fig. 12.

J. J. Perret inv.

de la Gardette del. et Sculp.

Chap. 44.
ART DU COUTELIER; Int. pour la Cataracte de plusieur Auteurs.
Pl. 118. 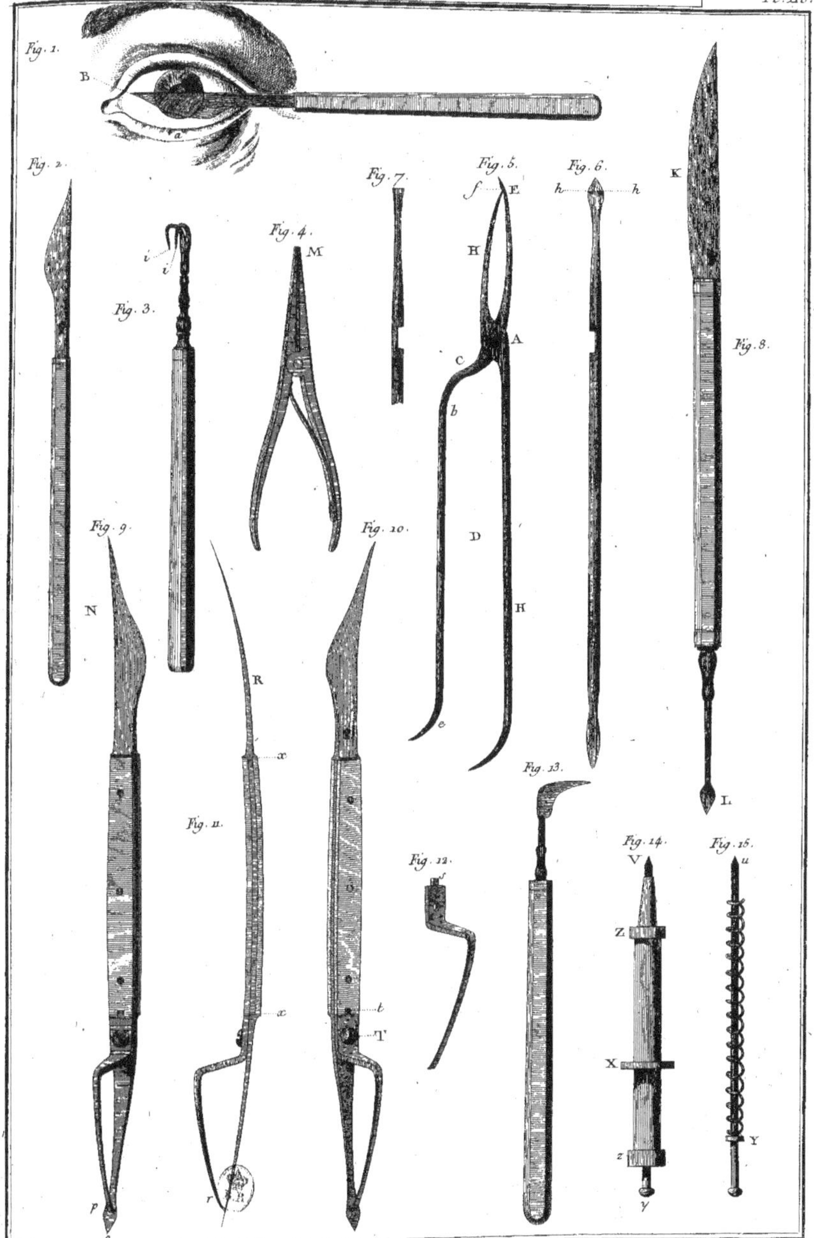
Fig. 1.
B
a
Fig. 2.
Fig. 3.
i
i
Fig. 4.
M
Fig. 7.
Fig. 5.
f
E
H
C
A
b
D
H
e
Fig. 6.
h
h
K
Fig. 8.
L
Fig. 9.
N
Fig. 10.
R
x
Fig. 11.
x
T
Fig. 12.
Fig. 13.
Fig. 14.
V
Z
X
z
y
Fig. 15.
u
Y
p
o
r
de la Gardette del. et Sculp.
J.J. Perret inv.

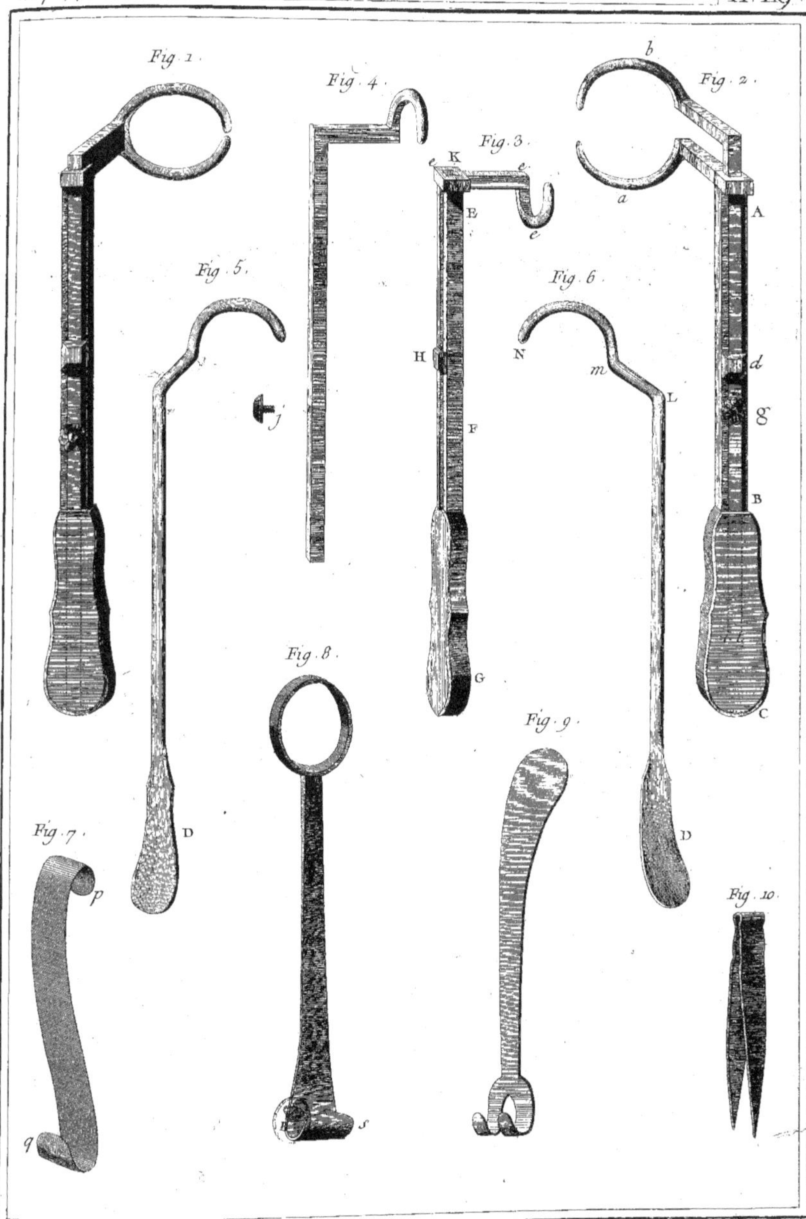

Goussier Del.   Benard Sculp.

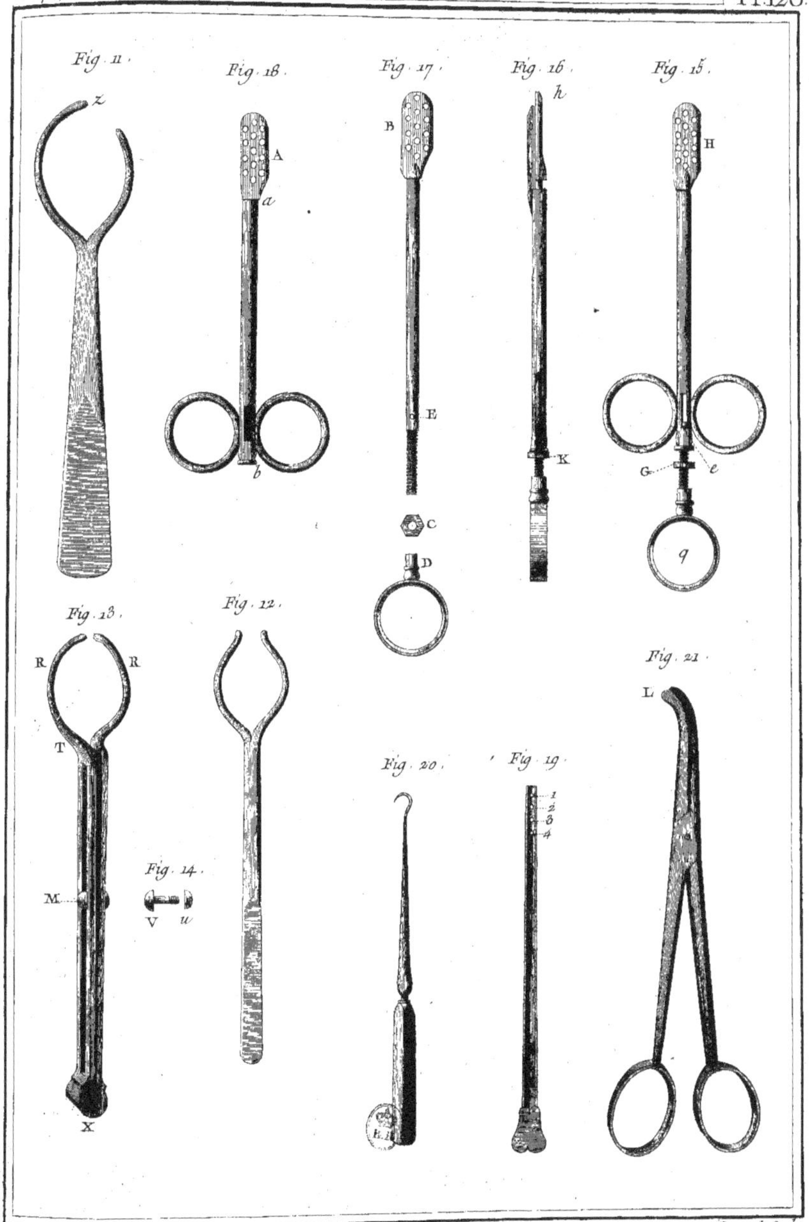

Fig. 11.   Fig. 18.   Fig. 17.   Fig. 16.   Fig. 15.

Fig. 13.   Fig. 12.

Fig. 14.

Fig. 20.   Fig. 19.   Fig. 21.

Goussier Del.   Benard Sculp.

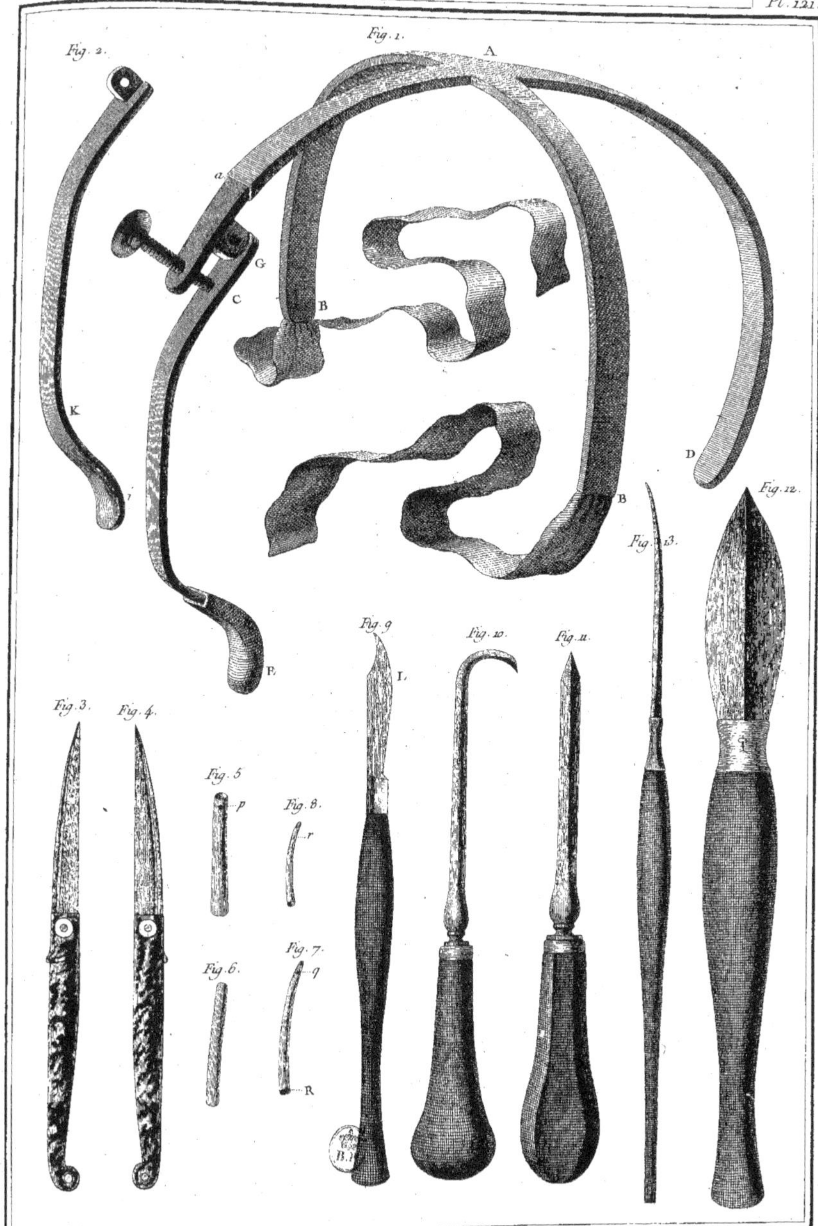

J. J. Perrot inv.   Elis. Haussard Sculp.

ART DU COUTELIER, De la Seringue pour les Yeux.

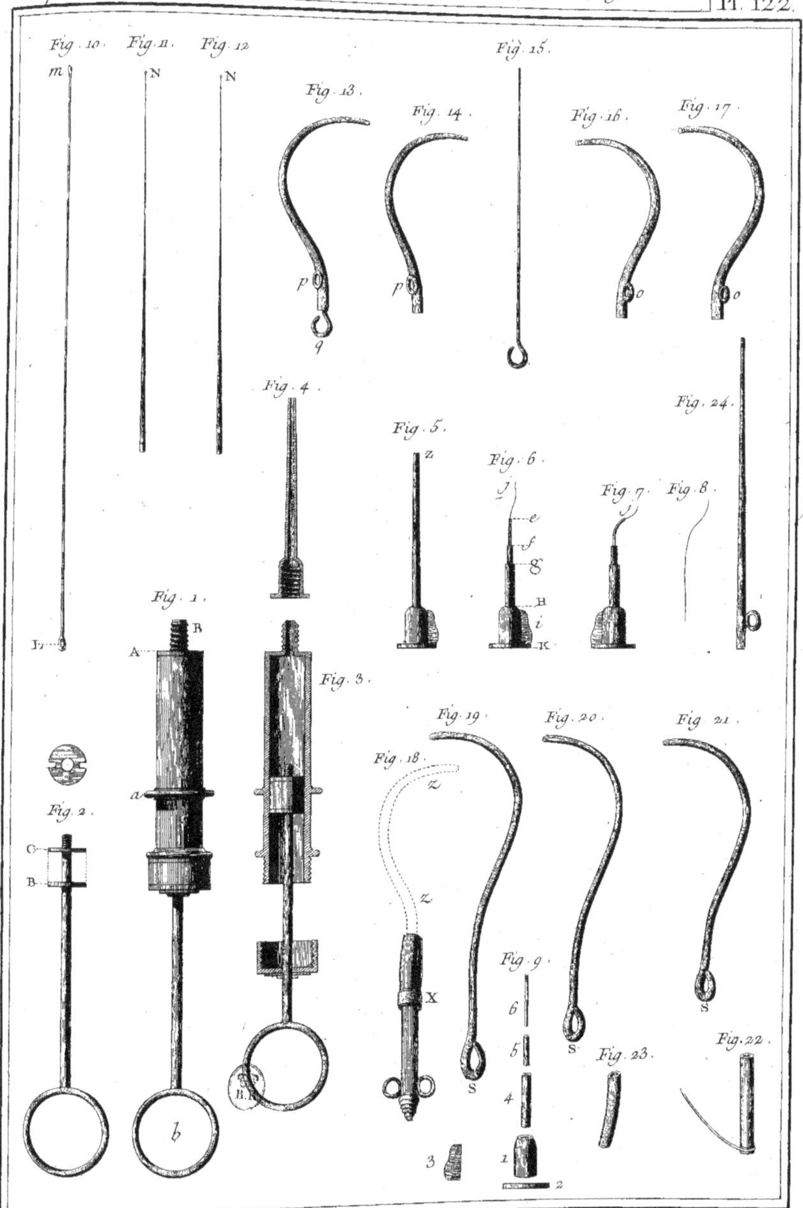

Goussier Del.

Benard Sculp.